2017 年度宁波市软科学项目（编号：2017A10028）：“互联网金融支持宁波市实体经济发展的路径与对策研究”
2015 年浙江省自然科学基金项目（编号：LY15G030011）：“浙江省新型农业经营主体的金融良性循环机制研究”

互联网金融、平台金融和大数据金融与实体经济发展

田剑英　王剑潇　著

中国财经出版传媒集团
中国财政经济出版社

图书在版编目（CIP）数据

互联网金融、平台金融和大数据金融与实体经济发展/田剑英，王剑潇著. —北京：中国财政经济出版社，2018.6
ISBN 978-7-5095-8236-7

Ⅰ.①互… Ⅱ.①田…②王… Ⅲ.①互联网络-应用-金融-研究-中国②电子商务-研究-宁波 Ⅳ.①F832.2-39②F724.6

中国版本图书馆 CIP 数据核字（2018）第 093827 号

责任编辑：刘五书　林治滨　　　　责任校对：黄亚青
封面设计：孙俪铭

中国财政经济出版社出版
URL：http：//www.cfeph.cn
E-mail：cfeph @ cfeph.cn

社址：北京市海淀区阜成路甲 28 号　邮政编码：100142
营销中心电话：010-88191537　北京财经书店电话：64033436　84041336
三河市宏图印务有限公司印刷　各地新华书店经销
787×1092 毫米　16 开　15.75 印张　300 000 字
2018 年 6 月第 1 版　2018 年 6 月河北第 1 次印刷
定价：60.00 元
ISBN 978-7-5095-8236-7
（图书出现印装问题，本社负责调换）
本社质量投诉电话：010-88190744
打击盗版举报热线：010-88191661　QQ：2242791300

目　　录

第三部分 跨境电商平台金融运行与发展路径

第四部分　大数据金融促进城市经济发展

引　言

互联网金融、平台金融与大数据金融渐次提升服务实体经济的深度。对于实体经济发展来讲，互联网金融表现为三个层次：第一个层次是互联网金融与实体经济的对接，如P2P网络借贷、在线供应链金融、股权众筹等导入实体经济。第二个层次是平台金融与跨境电商的深度融合，跨境电商O2O在线支付、海外买家信用融资、出口企业订单融资、“跨境购—助保贷”等金融产品与服务创新。第三个层次是大数据金融对城市经济发展的促进作用，智慧城市的本质就是信息共享，而信息共享的前提就是数据融合，大数据金融顺应智慧城市建设的历史机遇，推动智慧城市金融产业集聚发展，进而推动中心城市经济发展。金融改革是社会关注度最高的领域，《国务院办公厅关于金融支持经济结构调整和转型升级的指导意见》（国办发〔2013〕67号）、党的十八届三中全会通过的《中共中央关于全面深化改革若干重大问题的决定》提出的60项、336条改革等政策旨在提高实体经济特别是小微企业的信贷可获得性，进一步加大金融对实体经济的支持力度。各级地方政府，如上海市、深圳市、天津开发区、北京石景山区、北京海淀区等地都出台了互联网金融支持政策。如何通过有效监管，促进新金融和实体经济的协调发展，成为极富挑战性的重要课题。

一、本书主要内容

（一）互联网金融导入实体经济

互联网金融是金融与互联网技术相结合的产物。在互联网金融模式下，智能搜索引擎通过对信息的组织、排序和检索，能有针对性地满足人们对信息的需求，大幅提高信息搜集效率，对客户的金融服务更加精准。一些互联网金融平台的交易体系设计中，注重能有效地将众多交易主体的资金流置于其监控之下，从而降低风险控制成本。

1. “中国制造 + 互联网”行动纲领推动互联网金融导入实体经济。2014 年 11 月李克强总理在首届世界互联网大会上指出，互联网是“大众创业、万众创新”的新工具。互联网技术对社会资源配置优化与集成，能够提升全社会的创新力和生产力，为制造业、电商、物流、农业、金融等行业转型起到至关重要的作用。“互联网 +”在行业发展的应用，成为互联网与实体经济之间实现优势互补的契合点。2016 年 3 月“中国制造 + 互联网”首次出现在政府工作报告之中，国务院总理李克强在政府工作报告中重点强调了十一大重点行动中的互联网 + 创业创新、互联网 + 普惠金融、互联网 + 协同制造、互联网 + 益民服务、互联网 + 高效物流、互联网 + 现代农业、互联网 + 电子商务、互联网 + 绿色生态等八大行动，其中互联网 + 普惠金融成为互联网金融的重要手段。

2. 互联网金融导入实体经济发展实现融资创新。互联网金融通过传统金融与互联网技术的有机融合，使金融经济发展更具开放性、平等性、协作性以及分享性等特点，达到创新并延伸传统金融理念的目的，有利于实体经济发展。同时互联网金融针对性地满足金融信息需求，大幅提高信息搜集效率，对小微企业金融服务更具针对性。互联网金融创新模式如网络银行运行模式、在线供应链金融平台、P2P 网贷平台典型的运营模式、众筹融资模式、大数据金融模式、第三方在线支付模式等，为实体经济发展中的资金需求开辟了融资新路径。

3. 互联网金融整合相关产业形成新业态促进实体经济发展。根据金融脆弱性理论，虚拟经济有追逐高利润和自我膨胀的内在冲动。互联网金融新常态表现为新技术、新产品、新模式、新业态，并呈现出专业化与多元化、个性化与综合化、平台化与生态化等新特征。互联网金融通过供应链金融等模式，将传统金融的抵押贷款模式转化为了信用贷款模式，提高金融效率，也促进了实体经济相关行业的跨界整合。此外，互联网金融通过延伸产业链，整合和控制相关上下游行业与产业，为优良产业链、优良行业群提供相应金融服务，优化产业链结构，加速产业创新升级。

（二）跨境电商与金融服务深度融合

电商即电子商务（E - business），是指利用网络实现所有商务活动业务流程的电子化。跨境电商指分属于不同国境的交易主体，通过电子商务达成交易的一种国际商业活动。与之相对应，跨境电商平台金融从线上支付结算、第三方支付平台向金融科技创新不断推进，几乎涵盖传统商业银行的所有业务，如汇款转账、融资、跨境结算、信用卡还款、基金和保险代销等业务，并不断创新。国内外实践表明：线上支付、金融产品与服务的创新、信用风险化解是推进跨境电商平台金融发展的主要因素。

1. 跨境电商平台具有金融中介功能。众所周知，银行业的关键不是钱，而是信息。跨境电商平台通过互联网媒介获得充分的公共信息和传统金融中介很难得到的客户私密信息，如用户交易、商品评价、商家实际经营现状等原始交易信息，使跨境电商金融服务拥有更完整的原始记录信息和较高水平的信息技术（大数据、云计算），一方面有效地吸引资金供给者，特别是大量的风险投资者，极大地创新金融中介功能；另一方面由电商平台信用提供担保或监督，通过信用贷款、应收账款抵押、订单贷款等方式，将资金及时提供给需求方。如天猫商城（原名淘宝商城）是一个综合性购物网站。京东商城是中国的综合网络零售商，是电子商务领域受消费者欢迎和具有影响力的电子商务网站之一，在线销售家电、数码通讯、电脑、家居百货、服装服饰、母婴、图书、食品、在线旅游等12大类数万个品牌百万种优质商品。在2012年的中国自营B2C市场占据49%的份额。它们依靠应收账款融资和存货质押融资等作为核心业务，开启供应链金融服务模式。

跨境电商以订单为起点，根据买卖双方的交易信息，将外贸询价、订单管理、资金物流形成一个闭合循环，完成供应链节点融资。通过挖掘跨境电商平台的上下游合作伙伴、客户交易数据信息，整合与分析后，给资金需求者提供现实或潜在的个性化服务，如亚马逊电商平台（亚马逊公司，Amazon，简称亚马逊；NASDAQ市场简称：AMZN），是美国最大的一家网络电子商务公司，位于华盛顿州的西雅图，它将线上平台与线下购物紧密连接，逐渐形成客户黏性。跨境电商平台金融服务凭借其拥有的大数据技术为资金需求方进行担保，并监督各个产业链环节的资金流运转，具备金融中介的功能。在金融体系中，通过金融市场和金融中介，在时间和空间上进行资金的合理配置，金融市场与金融中介机构的边界随着金融行业的变化而不断调整。互联网金融是接近于金融市场的一种运行模式，它有助于直接融资和金融结构的优化。跨境电商平台借助于互联网金融衍生金融产品与服务多样化，使跨境电商平台扮演着金融中介功能，使得金融市场与金融中介功能的边界不断渐进和延伸。

2. 跨境电商平台金融具有线上支付便捷功能。根据默顿（Merton）和博迪（Bodie）的金融功能理论，清算和结算是金融系统的基本功能，为货物或服务的交易提供支付系统。跨境电商从1.0发展到3.0，在线支付随跨境电商平台的发展而发展，从商业银行的网关型电子支付，到网络银行，再到第三方支付。跨境电商的信息采集、询价、谈判、签约、付款、交割等程序通过网络交易完成。跨境电商 1.0（1999—2003 年间）为中小企业提供网上展示、线下交易的信息服务，仅完成信息流整合环节，尚无法完成在线交易。跨境电商 2.0（2004—2012 年间）整合线下供应商、物流商、服务商等供应链链条，使支付方式电子化。跨境电商 3.0（2013 年至今）实现手机移动端支付。典型的支付模式如 eBay 的贝宝（即 PayPal）、亚马逊（Amazon）的登录和支付亚马逊（即“Login and Pay with Amazon”）和阿里巴巴的支付宝（Alipay）。

国内外跨境电商信用融资的运行模式目前主要包括消费金融模式、信用卡积分模式、平台小额融资模式、供应链金融模式等。消费金融模式中有 eBay、Amazon、宜信等典型消费金融模式，即贝宝贷（PayPal Credit）、贝宝的营运资本（PayPal Working Capital）、亚马贷（Amazon Lending）、“商通贷”、京东白条、花呗、趣分期、分期乐、闪白条等；信用卡积分模式，如日本乐天、亚马逊推出的免费移动支付应用和信用读卡器和点名时间等，通过“信用卡”授信和积分实现线上线下消费；平台小额融资模式有 PayPal 为 eBay 平台上的商户提供融资服务；亚马逊通过旗下亚马逊资本服务（Amazon Capital Services）开展的小额贷款业务（Amazon Lending）。跨境电商平台金融已提供了在线人民币支付、跨境资金分账与清算、国际收支申报、反洗钱等一揽子服务。

3. 跨境电商平台金融通过数据挖掘而具备信用评估功能。声誉模型是由克雷普斯等人（Kreps，1982）创建的，旨在解决“连锁店悖论”（塞尔滕（Selten，1978），声誉交易理论重视在交易中声誉的重要性，将声誉看成行为人的历史记录与特征信息。李国安（Matthew K. O. Lee）和埃弗雷姆·特班（Efraim Turban，2001）则认为，信任是一种信念、期望或者感觉。跨境电商信用与隐私和安全相关联，具有非人格化。跨境电商平台的核心资产是数据，包括企业的生产、产品与付款，私人信息和可跟踪性等。国外电商信用的研究较为成熟，可归结为线上信任、线下信任（杰芬（Gefen，D.，2002）等）和动态的信用模型（斯里坎特·斯里尼瓦桑（Srikant Srinivasan，2004））。互联网金融对客户数据的整合，有利于形成客户的信用数据和信用环境。而跨境电商金融具有的完备信息，增强了资金供给者与需求者的透明度。依托“大数据”“云计算”等技术，被深度保留的跨境电商交易记录能够衡量交易主体的声誉水平，并鉴定交易主体的信用状况。这样通过跨境电商平台记录的经营数据和第三方认证数据，能洞察电商企业的经营状况，测量其偿债能力；根据跨境电商平台的自有数据，实时监控客户的交易和现金流，根据获得的信息实行风险预警提示，并建立贷后监控和网络店铺关停机制。所以，跨境电商强大的信息功能，更具有开放性和竞争性，特别是网络信息传播的巨大优势，制约着交易各方失信、欺骗行为，提高资金供给效率。国内则采用第三方担保授信、信用评级、企业诚信联盟等开展电商信用评估，解决电商企业资金融通。

（三）大数据金融对城市经济发展的促进作用

大数据金融是指利用强大的数据收集、数据分析进而数据预测能力把精力更集中于优质客户，大大提升了相关产业链的产业集聚速率。从产业角度上说，城市经济是生产要素的高度集聚过程中由集聚产业点向集聚产业区、集聚产业核心区发展的过程，是集聚经济。而大数据金融的共享、融合和集聚吻合城市经济的发展。

1. 大数据金融促进平台经济的发展。平台经济是由第三方企业利用其独立于供给方和需求方容易被双方信任且便捷的优势，搭建平台吸引众多双方信息，并给双方相关提供服务。很明显，大数据金融可以通过第三方互联网的海量数据，最终分析出优质客户的消费结构、消费习惯，并给每一个供给企业评信用等级，信用等级高的将更容易获得金融贷款支持。以大数据为驱动的服务创新能够有效提升金融产品和服务的消费，促进信息消费、扩大内需。大数据的深度挖掘实现了精准的金融服务，缓解小微企业融资难，产生了越来越多与大数据相关的科技含量高、增长速度快的中小型高科技公司，通过在平台上凝聚的资金流、物流、信息流“三流合一”，组成以大数据为基础的平台来整合金融服务。如基于互联网电子商务平台基础提供的资金融通的金融服务——世贸通（全称：“宁波世贸通国际贸易有限公司”）为代表的中小企业外贸综合服务平台提供较为灵活、丰富的金融服务。

2. 大数据金融加速相关产业集聚。城市实体经济产业的规模集聚亟需大数据金融的有力支撑。大数据金融相较传统金融减少了信息不对称，降低了交易成本及组织成本，实现稀缺资源配置更有效率。通过延伸产业链、整合和控制相关上下游行业，优先为优良产业链，优良行业群提供相应服务，优化产业链结构、加速产业创新升级，这必将加速相关产业集聚的速率，形成集聚效应的知识创新型良性循环，推动城市实体经济产业迈上一个更高的台阶。如宁波市有着传统优势制造业、临港制造业和高新技术产业三大产业集群，并且纺织化纤、品牌服装及饰品、电子材料、汽车、摩托车零部件、铜铝加工、家用电器、塑料制品及模具等是全国性制造中心，移动通信及光通信基地、白纸板及特种工业用纸基地、食品精深加工基地、汽车、摩托车产业基地、仪器仪表产业基地、轻工机械产业基地、临港石化产业基地、优特钢产业工地、船舶修造产业基地等是全国重要产业基地。

二、本书结构安排

作者长期关注互联网金融、跨境电商平台金融与普惠金融发展中的相关问题，主持互联网金融支持实体经济方向的课题研究，如2017年度宁波市软科学项目（编号：2017A10028）“互联网金融支持宁波市实体经济发展的路径与对策研究”；2015年宁波市政府决策咨询课题（J15－A8）“宁波跨境电商的金融支持路径研究”；宁波市政府决策咨询课题（J14－B7）“将互联网金融导入宁波实体经济和重大项目建设的路径策略”等课题研究。完成《宁波跨境电商的金融支持路径研究》《将互联网金融导入宁波实体经济和重大项目建设的路径策略》的研究报告和决策建议稿等材料，且《将互联网金融导入宁波实体经济和重大项目建设的路径策略》的决策建议稿被宁波市决策咨询办公室采纳。在前期的研究中先后调研了杭州、台州、丽水、德清、宁波等地区的互联网金融创新的实践，访谈了大量居民、金融机构和政府官员，收集了有关互联网金融发展的一手资料，已经完成论文《跨境电商平台的金融功能及其金融支持的路径》和《互联网金融发展路径研究：基于宁波市实体经济与重大项目建设》等。

本著作从四部分内容论述并撰写：

第一部分互联网金融导入实体经济，为第1、第2、第3章，是在第一作者田剑英主持完成的宁波市政府决策咨询课题（J14－B7）“将互联网金融导入宁波实体经济和重大项目建设的路径策略”研究报告基础上修改与提炼而成的。主要内容包括：（1）互联网金融的文献综述及其国际经验：互联网金融发展的历程、国内外专家学者的观点、互联网金融发展的国际经验等及其对宁波的启示。（2）宁波互联网金融的发展现状及其运行模式：国内互联网金融发展现状及其模式；宁波的互联网金融产业大多数是P2P业务模式，通过调查、总结与归类、进一步梳理宁波互联网金融的运行模式。（3）宁波实体经济和重大项目建设的现状及其金融需求。（4）互联网金融导入宁波实体经济和重大项目建设的路径与策略。

第二部分跨境电商平台功能定位与绩效评价，为第4、第5、第6章，是在第二作者王剑潇硕士论文基础上修改与提炼而成。主要内容包括：（1）构建跨境电商平台是外向型经济发展的必然选择。跨境电子商务市场逐渐趋于成熟，国家出台了一系列政策、法规以引导、规范跨境电子商务的发展。宁波中小制造企业和商贸企业众多，民营资本发达，跨境电商信息技术应用也有了一定程度的“量”的积累，提供一站式供应链服务将是跨境电子商务平台未来的发展趋势。(2) 从供应链整合角度来看，物流、商流和资金流是宁波发展跨境电商的先天优势所在，所以融合“信息流、资金流、商品流、物流”四流，整合资源，突出自身的核心优势，找准自身的发展定位对宁波的跨境电商企业实现跨越发展有着重要意义。宁波跨境电商企业的供应链服务仍然处于发现问题、解决问题的起步阶段，对微观运作流程、分类和宏观的发展定位、把握还是模糊、不清晰的状态。(3) 跨境电商企业的平台功能定位与绩效评价的研究。基于供应链管理的角度，先从宁波跨境电子商务企业的平台功能定位，探讨跨境电子商务的发展方向，并对跨境电商的平台功能定位与供应链管理的关系，平台功能定位与绩效评价的关系进行深刻阐述，分析跨境电子商务与互联网信息技术、供应链网络组织、所处竞争环境等因素的相关性。在此基础上，构建跨境电子商务平台绩效评价 TOE 模型，运用因子分析法对测量指标提取公因子，根据关键因子确定影响跨境电商平台的主要因素。(4) 针对宁波跨境电子商务平台建设，提出相应对策，如加强优化供应链信息系统、力争完善供应链网络流通、注重提升供应链终端体验等。

第三部分跨境电商平台金融与功能定位，为第 7、第 8、第 9 章，是在第一作者田剑英主持完成的 2015 年宁波市政府决策咨询课题 (J15 – A8)“宁波跨境电商的金融支持路径研究”研究报告基础上修改与提炼而成的。主要内容包括：(1) 跨境电商金融支持的文献综述及其国际经验：跨境电商金融支持发展的历程、国内外专家学者的观点、跨境电商金融支持的国际经验等及其对宁波的启示。(2) 宁波跨境电商的发展现状及其运行模式：国内跨境电商发展现状及其模式；宁波的跨境电商主要是第三方电商平台模式，通过调查、总结与归类、进一步梳理宁波跨境电商金融支持的运行模式。(3) 宁波跨境电商发展现状及其金融需求。(4) 跨境电商金融支持的路径与对策。

第四部分大数据金融促进城市经济发展，为第 10 章，根据作者平时撰写的论文修改提炼而成。主要内容包括：(1) 大数据金融能够促进城市经济的发展：大数据金融具有能够形成金融集聚的功能，金融产业的集聚能带动城市经济发展，大数据金融是促进城市经济发展的媒介。(2) 大数据金融促进城市经济发展的形式：主要包括金融服务云计算中心，金融服务外包中心，金融大数据处理中心，互联网金融中心。(3) 大数据金融促进城市经济发展的作用效果：大数据金融能有效提升城市经济的资源合理配置；大数据金融通过有效地提高风险控制能力促进城市经济发展；大数据金融实现跨界经营，利用集聚效应为城市经济发展提供服务。(4) 大数据金融在城市经济发展的过程中存在的问题：大数据金融信息缺乏安全性；专业大数据人才稀缺；行业监管体系薄弱等。（5）大数据金融促进城市经济增长的相关对策建议。

三、本书研究方法

（一）实地调研

为了收集互联网金融、平台金融与大数据金融支持实体经济发展以及运行情况等数据资料和案例，针对第三方支付企业、P2P网贷企业、金融网络销售企业、传统金融企业、电商及其电商产业园区、传统金融机构等，采用问卷、座谈、专家访谈、实地走访和案头研究等方式，搜集相关资料，并结合从《宁波市金融年鉴》、宁波市统计部门网站以及Google、百度等搜索引擎上获取的资料，展开定性和定量分析，从而较为全面地分析宁波市互联网金融、平台金融与大数据金融发展的动态，以及互联网金融、平台金融与大数据金融支持宁波市实体经济发展的力度。

（二）文献回顾与借鉴

本著作主要将通过中国期刊网、维普、学位论文数据库和EBSCO等查阅相关文献，在互联网金融、平台金融与大数据金融支持宁波市实体经济发展的现实问题与背景下，结合相关专家学者的文献研究与判断，建立起研究目标、思路、方法、内容。通过理论回顾与借鉴，现状调研与专家访谈分析提炼互联网金融、平台金融与大数据金融支持宁波市实体经济发展的内涵、特征、作用机理。结合案例研究互联网金融、平台金融与大数据金融支持宁波市实体经济发展的经验与模式，探索具有科学依据与广泛适应性的路径与对策建议，为互联网金融、平台金融与大数据金融支持宁波市实体经济发展提供理论指导和案例支持。

（三）研究逻辑

在系统总结国内外相关理论研究成果的基础上，结合国内外互联网金融、平台金融与大数据金融支持宁波市实体经济发展的经验及互联网金融支持宁波市实体经济发展的当前状况，以“互联网金融、平台金融与大数据金融支持宁波市实体经济发展的内涵、特征、作用机理→国内外互联网金融、平台金融与大数据金融支持宁波市实体经济发展的经验与模式→互联网金融、平台金融与大数据金融支持宁波市实体经济发展的逻辑架构→互联网金融、平台金融与大数据金融支持宁波市实体经济发展的现状与问题→互联网金融、平台金融与大数据金融支持宁波市实体经济发展的路径→互联网金融、平台金融与大数据金融支持宁波市实体经济发展的对策建议”为逻辑主线。

（四）技术线路

互联网金融、平台金融与大数据金融支持实体经济的内涵、特征、作用机理是本课题研究的逻辑起点，互联网金融、平台金融与大数据金融支持宁波市实体经济发展的路径是本课题研究的逻辑重点，互联网金融、平台金融与大数据金融支持宁波市实体经济发展的平台经济与和跨界整合是本课题研究的逻辑延展，互联网金融、平台金融与大数据金融支持实体经济的策略是本著作研究的逻辑终点和新起点，具体研究技术路线如技术路线图所示。

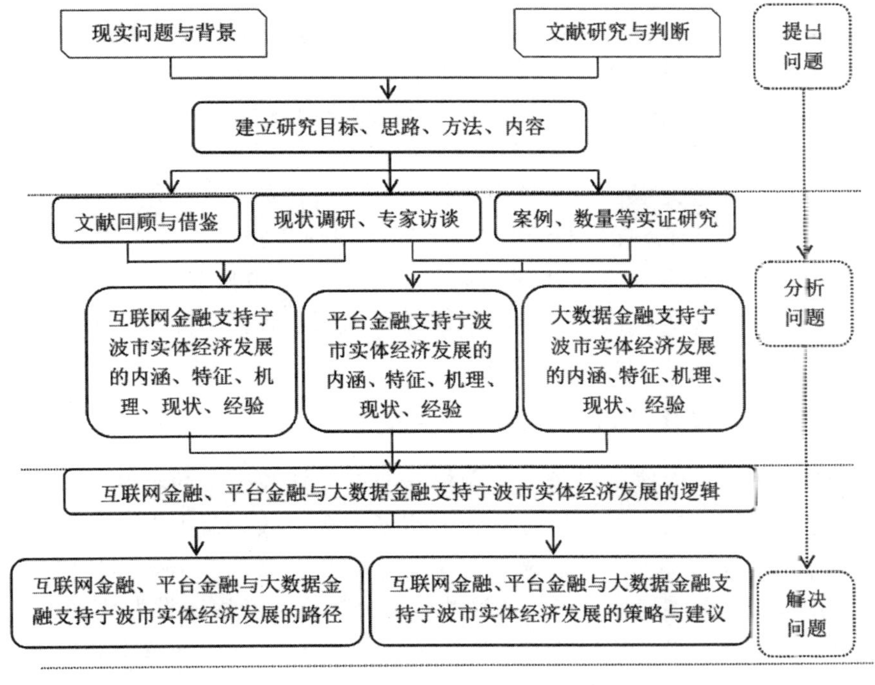

技术路线图

（五）成果形成

比较分析所占有的资料，结合国内外互联网金融、平台金融与大数据金融支持实体经济支持宁波市实体经济发展的实践和探索，寻找研究的突破口，进行分析、论述，撰写著作。

四、本书的创新之处

（一）本书选题具有前瞻性

将互联网金融、平台金融与大数据金融服务实体经济的研究聚焦跨境电商平台金融，既是对互联网金融、平台金融与大数据金融的理论探索，又是对互联网金融、平台金融与大数据金融服务实体经济的路径进行定位，具有理论探索和应用的创新性。

（二）选取研究样本的典型性

宁波经济的特点就是中小外贸制造业企业发达，资金支持仍然是中小企业面临的问题。所以，金融支持应与时俱进，适应跨境电子商务与金融服务深度融合就是互联网金融、平台金融与大数据金融支持实体经济发展的反映。本著作以典型的外向型经济发达的宁波市作为研究对象，以农、工、商等产业为实体经济和重大项目建设作为研究对象，综合考虑到中小制造业企业产业集聚对宁波城市经济的推动作用以及互联网信息技术、供应链网络组织、产业所处竞争环境等因素，构建宁波跨境电商平台金融模式。在此基础上，通盘研究大数据金融对城市经济的整体发展效应，研究结果对宁波市等相似地区具有借鉴意义。

（三）本书内容具有明显的社会效益

纵观世界经济发展的经验，金融创新变革往往与先进的科学技术紧密结合。它与物联网、大数据相结合能让城市管理更高效。而大数据经济价值会驱动大数据产业链加速形成，从数据采集、数据存储、数据处理，到数据分析、数据交易、数据应用，围绕着这些分工环节将会产生一批大数据生产商、运营商、服务商。以大数据技术为核心驱动力的 Fintech 正在改变金融业的生态格局，从数据的开放、共享和交互，到价值提取能力的开放，到基础处理和分析平台的开放，大数据金融对智慧城市建设所推动的第四次工业革命，将对经济社会产生深刻的影响。

（四）本书更注重理论性与应用性的结合

已出版的相关互联网金融题材的书大多聚焦在互联网金融、平台金融与大数据金融的内涵、定位、路径等，而本书更重视在区域经济发展中的应用。作者完成的2014年、2015年宁波市决策咨询课题以及2017年度宁波市软科学课题的研究成果，已被宁波市人民政府发展研究中心的“决策参考”采纳，相关文章与观点在《宁波日报》等报刊发表。

五、本书学术价值和应用价值

（一）本书相对于已有研究的独到学术价值

1. 互联网金融、平台金融与大数据金融在支付结算、资源配置、信息管理和风险管理等方面创新多种金融功能，有效地增强金融体系总体效用，是金融功能理论和金融效率理论的反映。

2. 在民间借贷需求渐增、互联网普及率和网络金融业务使用率高的背景下，互联网小额贷款业务、P2P信贷等创新使得民间草根金融借助互联网得到金融深化，满足小微企业的资金需求，是金融创新与金融深化理论的探索与发展。

3. 在互联网金融、平台金融与大数据金融模式下，通过智能搜索引擎对信息的组织、排序和检索，使金融服务实体经济更有针对性，具有金融的便利性与快捷性，丰富普惠金融理论的内涵。

（二）本书相对于已有研究的应用价值

本书从互联网金融、平台金融与大数据金融和中小制造企业发达的宁波市入手，根据新常态下互联网金融、平台金融与大数据金融服务实体经济方式的逻辑架构，分析新常态下互联网金融、平台金融与大数据金融服务实体经济方式的作用机理，凝炼互联网金融、平台金融与大数据金融等模式。相关的项目研究成果及提出的对策建议可推广到全国广大地区，具有重大应用价值。

第一部分

互联网金融导入并支持实体经济发展

第 1 章　互联网金融国内外研究现状与运行发展

1.1　国内外相关研究现状述评

1.1.1　国外专家学者对互联网金融的研究现状

(1) 国外专家学者对互联网金融的研究

互联网金融是金融与互联网技术相结合的产物。狭义上讲，它是指通过计算机连接终端和网络服务平台所提供的金融服务和金融产品所形成的虚拟金融市场。广义上讲，它还包括互联网金融服务提供的实体金融机构以及相关的法律法规等。互联网又称因特网（Internet），源于美国军方的阿帕网（ARPA，美国国防部研究计划署）。

阿帕网于 1968 年开始组建，1969 年第一期工程投入使用。开始时只有 4 个节点。到 1970 年已初具雏形，并且开始向非军用部门开放，许多大学和商业部门开始接入，同时阿帕网在美国东海岸地区建立首个网络节点。当时阿帕网只有 4 台主机联网运行，甚至连局域网（LAN）的技术也还没有出现。1971 年扩充到 15 个节点。经过几年成功的运行后，已发展成为遍及美国领土的计算机网并连接许多大学、研究所和公司，并能通过卫星通信与相距较远的夏威夷州、英国的伦敦和北欧的挪威连接，使欧洲用户也能通过英国和挪威的节点入网。1975 年 7 月阿帕网移交给美国国防部通信局管理。到 1981 年已有 94 个节点，分布在 88 个不同的地点。

互联网具有对等、开放、容错、共享、去中心、自组织、非商业等所表现出的生命力以及互联网公司的平台和大数据的优势，互联网能够完成现有金融体系所没有的服务。博迪和莫顿（Bodie & Merton，1993）认为，金融功能要比金融机构更加稳定，随着时间的推移和区域的变化，金融机构的形式和特征或许会有很大不同，但其所发挥的基本功能却大体不变。更激进的学者则认为，互联网革命可以让很多金融产品和服务去中介、脱媒，产生一个既不同于直接融资也不同于间接融资的第三方渠道。

（2）国外专家学者 P2P[①] 网络借贷的研究

P2P，英文名 Peer - to - Peer Lending，即点对点借贷（人对人借贷）。国外网络借贷分三种：一是非营利的吉瓦（Kiva）公司经营；二是以营利为目的的借贷俱乐部（Lending Club）、繁荣（Prosper）模式。

全球第一家 P2P 网络借贷平台是成立于 2005 年 3 月的英国佐帕（Zopa），Zopa 全称为英国 Zopa 网上互助借贷公司，是“可达成协议的空间（Zone of Possible Agreement）”的缩写。Zopa 是英国最大的 P2P 借贷公司，也称之为 P2P 的鼻祖，其创立者为理查德·杜瓦（Richard Duvall）、詹姆斯·亚历山大（James Alexander）、萨拉·马休斯（Sarah Matthews）和大卫·尼克尔森（Dave Nicholson），他们在 20 世纪 90 年代发起组建了英国最大的网上银行——英国在线银行 Egg 公司（http：//www. egg. com/）。随后，他们看到了金融业的巨大商机，转而在 2005 年联合创立 Zopa 公司（全球第一家 P2P 网贷平台）。

但名气最大的且排名第二的个人借贷网站是 2006 年上线的美国的一家 P2P（个人对个人）在线借贷平台网站即繁荣（Prosper）。Prosper 全称繁荣市场（Prosper Marketplace Inc. ），由克里斯·拉尔森（Chris Larsen）联合他人在美国加利福尼亚州旧金山市创立，是美国金融史上第一个 P2P 网贷平台。Prosper 和 Lending Club 是 2006 年和 2007 年分别在美国成立的“个人对个人理财融资”平台（即“P2P 平台”）。Prosper 成立在先，但是 2008 年被州政府勒令停止了一段时间，等到 2009 年恢复时元气大伤，之后的规模约是 Lending Club 的一半。2014 年 12 月 12 日，Lending Club 通过 IPO 获得大量资金，于 2014 年 12 月 12 日开始在纽交所挂牌交易，代码 LC，当时总市值 54 亿美元左右。Lending Club 现在累计完成的交易金额约为 24 亿美元，获谷歌（Google）1. 5 亿美元的投资并计划于 2014 年在美国上市。Lending Club 上市的主承销商是摩根大通，它给 Lending Club 设定的上市“股票故事”为“A New Asset Class”——一个新的资产类型，即 Lending Club 以债权形式交易的证券是有别于股票、各种优先劣后的企业债、可转债等常见金融产品之外的另一种资产类型——个人债。

国外学者普遍把 P2P 信贷（Peer - to - Peer Lending）定义为：不以银行等金融机构为中介、借贷双方直接通过互联网完成交易的无担保借贷（林明

① P2P 是 Peer to peer 的简称，即个人对个人。

丰（Mingfeng Lin），2009），所以，P2P 网络借贷是微金融运营模式的创新。阿格拉沃尔和豪斯沃尔德（Agrawal and Hauswald，2008）认为，正规金融机构按新古典市场的基本原则要求农户和中小企业提供抵押品或担保，缺乏抵押品的农户和中小企业便遭遇到金融排斥，小企业因此无法提供公开的高信用等级进入网络借贷市场，但单纯提供投资的机会平台，对贷款成功与违约与否并不负有责任（莫易娴，2011）。斯蒂尔曼（Steelmann，2006）认为，尽管各国网络借贷有不同的经营模式，但有一个共同的明显特征：交易是匿名的，因此交易在借贷双方是信息非对称的；贷款是无抵押的，因此必然存在信用风险。亨等（Heng et al.，2007）认为，网络贷款快速增长的原因是整个社会资金快速增长和满足帮助别人的想法，但最大的问题是：没有足够的资金去满足众多借款人与贷款人的要求及应对管理层的指责，有些网络借贷实行“零利率”，如何实现它的补偿成本及更低的管理成本。弗雷德曼和靳（Freedman and Jin，2008）研究发现，在贷款小组中如果有借款人的朋友，贷款违约的概率更低。斯莱文（Slavin，2007）则认为，P2P 贷款在美国和英国是除了传统储蓄和投资外的另一种选择。

（3）国外专家学者对网络银行的研究

以互联网为代表的现代信息科技，特别是移动支付、云计算、社交网络和基于大数据的数据挖掘等，对人类金融模式产生了深远影响。北美（如美国、加拿大）和欧洲的网络银行发展最为迅速，其网络银行数量之和占全球市场的 90% 以上。其次是亚太地区，如澳大利亚、新西兰、中国香港和新加坡。拉美地区的网络金融在 20 世纪 90 年代后期也有较快发展，非洲的发展最为迟缓。

1995 年 10 月，美国花旗银行率先在互联网上设立站点，形成了虚拟银行的雏形。同年，美国第一家没有分支机构的纯网络银行——美国安全第一网络银行（Security First Network Bank）诞生，标志着国际上互联网技术正式进入金融业。英国的艾格公司被称为是世界上最成功的网络银行。2000 年 3 月德国最大的银行——德意志银行宣布推行“全球电子商务战略”，旨在通过与国内外网络、软件和电信等产业巨子的紧密合作，全力拓展互联网业务和电子商务，改变传统的发放信贷加收取中介佣金的经营方式，让银行的所有业务进入互联网，抢占全球网络金融市场。

巴塞尔银行监管委员会（Basel Committee on Banking Supervision）在《电子银行与电子货币活动风险管理》（1998）报告中将电子银行定义为：采用电子通信方式来从事零售与小额金融产品和金融服务的银行。其后，内森·苏尔特（Nathan Sult，1998）通过分析网络银行与电话银行存在的不同，对两者进行了更准确的定义。钟秀平（Chong Soo Pyun）、斯克鲁格斯（Scruggs）与金石南（Kiseok Nam）等（2002）从策略、规则与制度等方面分析，对美国、日本和欧洲电子银行的经济意义进行深入研究分析，在美洲银行的研究报告中阐述了电子业务和传统业务相互依存、相互促进共同发展的重要意义，表明了在现代银行业发展中电子银行业务作用的日益重要。同年，奥兹·谢伊（Ozzy Shea，2002）总结了作为网络产业的电子银行的四个特征：首先是互补性、兼容性的使用和标准化的生产；其次是消费的外部性；再次是锁定和转换所付出的成本；最后是产品生产的显著的规模经济性。

（4）国外专家学者对大数据金融的研究

大数据（Big data）研究机构加特纳（Gartner）的定义：大数据是指需要新处理模式才能具有更强的决策力、洞察发现力和流程优化能力的海量、高增长率和多样化的信息资产。维基百科（Wikipedia）的定义：大数据指的是所涉及的资料量规模巨大到无法通过目前主流软件工具，在合理时间内达到撷取、管理、处理并整理成为帮助企业经营决策目的的资讯。麦肯锡（McKinsey&Company）的定义：大数据是指无法在一定时间内用传统数据库软件工具对其内容进行采集、存储、管理和分析的数据集合。学术界和工业界都对大数据赋予大量的关注并展深刻的讨论；《自然》（*Nature*）于2008年第一次推出大数据（Big Data）专刊；《科学》（*Science*）在2011年2月推出专刊《数据处理》（*Dealing with Data*），主要围绕着科学研究中大数据的问题展开讨论，说明了大数据对于科学研究的重要性。麦肯锡全球研究院（McKinsey Global Institute，MGI）则于2011年5月发布名为《大数据：创新力、竞争力和生产力的下一个前沿》（*Big data：The next frontier for innovation，competition and productivity*）的研究报告，对大数据的影响、关键技术和应用领域等都进行了详尽的分析，指出大数据将会是带动未来生产力发展和创新以及消费需求增长的指向标。进入2012年以来，对大数据的关注与日俱增，2012年3月美国奥巴马政府发布《大数据研究和发展倡议》（*Big Data Research and Development Initiative*），这一倡议标志着大数据已经成为重要的时代特征。2012年3月22日，奥巴马政府宣布2亿美元投资大数据领域，成为大数据技术从商业行为上升到国家科技战略的分水岭。在3月23日的电话会议中，政府将数据的定义为“未来的新石油”，提出通过收集、处理庞大而复杂的数据资料信息，获得知识和洞见，加快科学、工程领域的创新步伐，强化美国国土安全，转变教育和学习模式。维克托·迈尔·舍恩伯格（Viktor Mayer -

Schönberger，2013）《大数据时代》[①] 中大数据指不用随机分析法（抽样调查）这样的捷径，而采用所有数据进行分析处理，大数据具有4V特点：Volume（大量）、Velocity（高速）、Variety（多样）、Value（价值）。

（5）国外专家学者对互联网金融监管的研究

早在1983年，赫施莱弗（Hirshleifer，1983）就明确把第三方支付界定为“俱乐部商品”。瓦里安（Varian，2004）则进一步把这个模型向前推进了一步。他们的研究，奠定了对互联网金融有必要进行监管的理论基础。2008年9月，波士顿联储和亚特兰大联储写了一篇名为《理解新型零售支付中的风险》的文章，该文认识到零售支付正在从纸质交易向非现金（noncash）支付转变，由此带来不少新型零售支付业态的出现，如贝宝（PayPal），这会带来五类风险，即欺诈风险（Fraud）、操作风险（Operational）、法律风险（Legal）、清算风险（Settlement）、系统性风险（Systemic）。至2012年美国联邦储备委员会仍认为，移动支付并非全新支付体系，而不过是一些借助新的通讯工具接入传统平台的新方式而已，将现有对自动取款机（ATM）、信用卡等的监管规则扩展并覆盖它们即可，暂时尚无需全新立法，但在2012年8月报告中却强调了互联网金融发展的一条基本原则：“对现有监管政策的了解，应当成为业内常识（common understanding）”。

1.1.2 国内专家学者对互联网金融的研究现状

（1）国内专家学者对互联网金融的研究

我国互联网金融起步并不晚，招商银行于1997年率先推出中国第一家网上银行。2001年国内的第三方支付不断兴起，但它的最大问题是门槛低、价值有限，简单地做网关软件而并不深入。到2005年，新支付企业包括易宝支付（易宝于2003年8月成立，总部位于北京）、支付宝（支付宝公司2004年建立，旗下有“支付宝”与“支付宝钱包”两个独立品牌）、财付通（即Tenpay，是腾讯公司于2005年9月正式推出的专业在线支付平台）等逐渐发展起来，呈现出一些新的模式。之后，第三方支付开始具有更高的技术含量，业务模式也更加多元化，特别是2007年前后，互联网与银行的结合从技术领域进入了金融业务领域。“互联网金融”已成为一个新的研究和讨论热点。陈初（2010）认为，网络借贷经营模式主要分成四类：一是以企业网上行为参数为基础综合授信；二是做银行金融业务前端流程的外包服务商；三是“P2P”网络融资模式；四是建立为学生提供贷款的社区。

① ［奥地利］维克托·迈尔—舍恩伯格：《大数据时代》，浙江人民出版社2013年版。

谢平（2012）认为："以互联网为代表的现代信息科技，特别是移动支付、社交网络、搜索引擎以及云计算等，将会对人类金融模式产生根本影响。可能出现既不同于商业银行间接融资，也不同于资本市场直接融资的第三种融资，即'互联网金融模式'"。互联网金融以一种"非抵押、低成本、便捷"的信贷模式实现了金融末端的普惠，是加快发展多层次资本市场的重要一环，是对传统金融机构借贷作用的有益补充（李博、董亮，2013）。将互联网技术拓展到金融行业，可以扩大金融服务的边界和市场，但互联网金融的发展也使得相应的技术风险、业务风险和法律风险更加凸显，加大了金融管理部门调控和监管的难度，需从建立健全互联网金融的安全体系、风险管理体系、法制体系和监管体系入手，以防范互联网金融的特殊风险（杨群华，2013）。互联网金融的重点在于每个人作为社会经济中的一分子，都有充分的权利和手段参与金融活动之中，在信息相对对称中平等自由地获取金融服务，借助低成本的自动化决策技术和更高效便捷的交易技术，逐步接近金融上的充分有效性和民主化（李耀东、李钧，2014）。鲁骐瑞（2018）基于"互联网+"背景下企业存在的众筹、网络借贷、大数据金融的融资模式，分析了互联网融资存在着监管体系不够健全、社会征信体系不够完善、融资平台运营水平参差不齐及受各类风险冲击的弊端，因而企业就必须在互联网融资监管、社会征信体系、融资平台建设与管理、风险防控机制建设、多模式多途径融资等几个方面引起高度重视，以此提高企业融资效率。

（2）国内专家学者对 P2P 网络借贷的研究

中国第一家 P2P 网络信用借贷平台拍拍贷（公司全称为"上海拍拍贷金融信息服务有限公司"）于 2007 年 6 月成立，注册资金 10000 万元，总部位于国际金融中心的上海。网贷之家联合盈灿咨询发布了《P2P 网贷行业 2016 年年报简报》，据统计，截至 2016 年 12 月底，网贷行业正常运营平台数量达到了 2448 家。

赵辉（2009）认为，在民间借贷需求渐增、互联网普及率和业务使用率的不断上升的新时代，使网络借贷这一民间草根金融被越来越多人看好。刘文雅、晏钢（2011）从 P2P 网络信贷的含义、起源以及网络信贷的具体操作方法入手，分析了网络信贷的运行模式，针对 P2P 网络信贷存在的诸多问题，提出解决问题的具体建议和措施，对我国 P2P 网络信贷发展前景进行了展望。王紫薇、袁中华和钟鑫（2012）以中国 P2P 网络小额信贷的代表——"拍拍贷"和"宜农贷"为例，对中国 P2P 网络小额信贷运营模式进行了探索研究。

（3）国内专家学者对网络银行的研究

戴国强（2000）认为，网络银行是银行业在网络银行时代和信息化浪潮中寻求银行管理新模式的具有革命性的实践，包括在网络银行中银行业务流程的设计、营销策略研究、管理模式探讨、经营风险预警防范系统乃至银行文化重塑等，既需要理论探讨，更需要实证分析。彭湘君（2004）通过对网络银行遵循的新经济下特有的经济学原理的实证分析，从成本优势、特殊的经营模式、不同于传统银行的风险监控方式三方面揭示出网络银行与传统银行的差异。万琢（2003）论述了银行网络化的发展和网络银行的出现是金融领域技术创新的必然阶段。王新立、张扬（2007）论述了虚拟经济条件下我国的网络银行风险管理面临的战略抉择，在合理界定网络银行业务并识别其风险的基础上应如何进行风险防范、控制和监管进行了探索性研究。林毓鹏（2001）认为，网络经济的发展改变了传统银行业的游戏规则。张玉喜、赵明地（2003）论述了网络银行对商业银行的经营环境和发展机遇产生的重大而深远的影响及其功能定位，网络银行具有服务方式的虚拟性、业务边界的模糊性、经营环境的开放性和市场运行的透明性等特征，这使传统商业银行在社会融资体系中节约交易和信息成本的优势降低，动摇了其在社会融资体系中的地位。王莛（2007）根据网络银行的特性，提出了适合网络银行发展后期的定价策略，即互动定价策略和客户价值定价策略，使网络银行服务的定价策略形成一个动态的定价机制。马尉华（2008）以实际数据强有力地证明了网络银行的创新对于再造招行的战略意义。

（4）国内专家学者对大数据金融的研究

与国外相比中国大数据金融起步稍晚，还未形成整体力量，企业使用数据挖掘技术尚不普遍，但近几年出现蓬勃发展的态势。我国国家自然科学基金于 1993 年首次支持对数据挖掘领域的研究项目。1999 年在北京召开第三届亚太地区知识发现与数据挖掘国际会议（The Pacific - Asia Conference on Knowledge Discovery and Data Mining，简称 PAKDD），收到论文 158 篇。2011 年第十五届 PAKDD 在深圳举办，会议就数据挖掘、知识发现、人工智能、机器学习等相关领域的主题进行交流讨论，反响热烈。2012 年 6 月 9 日中国计算机学会常务理事会决定成立大数据专家委员会。2012 年 10 月，成立了首个专门研究大数据应用和发展的学术咨询组织——中国通信学会大数据专家委员会，推动了我国大数据的科研与发展。2012 年 11 月召开以“大数据共享与开放技术”为主题。“Hadoop 与大数据技术大会”。彭崧、杨松（2017）对小微企业融资的 SWOT 分析，比较电商大数据金融融资模式与传统金融融资模式的优劣势，积极探索解决小微企业融资难困境的新思路。

(5) 国内专家学者对互联网金融监管的研究

陈初（2010）、陈静俊（2011）提出，网络借贷活动可能出现个人重要隐私信息泄露的情况，并且借贷平台很难核实贷款资金的用途，从而无法排除有些借款者用借入资金进行高风险投资的情况。王艳、陈小辉、邢增艺（2009）还认为，网络融资除了难于保证放贷资金的安全以及借贷利率水平过高，有些超过法律保护范围之外，如果出现大额诈骗活动时可能极易危及社会的稳定。李雪静（2013）借鉴美、英等国对P2P网络借贷的监管模式，提出我国网络借贷当前应该明确监管部门的各项监管手段。蒋琳、李万业（2013）就网络借贷可能出现的信息泄露洗钱的风险提出应尽快确立行业的相关法律法规。

综上所述，从功能金融观的角度分析，互联网金融在多数金融功能的发挥上较传统金融更加有效率，交易成本和风险成本可能会更低。从机构的视角看，不能忽视传统金融体系本身所具有的制度特征。互联网金融与传统金融并不是一种纯粹的竞争关系，两者有很大的融合空间。从本质上讲，互联网金融是更接近于金融市场的一种服务模式，其发展与壮大，会有助于直接融资占比的提高和金融结构的优化。

1.2　国外互联网金融的运行模式

1.2.1　国外网络银行运行模式

第一种模式是纯网络银行模式（Online Only Bank）。代表银行是美国盟友银行（Ally Bank）和美国第一资本360银行（Capital One 360）。这种纯网络银行提供24小时银行业务，在任何时候任何地点，只要你有一个能联网的电脑、苹果平板电脑（IPAD）或智能手机，你就能享受到传统实体、物理网点银行（Brick And Mortar Banks）的全部服务，即涵盖活期存款、定期存款、支票账户、退休投资账户、教育投资计划、个人消费贷款和房贷等。由于开办和运营成本较传统银行低廉，纯网络银行能提供较之传统银行高的利率，尤其是当时美国基本上是零存款利率的时候，这无疑对储户具有巨大的吸引力。值得一提的是，纯网络银行没必要做到全能银行，而是可根据自身特点和优势，在某些领域作精作透作出特点和打开知名度。盟友银行凭借快速、便捷的方式，不仅吸引城市年轻精英一族，而且它专做存储业务，对存钱金额没有下限规定，即使是一美元也可以存，并且被广为称道的是它的银行手续费低廉，这样一来盟友银行也吸引了被传统银行忽视的大量非高净值的客户群，因此广受欢迎。另外纯网络银行的监管等同于实体银行，在监管上没有任何区别。

归根溯源，纯网络银行其实直销银行（Direct Bank）的一种。直销银行是互联网时代应运而生的一种新型银行运作模式，是互联网金融科技（Fin-tech）环境下的一种新型金融产物。直销银行诞生于 20 世纪 90 年代末北美及欧洲等经济发达国家和地区，因其业务拓展不以实体网点和物理柜台为基础，具有机构少、人员精、成本低等显著特点，因此能够为顾客提供比传统银行更便捷、优惠的金融服务。在近 20 年的发展过程中，直销银行经受起了互联网泡沫、金融危机的历练，已积累了成熟的商业模式，成为金融市场重要的组成部分，在各国银行业的市场份额已达 9%—10%，且占比仍在不断扩大；2013 年由北京银行与荷兰国际集团（Internationale Nederlanden Group，简称荷兰 ING 集团，1991 年成立）合作推出第一家直销银行，2013 年 7 月，民生银行成立直销银行部；2014 年 2 月 28 日，国内首家直销银行民生银行直销银行正式上线；2014 年 3 月，兴业银行推出直销银行；中信银行与百度 2015 年 11 月 18 日宣布共同发起成立百信银行，首家独立法人模式的直销银行问世。目前，国内已有 90 多家银行开展直销银行业务。

第二种模式网络金融销售。传统银行有机地把互联网金融作为其重要营销渠道之一，这种方式不像现在的一些银行搭个架子弄个平台，就宣布自己的银行也有互联网银行和手机银行了，而发达国家的银行充分利用大量及时的电子数据，分析客户生活、消费、金融各个方面的习惯和行为。例如美国银行、摩根大通银行，根据历史纪录，针对客户经常去消费的店铺，积极主动地提供消费回馈金，客户一旦到同一家店消费，回馈金就自动返到客户银行账户上，这就增强了客户黏度和好感，加强了与店铺的长久合作，客户也获利并更愿意多消费，这无疑实现了多赢局面。

1.2.2　国外 P2P 网贷平台典型的运营模式

P2P 网络贷款起源于英国，2007 年传入中国。借助互联网金融蓬勃发展的东风，国内在 2011 年涌现出大批 P2P 网贷平台，2012 年进入了爆发期。据不完全统计，目前国内 P2P 网贷平台已超过 2000 家，截至 2012 年年底，网贷平台包含线下放贷的部分全年交易额已超过 200 亿元。P2P 借贷平台国外有基瓦（Kiva）、Zopa、借贷俱乐部（Lending Club）等典型代表公司。如批量出借人 + 小额借贷的 Kiva 模式，竞标匹配的 Zopa 模式，P2P 社区贷款服务的 Lending Club 模式（见表 1 - 1）。

表 1-1　　国外典型的 P2P 借贷公司运行分析

模式	成立时间地点	运营模式	费用	借款利率	借款用途
Kiva	美国加利福尼亚州（2005 年）	放款人选择好放贷对象，通过 Kiva 将资金以免息方式，由 kiva 合作伙伴将资金借给需要借贷的穷人	只要支付 25 美元	投资者收取一定利息	发展中国家收入非常低的企业
Zopa	英国伦敦（2005 年 3 月）	注册会员 30 个开始；2012 年雅各布·罗斯柴尔德（Jacob Rothschild）对 Zopa 投资，英政府也向其发放 9 万英镑	投资者总资金 1% 的手续费，和借款者 30—610 英镑不等的手续费	4.5% 到 15.5% 不等	汽车贷款、偿还信用卡贷款、消费贷款
Lending Club	美国加利福尼亚州旧金山（2006 年 3 月）	2007 年 8 月西北风险投资公司（Norwest Venture Partners）和迦南合伙人（Canan Partners）投资的 1000 万美元的 A 轮融资，Lending Club 彻底转变成一个个人对个人的借贷公司	投资者所缴纳的手续费基本在 1%—4%；因为贷款者个人条件的不同而有所起伏，一般为贷款总额的 1.1%—5%	利率最小为 6.03%，最大为 27.49%	借款用户基本上是在非常宽松的借贷环境下仍然信用不足的人，即“次级中的次级”

资料来源：中国电子商务研究中心：“Kiva 对我国网络借贷发展的启示”，[EB/OL]，http：//www.100ec.cn，2013 年 4 月 3 日 19：27；“阿尔法精选：详解英国 P2P 网贷 Zopa 的诞生、运营模式及风险控制”[EB/OL]，2014/05/03-08：09；中国电子商务研究中心：“P2P 借贷公司 Lending Club”[EB/OL]，http：//www.100ec.cn，2013 年 5 月 7 日。

国外 P2P 网贷平台典型的特点如下：

（1）批量借贷

Kiva 将互联网与小额信贷技术结合，借助合作伙伴们对潜在借款人的了解，把资金让渡给合作伙伴，由后者全权负责资金的发放与收回等具体工作，有效地规避了 Kiva 组织离借款人遥远的弊端。Kiva 在运行过程中，不向放贷者支付利息，也不向合作伙伴索要回报，其生存发展的资金来源于社会捐赠、企业赞助、基金会等，且员工大多为志愿者，工资成本很低。

（2）竞标匹配

Zopa 的可达成协议的空间（Zone of Possible Agreement）是一个人的最低

限（借款者获得的最低贷款利率）与另一个人最高限（投资者获得的最高回报率）的重叠区域。Zopa 是一种连接贷款者（投资者）与借款者的网络平台：借款者登录 Zopa 网站上传借款申请；经过 Zopa 的匹配，投资者借钱给他们，并获得一笔不小的贷款利率作为回报。所以，Zopa 的借款者预期利率、借款者最终贷款利率、投资者的固定收益率三种利率是极其关键的。

(3) 个人对个人融资

Lending Club 最核心的模式是帮助借贷者和投资者减小开支，与普通银行以及一些信用机构相比，其个人对个人的方式，使得资金流和管理更直接更透明，从而减少了资金链两端人群的支出。对于借贷者来说降低了还款利息，而对于投资者来说回报率更高。Lending Club 的利润主要来自对贷款人收取的手续费和对投资者的管理费，前者会因为贷款者个人条件的不同而有所起伏，一般为贷款总额的 1.1%—5%；后者则是统一对投资者收取一样的 1% 的管理费。

1.2.3　移动金融模式

移动金融模式代表性公司是星巴克。星巴克早已不仅仅是一家国际咖啡连锁店和文化体验店，星巴克创始人舒尔茨（Schultz）在再度出山以后，就提出星巴克是一家技术公司，而其中电子商务、移动互联支付、社交网络营销是星巴克实现转型的三大核心。星巴克在手机应用方面的投入包括投资移动支付公司 Square（方块支付）及其营销已遥遥领先于零售业的同行，成为美国移动支付的最大零售公司。Square 是美国的一家移动支付公司。其创始人是杰克·多尔西（Jack Dorsey）。Square 用户（消费者或商家）利用 Square 提供的移动读卡器，配合智能手机使用，可以在任何 3G 或 WiFi 网络状态下，通过应用程序匹配刷卡消费，它使得消费者、商家可以在任何地方进行付款和收款，并保存相应的消费信息，从而大大降低了刷卡消费支付的技术门槛和硬件需求。

支付变得更快捷对零售业来说极为重要，这不仅能避免客户在排长队时失去耐心而放弃购物，还能带动更多产品的销售，常能引发额外的购物冲动。同时，使用手机移动支付能为星巴克服务员节省大量信用卡刷卡时间和交易费用。事实上，移动支付平均只需 6 秒，是柜台刷信用卡时间的 1/3。移动支付只是星巴克互联网移动金融庞大计划中的一部分，这仅仅是个开始。星巴克使用 Square 移动支付，除了获得便捷和更低的信用卡交易手续费，星巴克对客户会员账户信息、消费习惯、口味喜好等了如指掌，而且还能接触和管理与其绑定的信用卡和借记卡交易数据。在有星巴克数字网络的咖啡浓香中，不知有多少人正缘此获得思考灵感，同时凭借着数字信息渠道与平台，星巴克可能是零售界最大的赢家，它在无声处迅速扩展着金融版图和影响力。

1.2.4 在线付款模式

贝宝（PayPal）在2002年被全球最大的拍卖网站易贝（eBay）收购，从此成为易贝的主要付款途径之一，截至2013年，PayPal已经支持超过190个国家和地区，注册用户数量超过2.2亿户。贝宝是现在全球最大的在线支付提供商，并在许多国家是排名第一的在线付款方式。在2008年，贝宝收购“过后账单付款”（Bill Me Later）。过后账单付款具有类似信用卡融资延期支付功能，对贝宝在线支付是一个战略性的经营补充模式。贝宝对于现阶段中国互联网金融，尤其是在监管方面有重大启示和借鉴意义。贝宝的软肋或最大的批评之声就是贝宝经营模式和银行没有两样，但相应的法规和监管手段却大相径庭。换句话来说，贝宝不用像真正的银行那样提供给客户任何安全保护，同时，贝宝也不需要像银行一样保持客户服务或争议解决等服务项目。但实际上，人们要注意到，贝宝拥有大量客户资金，进行数以百万计的金融交易，甚至提供信用卡和借记卡业务。从业务范围来看，就是银行。那么，为什么贝宝不被认定为银行呢？说来话长，贝宝一直走在银行监管的灰色区域。根据2002年联邦储蓄保险公司（Federal Deposit Insurance Corporation）裁定，由于贝宝没有符合联邦政府设立的银行的定义，贝宝不算作银行，只算作资金服务平台（Money Service）。不按照银行监管，问题就出来了，其中最大的一个问题就是，贝宝的客户会被突然，没有缘由地冻结账户。一旦冻结账户，客户就要经历一个繁琐、复杂的身份确认过程。在此过程中，由于资金冻结，客户无法进行任何交易，有些客户声称，他们的资金从此就石沉大海了。由于不被界定为银行，因此也就不在银行监管之内，很多客户反映客户服务粗暴，合同条款不清，甚至有指责贝宝在雇佣人员方面过于宽松，导致一些诈骗案例出现。

1.2.5 互联网金融的众筹融资模式

众筹的雏形最早可追溯至18世纪，当时很多文艺作品都是依靠一种叫做“订购（subscription）”的方法完成的。例如，莫扎特、贝多芬采取这种方式来筹集资金。众筹（crowdfunding）作为一种商业模式最早起源于美国，利用互联网和社交网站（Social Network Sites，简称SNS）传播的特性，让小企业、艺术家或个人对公众展示他们的创意，争取大家的关注和支持，进而获得所需要的资金援助。这种模式的兴起打破了传统的融资模式，每一位普通人都可以通过该种众筹模式获得从事某项创作或活动的资金，使得融资的来源者不再局限于风投等机构，而可以来源于大众。美国有扭腰客（Kickstarter）和英迪戈戈（Indiegogo）等两个知名众筹网站，Kickstarter 对项目的筛选和服务规则更加严格，这使得它的项目成功率更高。2012 年，Kickstarter 的总融资项目是 3.2 亿美元，投资人数达到 220 万人。在这个平台上，44% 的项目都成功募集到了资金。而 Indiegogo 则面向全球，接受更多的创意类项目。

Kickstarter 网站创意来自于其中一位华裔创始人 · 陈佩里（Perry Chen），他的正式职业是期货交易员，但因为热爱艺术，开办了一家画廊，还时常参与主办一些音乐会。2002 年，他因为资金问题被迫取消了一场筹划中的在新奥尔良爵士音乐节上举办的音乐会，这让他非常失落，进而就开始酝酿建立起一个募集资金的网站。佩里 · 陈认为："一直以来，钱就是创意事业面前的一个壁垒。人们脑海里常会忽然浮现出一些不错的创意，想看到它们能有机会实现，但除非你有个富爸爸，否则不太有机会真的去做到这点"。Kickstarter 网站致力于支持和激励创新性、创造性、创意性的活动。通过网络平台面对公众募集小额资金，让有创造力的人有可能获得他们所需要的资金，以便使他们的梦想实现。Kickstarter 提供了"有创意、有想法，但缺乏资金"与"有资金，也愿意捐款支持好创意"的平台。

2012 年美国研究机构曼塞璐调研公司（Massolution）在全球范围内对众筹领域展开了一项调查。结果显示，该年度全球众筹平台筹资金额高达 28 亿美元，而在 2011 年只有 14.7 亿美元。2007 年，全球众筹平台的数量不足 100 个，截至 2012 年年底已超过 700 个。2012 年 12 月 27 日，美国福布斯网站发布一项报告，该报告预测：2013 年，全球众筹平台的筹资总额将会达到 60 亿美元；到 2013 年第二季度，全球众筹平台将增至 1500 家。所以，众筹模式将成为项目融资的主要方式。

金智塔全球网贷与众筹指数（Crowdfunding and Marketplace Finance Index，简称 CAMFI）由浙江大学互联网金融研究院（Academy of Internet Finance，简称"浙大 AIF"）作为学术指导，杭州金智塔科技有限公司、英国 TAB 公司作为合作机构，于 2017 年 7 月 24 日首次全球同步推出的网贷与众筹行业指数，此后每月发布上月最新数据。作为首个全球网贷与众筹指数，CAMFI 以量化的指数形式捕捉全球网贷与众筹行业最新动向。CAMFI 的建立已成为观测网贷与众筹行业发展的"晴雨表"，为网贷与众筹从业者及时判断行业整体走势提供指示，为个人、机构投资者决策提供依据，为政府部门调控行业提供参考。CAMFI 从规模、效率、透明度三大维度构建指数体系，由债权众筹（网贷）指数、股权众筹指数和产品众筹指数等三个分行业指数构成。CAMFI 及三个分行业指数围绕 100 上下波动，超过 100 说明行业处于扩张状态，低于 100 说明行业处于收缩状态，指数越大说明行业扩张程度越大。为获取准确客观的 CAMFI，指数编制过程中充分考虑了数据的广度和代表性。截至 2017 年 12 月，CAMFI 编制过程中所采集的数据覆盖了超过 4800 家国内外众筹平台（国内众筹平台 2800 余家，国外 2000 余家），覆盖了国内自 2017 年 1 月至 2017 年 12 月的样本数据，国外自 2017 年 5 月至 2017 年 12 月的样本数据。CAMFI 于每月下旬发布，数据来源于杭州金智塔科技有限公司及英国 TAB 公司。

1.2.6 基于大数据的金融服务平台模式

这种模式通过打造类似去哪儿网（Qunar. com）[①]这样的金融产品垂直搜索引擎的方式，把有借款需求的个人和有放款需要的中小银行和小额贷款机构在一个平台上进行对接，然后通过广告费或者交易佣金的方式获得收入。简单而言，这些金融垂直搜索，其实就是给银行带客户的一个市场外包渠道，赚的主要是银行和小额贷款公司的市场费，如银率网（Bankrate）等。

Bankrate（NYSE：RATE）是一家全球领先的个人金融产品信息服务公司，总部设在美国佛罗里达州的北棕榈滩，至今已有 30 多年的历史。2008 年 1 月 24 日，Bankrate 在北京正式注册成立了银率网（北京）科技发展有限公司（简称银率网，www. bankrate. com. cn）。强大的数据库和分析师团队是 Bankrate 的成功经验。Bankrate 拥有由 33 名编辑、90 位自由职业者和 15 位专栏作家组成的强大的编辑团队，每周创作 150 篇新文章，并通过数据挖掘和研究定期提供个人金融数据分析报告，为投资者合理规划投资提供参考。Bankrate 整合来自 4800 多个机构的 300 多种金融产品的信息，覆盖全美 50 个州近 600 个本地市场，每天产生 172000 多个利率表，从中生成超过 3000000 条信息。根据清华大学五道口金融学院的研究，早在 Bankrate 成立之初，美国全国广播公司（National Broadcasting Company，简称 NBC，也即美国 NBC 环球集团）持有的全球性财经有线电视卫星新闻台 CNBC（全称："Consumer

---

① 去哪儿网（Qunar. com）是中国领先的无线和在线旅游平台，其网站上线于 2005 年 5 月，公司总部位于北京。去哪儿网致力于建立一个为整个旅游业价值链服务的生态系统，并通过科技来改变人们的旅行方式。根据 2014 年 9 月艾瑞监测数据，在旅行类网站月度独立访问量统计中，去哪儿网以 4474 万人名列前茅。去哪儿网移动客户端"去哪儿旅行"是中国旅行类较受欢迎的移动应用，截至第一季度末拥有超过 8 亿条的激活下载量。根据中国互联网络信息中心（CNNIC）发布的《2012 年中国网民在线旅行预订行为调查报告》，去哪儿旅行是手机旅行信息查询用户安装和使用较多的移动客户端。

News and Business Channel")、《纽约时报》(*The New York Times*) 等知名媒体就是从 Bankrate 获得利率数据进行报道的。而美国联邦储备委员会、联合抵押局及各个州政府也是通过 Bankrate 提供的利率监测报告了解市场行情，以便对整个行业进行监管。时至今日，Bankrate 的合作伙伴已超过 75 家网站和 100 多家报纸，其中包括美国前十大媒体。

Bankrate 提供的金融服务主要包括咨询和工具两类：对所有零售银行所发售的个人金融产品进行跟踪调研，并分类比较，为投资者提供最新的原创理财资讯和专家建议，包括房贷、车贷、银行卡、理财产品、储蓄、国债、外汇、基金、保险等。Bankrate 提供 12 大类，共计 190 多种实用理财计算器，可以用于计算包括商业贷款、房贷、车贷、外汇兑换、按揭购房等相关税费、利息、信用卡分期付款和投资收益等，在美国成熟金融市场，75% 的美国人在买房之前都会通过 Bankrate 来查询房贷信息。

Bankrate 强大的数据挖掘能力，最大的优势就在于其为消费者提供准确、客观的信息，而非具体的投资品种。不同于史戈非戈（SigFig 是美国一家个人互联网理财平台，上线于 2012 年 5 月 1 日）、先锋理财（WealthFront 是一家基于软件的在线财富管理企业，前身叫 Kaching，成立于 2008 年 12 月，于 2011 年更名为 Wealthfront）、摩提弗互助金融平台（MotifInvesting 是由美国 motifinvesting 金融投资公司运营，Motifinvesting 在 2012 年 6 月正式上线公司开展业务）等提供投资组合管理的理财网站，Bankrate 不会推荐某只基金或股票，而旨在提供不同类型的金融产品信息及相关费率比较，为消费者客观、详细地了解各类金融产品提供快捷、高效的查询平台。也不同于全面罗列财经新闻和产品动向的各大网站的财经频道，Bankrate 有专门的研究人员定期调研，将全面准确的费率信息和原创金融资讯内容进行有机结合，通过原创、客观的个人理财资讯及故事，帮助消费者作出正确的投资决策。

1.3 国内互联网金融的发展与运行

1.3.1 中国互联网金融发展历程

中国互联网发展经历了五个阶段：

第一阶段：1997—2000 年。自 20 世纪 90 年代中期以来，网络银行、网络证券和网络保险业务逐渐兴起，如招商银行于 1997 年率先推出中国第一家网上银行，标志着中国互联网金融开始出现并不断创新发展。

第二阶段：2001—2012 年。传统金融机构不断利用互联网技术发展业务，而互联网企业则利用先天优势涉足金融业，除了网上金融以外，互联网企业利用电子商务、社交网络、移动支付、大数据、云计算、搜索引擎等新技术形式将其业务范围渗透到金融领域。第三方支付、网络信贷、众筹融资和整合销售金融产品等互联网金融模式开始实现快速发展，以第三方支付为例，2012 年市场规模超过 10 万亿元，其中支付机构互联网支付业务达 6.9 万亿元，移动支付业务 1811.9 亿元，处理收单业务 3.8 万亿元，预付卡业务 575.6 亿元。

第三阶段：2013 年至 2015 年 6 月的互联网金融快速发展阶段。2013 年是我国互联网金融元年，国内互联网金融呈现出爆发式增长。在“中国金融四十人论坛”年会上，时任中投公司副总经理的谢平首次提出“互联网金融”概念。传统金融机构包括银行、证券、保险开始纷纷涉足互联网金融，而传统互联网企业更是发挥技术、商务等优势开始全面布局互联网金融。以阿里巴巴为例，2013 年阿里巴巴介入金融业，通过深入支付、信贷融资和理财等金融领域，开始了在互联网金融领域的拓展。2013 年 6 月，阿里巴巴推出“余额宝”产品，凭着收益率高、流动性强、风险性低，仅 10 多天就吸收资金 60 亿元，实现了用户、支付宝、基金公司三方共赢。我国网络借贷平台在 2013 年总成交额近 1000 亿元，除了西藏、青海、宁夏、黑龙江和吉林之外，中国所有的省、市、自治区都有 P2P 网络借贷平台。2014 年“两会”期间，“促进互联网金融健康发展”被写入政府工作报告。之后，P2P 网贷和众筹平台“异军突起”，其中，P2P 网贷平台增速在 2015 年达到顶峰。

第四阶段是 2015 年 7 月至 2016 年 9 月的互联网金融风险集聚爆发阶段。2015 年 7 月 18 日中国人民银行、工业和信息化部、公安部、财政部、国家工商行政管理总局、国务院法制办公室、中国银行业监督管理委员会、中国证券监督管理委员会、中国保险监督管理委员会、国家互联网信息办公室联合印发了《关于促进互联网金融健康发展的指导意见》（银发〔2015〕221 号），该指导意见从金融业健康发展全局出发，提出了健全制度、规范互联网金融市场秩序的具体要求。

第五阶段是 2016 年 10 月至今的互联网金融风险专项整治阶段。为处置互联网金融风险，2016 年 10 月 13 日国务院办公厅印发《互联网金融风险专项整治工作实施方案》（国办发〔2016〕21 号），并在后期，多次推出各项整治措施与实施方案。

随着专业化分工和新的商业模式创新，互联网金融的垂直细分并与产业链深度融合将是大的发展方向。例如，超过三年的融资需求，如果按照传统金融，过多地做资金错配，可能无形地给企业增加流动性风险。通过互联网金融，为企业、为供应商定制匹配他们真正需求的期限利率，这其中核心的环节就是风控的独立性。风险控制，必须作为互联网金融的核心问题来对待，首先是风险规避，加快征信体系的建设；其次是风险分散，要根据不同行业、行业的不同周期进行投资；最后是风险转移，比如抵押和担保。此外，还要有风险承担的手段，来应对可能发生的风险。

1.3.2　中国互联网金融发展模式

我国互联网金融模式众多，主要有五种模式，分别是：支付类、融资平台型、理财类、互联网金融门户型和供应链金融创新类等。

（1）支付类

网络支付是指依托公共网络或专用网络在收付款人之间转移货币资金的行为，包括互联网支付、移动电话支付、固定电话支付、数字电视支付等。中国现在已经形成规模的是互联网支付和移动电话支付。支付类也可以分为银行支付和第三方支付。商业银行依托强大的资金和渠道优势，依然牢牢占据网络支付业务发展主体地位。在大力发展网上银行和手机银行之外，商业银行还积极开展创新活动，推出电商对电商（B2B）、电商对个人（B2C）支付平台等创新支付产品（比如中国农业银行的“网上交易市场支付平台”①、中国工商银行的“工银 e 支付”②）以及手机钱包等运动支付类产品。而第三方支付模式是指具备一定实力和信誉保障的独立机构，利用互联网、移动电话、数字电视等载体，采用与各大银行签约的方式，提供与银行支付结算系统接口的交易支持平台的网络支付模式（表 1－2）。

表 1－2　　我国典型的第三方支付模式

公司名称	平台	时间	平台特点	适用范围
浙江支付宝网络科技有限公司	支付宝综合型	2003 年 7 月	支付宝由阿里巴巴公司创办，是国内最大的网络支付公司。	适用于 C2C、B2C 和 B2B 领域。更适用于 C2C 模式，在淘宝网上的交易有 3300 多万用户。

① 中国农业银行在原有的电子商务支付模式上创新推出了信用支付等模式，搭建了功能强大、覆盖范围广、能支持多种交易模式的网上交易市场支付平台（信用支付平台）。主要应用于各类网上交易市场，特别是大宗商品交易市场，主要包括行业垂直网站（钢铁、石化、煤炭）、农副产品交易市场等。

② 工银 e 支付是中国工商银行为满足客户便捷的小额支付需求而推出的一种新型电子支付方式。开通后，无需使用网上银行，只需填写“手机号＋银行账号后六位或账户别名”，再根据短信收到的“手机动态密码”完成小额支付的安全认证，即可实现 B2C 电子商务、交费、小额转账交易。

续表

公司名称	平台	时间	平台特点	适用范围
财付通支付科技有限公司	财付通综合型	2005年10月	财付通是综合化的电子支付平台，提供网关、手机、电话、账户等服务。	适用B2C、C2C在线交易，同时为CP、SP提供在线支付通道①。
上海环讯电子商务有限公司	环讯 IPS 综合型	2000年8月	中国借记卡、VISA、MasterCard的在线支付平台。	主要针对B2C、C2C领域的支付，与2300多家企业成为合作伙伴。

资料来源：根据浙江支付宝网络科技有限公司、财付通支付科技有限公司、上海环讯电子商务有限公司官方网站公布资料整理。

我国从2011年开始正式颁发第三方支付牌照：2011年5月26日，首批共颁发了27张牌照。随后，分别于2011年8月31日、12月31日、2012年的6月和7月、2013年1月和7月以及2015年3月，分别颁布了共8个批次，共计270家第三方支付机构获得了第三支付牌照。自2015年7月开始，央行开始收紧牌照发放政策，重视对第三方支付的监管。相关监管部门明确指出短期内不再增加支付牌照，而是收紧支付牌照的发放并淘汰一些不合格的支付企业，对整个第三方支付行业进行整顿。在此背景下，从2015年7月到2017年6月，央行不再发放新的支付牌照，在原来的270家支付机构中淘汰了12家，剩余合规第三方支付企业为258家。

第三方支付业务主要分为网络支付、预付卡的发行与受理和银行卡收单四类，网贷之家研究中心数据统计表明，同时具有预付卡发行与受理、互联网支付、移动电话支付、银行卡收单四类业务“全牌照”的公司仅有10家，意味着这些公司可开展个人计算机（Personal Computer，简称PC）端支付、手机支付和销售终端（Point of Sale，简称POS）收单业务，也可以发行预付卡，牌照价值也相比较高，同时其中6家公司拥有基金销售支付结算牌照。这10家第三方支付企业是：支付宝（中国）网络技术有限公司（2004年12月8日）、资和信电子支付有限公司（2006年8月14日）、上海盛付通电子支付服务公司（2008年6月13日）、北京钱袋宝支付技术有限公司（2008年11月25日）、易生支付有限公司（2008）、上海付费通信息服务有限公司（2003年6月30日）、天翼电子商务有限公司（2011年3月）、联通支付有限公司

① SP是英文Service Provider的缩写，中文翻译为服务提供商，通常是指在移动网内运营增值业务的社会合作单位。CP是英文Content Provider的缩写，中文翻译为内容提供商。

(2011年4月11日)、中移电子商务有限公司(2011年6月30日)、杉德支付网络服务发展有限公司(2011年6月14日)。

第三方支付牌照许可的业务类型主要包括:互联网支付、移动电话支付、固定电话支付、数字电视支付、预付卡发行与受理、银行卡收单(表1-3)。在产品应用上,主要用于网络购物、航空旅行订票、酒店订付、电信缴费、电子商务交易等领域,其收入来源主要是为客户提供服务赚取手续费和第三方支付系统沉淀资金的利息等。在服务内容上,第三方支付企业服务内容简单,同质化程度较高,主要通过相关市场服务吸引不同需求的用户体现其差异化交易,形成较强的用户黏性,如支付宝凭借淘宝网的电商购物平台实施差异化战略,财付通主要依托腾讯旗下庞大的消费用户群形成支付进入壁垒。

表1-3　　不同的支付卡牌照类型

支付类型	牌照类型	业务描述
线下支付	银行卡收单	通过POS终端(传统POS、移动POS等)以及自助支付服务终端(拉卡拉、缴费易、ATM等),基于电话线、互联网在特约商户为持卡人提供银行卡刷卡消费的授权、清算、拒付等业务。
	预付卡发行与受理	是指以营利为目的发行的、在发行机构指定范围内购买商品或服务的预付价值。第三方支付机构可发行跨行业消费的预付卡(多功能预付卡),可到众多联盟商户刷卡消费。
线上支付	互联网支付	通过电脑、手机或平板电脑等,依托互联网/移动互联网发起支付指令,实现用户和商户、商户和商户之间的货币资金转移的行为。
	固定/移动电话支付	含固定电话和移动电话支付,通过拨打商户呼叫中心,通过银行卡授权支付的方式,进行相关订单和服务款项的支付。
	数字电视支付	通过"电视+遥控器"的方式进行银行卡支付,主要包括基础类业务(模拟电视、数字电视、数据宽带、数字电视交互业务等)及第三方业务(如公共事业费、电子商城等)的支付。

数据来源:根据第三方支付企业公开数据与资料整理归纳而成。

2009年以来,我国第三方支付市场繁荣发展。根据艾瑞咨询统计(iResearch)数据显示,2013年中国第三方互联网支付市场交易规模就达53729.8亿元,整体市场持续高速增长,在国民经济中的重要性进一步增强。据前瞻产业研究院整理统计,我国第三方支付交易规模保持了30%以上的高速增长。2016年交易规模达到57万亿元左右。自2015年以来,监管层相继出台了《关于促进互联网金融健康发展的指导意见》(银发〔2015〕221号)、《非银行支付机构网络支付业务管理办法》(中国人民银行公告〔2015〕第43号)、

《关于加强支付结算管理防范电信网络新型违法犯罪有关事项的通知》（银发〔2016〕261号）等多项政策文件，提出了实施非银行支付机构分类监管制度、建立个人银行账户分类管理机制、确立客户备付金集中存管机制等一系列规范支付市场行为的举措，并开展专项整治活动，交易规模比较稳定。

（2）融资平台型

融资平台型的互联网金融企业在市场中充当金融中介的作用，该互联网金融创新产生的原因是我国传统银行服务低收入群体和微小企业在成本与收益等功能的不匹配、服务不完善，不能很好地满足中小企业和个人的融资需求。融资平台型的互联网金融企业有三种类型：一是众筹融资经营模式；二是P2P贷款模式；三是小额网络贷款模式。

①众筹类。国内众筹与国外众筹不尽相同，其中最大的差别在于对支持者的保护措施上，国外项目成功了，马上会给项目发钱去执行。国内为了保护支持者，把它分成了两个阶段，会先付50%的资金去启动项目，项目完成后，确定支持者都已经收到回报，才会把剩下的钱交给发起人。2011年4月成立的“点名时间”是我国第一个众筹平台，也是国内发展最成熟的众筹网络平台，主要是为了帮助国内一些有创意、有想法但是缺乏资金的人进行融资。根据盈灿咨询发布《2017年中国众筹行业年报》，截至2017年年底，全众筹平台运行按其回报模式划分，可分为股权型、权益型、物权型、公益型和综合型。国共上线过众筹平台834家，其中正常运营的为294家，下线或转型的为540家。

根据本报告，全国处于运营中的294家众筹平台中，权益型平台数量最多，共有90家，占比30.61%；股权型平台89家，占比30.27%；物权型平台62家，占比21.09%；综合型平台41家，占比13.95%；公益型平台数量最少，只有12家，仅占比4.08%。2016年下半年，二手车众筹全面爆发，大量平台上线，使得物权型平台一度成为各平台类型中占比最高的，但在2017年，大量的二手车众筹平台下线或转型，使得其运营中的平台数量低于权益型和股权型平台。全国34个省级行政区中，众筹平台覆盖23个，平台主要集中在经济较为发达的沿海地区，而分布在东北、西北和西南地区的平台较少。平台数最多的是北京，共有69家，占比23.47%；其次是广东，共有平台55家，占比18.71%；排名第三的是山东，共有平台36家，占比12.24%；上海共有平台33家，占比11.22%；随后是浙江和江苏，平台数分别为25家和14家。

②P2P贷款模式。P2P小额贷款无需抵押，进入门槛低，操作便捷，并且借贷金额相对较小，为难以通过银行等正规金融机构借贷的投资者提供新的

融资渠道。根据信贷平台的性质，我国P2P信贷企业可以分为三类：纯中介线上模式（如人人贷[①]）；线下认证模式（如合力贷[②]）；非典型P2P信贷公司（如宜信[③]），主要是通过债券转移的方式来完成业务链条。在国际金融危机期间，国内信贷市场资金流动性不充足，加上国内制造业不景气及房地产信贷调控收紧等多种因素，催生了P2P网贷的繁荣发展。国内的P2P模式逐渐演变出有担保的线上模式、无担保的线上模式、营业部模式以及理财模式等种类。

目前，国内P2P平台交易量非常活跃：截至2017年8月陆金所累计完成注册人数31800152人。从宜人贷公布的2016年报看，全年净收入32.38亿人民币（4.66亿美元），较2015年全年增长146%；净利润11.16亿元人民币（1.61亿美元），较2015年全年增长305%。P2P平台分布主要集中在东部沿海民间借贷较发达的地区。根据2018年1月8日，网贷之家发布《2017年中国网络借贷行业年报（完整版）》，截至2017年12月底，网络借贷行业正常运营平台数量达到了1931家，相比2016年底减少了517家。至2017年年底，正常运营平台数量排名前三位的是广东、北京、上海，数量分别为410家、376家、261家，浙江紧随其后，正常运营平台数量为233家，四地占全国总平台数量的66.29%，表明我国网络借贷行业平台地区集中度相对较高，这与网络借贷行业的金融属性、地区政策支持力度都紧密相关。

③小额网络贷款模式。电子商务平台小额贷款是利用电商平台积累的数据，完成小额贷款需求的信用审核并发放贷款，其模式的核心在于‘电商平台数据+小贷”。以阿里巴巴小额贷款有限公司（简称“阿里小贷”）为例，阿里小贷是该模式的开拓者，其业务主要通过旗下的小额贷款公司来完成，采取“P2P小贷+O2O模式”进行量化放贷。阿里小贷为淘宝、天猫等网站用户提供“订单贷款”和“信用贷款”两项业务：“订单贷款”基于平台上“卖家已发货”的订单进行申请，“信用贷款”则完全基于卖家的信用。这类模式的代表还包括：苏宁小额贷款公司（简称“苏宁小贷”）、百度小额贷款

① 人人贷全称人人贷商务顾问（北京）有限公司，成立于2010年，是中国互联网金融领军企业，2015年和2016年入围中国互联网百强企业。

② 合力贷是目前国内最具风险控制资质的P2P网络借贷平台，为有贷款需求的个人或企业和有资金并具备投资意向的人提供第三方牵线搭桥服务。合力贷是合力金融信息服务公司旗下，合力贷科技公司运营，由归国人士及银行信贷专家创建的P2P网络借贷交易平台。

③ 宜信公司创建于2006年，总部位于北京，是一家集财富管理、信用风险评估与管理、信用数据整合服务于一体的综合性现代服务业企业。宜信惠民P2P金融服务平台，是宜信旗下专业的个人借款与投资出借平台。

有限公司（简称“百度小贷”）以及财付通小贷小额贷款有限公司（简称“财付通小贷小贷”）等。

以淘宝贷款[①]、京东京小贷[②]为代表的电商平台已经成功打入供应链金融领域，通过平台内所积累的数据为供应链和电商卖家提供授信基础。作为独立于任何一家电商网站的第三方信贷平台，是跨平台的数据分析和信用评估的电商贷款平台，它连接着商户和资金源，帮助电商商户实现纯线上信用贷款。具体来说，通过商户端或官网，商户提交借款需求后，需要向电商贷款平台进行授权，使平台能够接入商户所在的电商平台后台账户并获取经营数据。随后，平台将根据这些数据生成一份评估报告，并将这份报告提交给到资金源风控中心。风控中心在报告的基础上进行风控审核（主要是调取央行征信报告审核，即所有的银行征信时都会调取中国人民银行的个人征信报告），并对其授信、放贷。整个过程需要 1—3 天时间。平台提供的贷款上限为 200 万元，还款期限分为 3—12 个月，按日计息，还款模式分为等额本息、等额本金、等本等息、随借随还四种形式，而电商贷款平台的贷前、贷后风控来看，贷前风控则处于最重要的环节。

（3）理财类

金融机构或互联网企业依托自身优质的客户资源或品牌资源，通过搭建电子商务平台提供理财类金融产品的销售和交易，包括银行理财产品、证券、保险、基金、国债、外汇、期货、贵金属的买卖等。该类互联网金融业务主要有两种形式：一是以支付宝为代表的理财产品网络销售平台。比如支付宝推出的“余额宝”产品，其实质是用支付宝余额购买货币基金，并且在用户支付时自动实时赎回，从而在稳定提高收益的同时，有效保障了资金的高流动性。二是理财式互联网金融推出的理财社区，比如中国农业银行的“互动 e 站”[③] 和招商银行的“i 理财”[④]，是以社交网络的方式为客户提供在线交流与

---

① 淘宝贷款是淘宝公司针对其会员客户推出的贷款业务。该贷款属于纯信用贷款，只要是淘宝会员客户并且在淘宝上有 3 个月以上的业务交易，且交易正常，即可申请贷款。

② 京小贷是针对入驻京东开放平台的部分商家开放的贷款业务，全流程通过线上操作，商家可根据贷款金额自主选择贷款期限及还款方式，操作灵活，利率优惠；一个法人名下的所有企业总贷款最高额度 500 万元，资金即时发放到商家在京东钱包开立的结算账户。

③ 中国农业银行以信用方式，向符合特定条件的农业银行个人客户发放的，由客户自助申请、自动审批、自助用信的小额消费贷款。

④ i 理财是招商银行于 2010 年 4 月推出的网络互动银行，是大众网络理财平台。“i 理财”旗下包括两个核心项目“i 理财社区”和“i 理财账户”。

互动平台。另外，“百度金融中心”① 在综合百度已有资源的基础上，与广大金融机构展开合作，重塑传统金融产品设计、包装、销售、服务各个环节，为用户提供金融产品、服务。

例如，2013 年 6 月 13 日，支付宝公司与基金公司“天弘基金”联合推出的余额增值服务“余额宝”。余额宝是互联网理财类金融产品的先驱者，其有效解决了第三方支付机构客户保证金不能计息的问题，且因其买卖理财产品起点金额低、操作简单、收益较高等特点获得迅猛发展，天弘基金靠此一举成为国内最大的基金管理公司。余额宝自上线以来，以超凡的影响力快速聚拢网民和资金：刚上线不到 6 天的时间，余额宝的用户数突破 100 万户；二季度末集资 66 亿元；三季度末累计转入资金规模 556. 53 亿元；2013 年 11 月 14 日转入资金突破千亿元；2013 年 12 月 31 日规模达到 1853 亿元；2014 年 1 月 15 日达到 2500 亿元，用户数超过 4900 万户。中国基金报数据显示，余额宝 2017 年 6 月底规模已达到了 1. 43 万亿元，超过了招商银行 2016 年年底的个人活期和定期存款总额，并直追 2016 年中国银行的个人活期存款平均余额 1. 63 万亿元。而腾讯理财通对接四只货币基金合计规模不足 1200 亿元，甚至不及 2015 年 9 月底的规模。

通过余额宝，用户不仅能够得到收益，还能随时消费支付和转出，像使用支付宝余额一样方便。用户在支付宝网站内就可以直接购买基金等理财产品，同时余额宝内的资金还能随时用于网上购物、支付宝转账等支付功能。转入余额宝的资金在第二个工作日由基金公司进行份额确认，对已确认的份额会开始计算收益。但是，余额宝实质是货币基金，仍有风险。在余额宝试水成功后，各大银行、券商、基金等陆续抢滩理财类互联网金融市场，陆续推出“活期宝”“收益宝”“现金宝”“微信理财”“百发理财”等互联网金融理财类产品。

（4）互联网金融门户型

互联网金融门户是利用互联网进行金融产品的销售以及为金融产品销售提供第三方服务的平台。核心是“搜索 + 比价”模式，采用金融产品垂直比价的方式，将各家金融机构的产品放在平台上，用户通过对比挑选合适的金融产品。随着各种融资平台和理财平台的出现，可供客户选择的贷款计划、

① 百度理财是百度旗下专业化理财平台，提供多元化理财产品，活期理财、定期理财、基金投资等一站式轻松搞定。2013 年 10 月 28 日，百度理财平台上线，2014 年 4 月 23 日，百度理财平台升级为百度金融中心。2016 年 9 月 12 日，全新升级改版。百度理财的目标是：通过专业化的团队，精选多元化高品质的金融理财产品，提供快捷安全的金融服务，打造一站式的安全、专业、全面的综合金融服务平台。

理财规划等令人眼花缭乱。出于节省利息成本和时间精力成本的需求，在网上搜索比较诸如贷款这样的非标准化、复杂性较高的金融产品就成为人们的普遍行为，搜索类的互联网金融门户应运而生。互联网金融门户多元化创新发展，形成了提供高端理财投资服务和理财产品的第三方理财机构，提供保险产品咨询、比价、购买服务的保险门户网站等，金融产品的垂直搜索有可能成为用户获取金融产品、金融机构获得精准客户的主要平台，引领着金融渠道的风向标。这种模式不存在太多政策风险，因为其平台既不负责金融产品的实际销售，也不承担任何不良的风险，同时资金也完全不通过中间平台。所以，互联网金融门户的最大价值是渠道价值。互联网金融拓展和聚集了银行业、信托业、保险业的客户。

国内比较典型的是融360以及软交所金融超市，提供网上金融产品的搜索及匹配服务。融360是2011年成立的金融垂直搜索平台，或称"服务中国消费者和中小企业的金融搜索和推荐平台"，帮助解决中小企业、个体经营者和消费者贷款难的问题。融360为资金需求者提供可以选择的贷款选项，仅是一个搜索引擎：资金需求者在网站上填写相应的贷款类型、金额以及期限后，融360会提供符合条件的贷款选项，省去了用户去各家银行或者小额贷款公司进行查询的时间，帮助借贷者更为便捷地作出决策。融360主要客户为小微企业和个人用户，其中个人用户数占65%以上，小微企业则占30%以上，两者贷款金额差不多各占一半。

（5）供应链金融创新平台

政策的利好让供应链金融市场风口热点不断升级。2017年8月商务部办公厅、财政部办公厅《关于开展供应链体系建设工作的通知》（商办流通发〔2017〕337号），同年10月，国务院办公厅印发《关于积极推进供应链创新与应用的指导意见》（国办发〔2017〕84号）首次提出供应链金融的行业目标。我国供应链金融市场规模逐年增长，据前瞻产业研究院供应链金融行业报告数据显示，到2020年，有望达到14.98万亿美元，供应链通过有效降低资金流和信息流成本，最大限度降低了整个系统的成本。同时，整合相关各方优势，使产业竞争优势最大化，实现金融与实体企业合作共赢，有效地破除中小微企业融资难、融资贵等问题，促进实体企业更好发展。

钱保姆（www.qbm360.com），是2014年11月1日注册的浙江佰财金融信息服务有限公司（成立于2014年9月26日）旗下的网络借贷信息中介平台，中国互金协会首批会员，获得ICP许可证和等保三级认证，作为创新型供应链金融平台，将生活的需求场景化与金融服务相结合，深入健康行业内中药或中药材的种植、加工环节，以上下游企业之间发生供销关系产生的应收账款质押借款，为基层种植户、加工商等上游企业提供金融支持。同时，下游采购商在整个环节中承担连带担保作用，引入第三方担保公司，对借贷业务提供担保服务，解决上游企业的资金流动性问题，保证生产链条的持续供应。同时，引入美食、美妆、旅行、养生、育儿等多个行业，在互联网金融行业内搭建独特的为投资者增值财富的同时创造更高品质的生活大健康供应链模式。

第2章 实体经济发展及其对互联网金融的需求

2.1 实体经济发展背景

2.1.1 美国的金融危机

马克思的虚拟资本理论认为，虚拟资本以金融系统为主要依托，包括股票、债券和不动产抵押等，它通过渗入物质资料的生产及相关的分配、交换、消费等经济活动，推动实体经济运转，提高资金使用效率。虚拟资本形成后，一部分货币就会专门投放在这种生息的有价证券上，以获取利息。虚拟资本虽有价格，并能带来一定的收入，但并不是现实的资本，而是幻想的、虚拟的资本。在一般情况下，虚拟资本的价格总额，总是大于现实资本的价值总量。虚拟资本的价格或者完全不代表现实资本，或者虽代表现实资本，但并不能反映现实资本的价值变化。

20世纪80年代开始，美国进行大规模的产业结构调整，把大量实体制造业转移到拉美和东南亚，而把美国本土打造成贸易、航运和金融等服务业中心；同时，在里根及其后续继任者的极力推动下，以私有化、市场化和自由化为目标的“华盛顿共识”[①] 在拉美和西方国家迅速推行。1999年，美国政府正式废除1933年颁布的金融管制法“格拉斯—斯蒂格尔法” （Glass - Steagall Act，也称作《1933年银行法》），取而代之的是“格雷姆—里奇—比

① 华盛顿共识（Washington Consensus），1989年所出现的、一整套针对拉美国家和东欧转轨国家的、新自由主义的政治经济理论，是社会主义转向繁荣的资本主义社会的最初级版本。当华盛顿共识逐渐走向失败，宏观经济理论界提出了与此相对的北京共识。美国国际经济研究所的约翰·威廉姆森（John Williamson）对拉美国家的国内经济改革提出了已与上述各国家达成共识的10条政策措施，称作华盛顿共识。

利雷法（Gramm – Leach – Bliley）”即美国的金融现代化法案，从而彻底结束了银行、证券、保险分业经营与分业监管的局面，开辟了世界金融业混业经营的局面。随着信息技术的迅速进步、金融自由化程度的提高以及经济全球化的发展，虚拟资本的流动速度越来越快。20 世纪 90 年代信息高速公路①概念一度迅速转化为纳斯达克（即 NASDAQ，全称 National Association of Securities Dealers Automated Quotations，即美国全国证券交易商协会自动报价表），是美国的一个电子证券交易机构，是由纳斯达克股票市场公司所拥有与操作的。由于网络泡沫的推动力量，网络概念股均被爆炒至上百美元甚至数百美元的离奇价格。2002 年纳斯达克网络泡沫破灭，正式宣告美国虚拟经济进入了危机动荡期。网络泡沫破灭以后，由于金融管制的放松，与房地产相关的金融衍生产品也开始不断泛滥，根据美国财政部对美国次贷担保债务凭证（Collateralized Debt Obligation，简称 CDO）市场的统计：2005 年 CDO 市场总值为 1510 亿美元，2006 年为 3100 亿美元，2007 年仅第一季度就达 2000 亿美元。在此基础上，华尔街的精英们甚至发明出 CDO 的平方、立方、N 次方等新产品。金融衍生产品的极度膨胀导致美国金融服务业产值占到其 GDP 的近 40%。

在 20 世纪 30 年代的大萧条时期，美国内需萎靡不振，罗斯福新政的决策之一就是设立房利美（Federal National Mortgage Association，简称 Fannie Mae，即联邦国民抵押贷款协会，成立于 1938 年）是最大的“美国政府赞助企业”，为国民提供住房融资，帮助民众购买房屋，刺激内需。1970 年，美国又设立了房地美（Freddie Mac，NYSE：FRE，即联邦住宅贷款抵押公司）②，规模与房利美相当。“两房”虽是私人持股的企业，但却享有政府隐性担保的特权，因而其发行的债券与美国国债有同样的评级。从 20 世纪末开始，在货币政策宽松、资产证券化金融衍生产品创新速度加快的情况下，“两房”的隐性担保规模迅速膨胀，其直接持有和担保的按揭贷款和以按揭贷款作抵押的证券由 1990 年的 7400 亿美元爆炸式地增长到 2007 年年底的 4.9 万亿美元。在迅速发展的过程中，“两房”忽视了资产质量，这就成为次贷危机爆发的

---

① 信息高速公路就是把信息的快速传输比喻为“高速公路”。所谓“信息高速公路”，就是一个高速度、大容量、多媒体的信息传输网络。其速度之快，比目前网络的传输速度高 1 万倍；其容量之大，一条信道就能传输大约 500 个电视频道或 50 万路电话。此外，信息来源、内容和形式也是多种多样的。网络用户可以在任何时间、任何地点以声音、数据、图像或影像等多媒体方式相互传递信息。

② 房地美（Freddie Mac，NYSE：FRE，即联邦住宅贷款抵押公司），是第二大的美国政府赞助企业（GSE，Government Sponsored Enterprise），商业规模仅次于房利美。1970 年由国会批准成立，作为旨在开拓美国第二抵押市场，增加家庭贷款所有权与房屋贷款租金收入。

“温床”。由于各国金融的不断开放，美国把大量的房地产抵押债券出售给了其他国家，所以美国的金融危机上对全球的资本市场造成了强烈冲击。

发展虚拟经济必须和实体经济紧密结合。马克思政治经济学的劳动价值论其实已经告诫我们，脱离了实体经济的支撑，又没有相应的管制措施，虚拟经济就会逐渐演变成投机经济，这也就从根本上决定了美国纳斯达克（NASDAQ）网络泡沫和房地产泡沫的最终破灭。当前我国沿海地区和其他一些重点城市正在全力以赴进行产业结构升级，即把大批制造业转移出本地，将腾出的空间作业态转换，重点发展金融、通信和设计研发等现代服务业。所以，如何避免美国经济所走的弯路，避免经济过度虚拟化后形成泡沫经济，将虚拟经济和实体经济发展有机结合起来，是需要我们认真思考的课题。

2.1.2 经营城市导致房地产高杠杆

美国著名经济学家查尔斯·P. 金德尔伯格（Charles P. Kindleberger，1910 年 10 月 12 日—2003 年 7 月 7 日）认为：房地产泡沫可理解为房地产价格在一个连续过程中的持续上涨，这种价格的上涨使人们产生价格会进一步上涨的预期，并不断吸引新的买者，随着价格的不断上涨与投机资本的持续增加，房地产的价格远远高于与之对应的实体价格，由此导致房地产泡沫。泡沫过度膨胀的后果是预期的逆转、高空置率和价格的暴跌，即泡沫破裂。初始的价格上涨使人们产生价格会进一步上涨的预期，从而吸引新的买者：这些人一般是以买卖资产牟利的投机者，其实对资产的使用及其盈利能力并不感兴趣。随着价格的上涨，常常是预期的逆转和价格的暴跌，由此通常导致金融危机。如 1923—1926 年的美国佛罗里达房地产泡沫（Property Bubbles），这次房地产投机狂潮曾引发了华尔街股市大崩溃，并导致了以美国为首的 20 世纪 30 年代的全球经济大危机，最终导致了第二次世界大战的爆发。从 20 世纪 70 年代开始积累，到 90 年代初期破裂的日本地价泡沫，是历史上影响时间最长的房地产泡沫，从 1991 年地价泡沫破灭到 21 世纪，日本经济始终没有走出萧条的阴影，还直接引发了严重的财政危机。人们常称这次房地产泡沫是第二次世界大战后日本的又一次战败，把 20 世纪 90 年代视为日本“失去的十年”。

互联网金融提升生产力的重点应该是解放被束缚的信用要素来服务实体经济，重新分配金融资源。一般说来，资金是生产要素，参与生产，而理解资金背后的信用才是关键的决定要素，只有沿着释放信用要素的方向发展才符合金融工业革命的要求。由于历史原因，中国金融机构过于重视银行间接融资，比重超过 80%，银行业资产占全部金融资产的比重超过 90%，而忽视直接融资，由于银行的资产扩张（如发放贷款、购买债券和外汇等）会派生存款，增加全社会货币供给，这也导致了 M2/GDP 高企，资产价值高速增长。在资产量快速增长的同时，生产效率并没有随之提升，那么出现的唯一结果就是银行不断地追求大项目，并将资金从三线、四线城市抽走而集中投放于一线、二线城市，影响了区域协调发展，并集中投向资金需求量大的基础设施建设和房地产两个领域。2013—2015 年我国国内经营城市所带来的房地产泡沫，从南到北众多三四线城市新建城区空空荡荡，宛若“鬼城”，大量空置房预兆着房地产市场泡沫破裂的危险，如浙江温州、内蒙古鄂尔多斯、陕西省榆林市神木、海南三亚等地，实体经济的复苏与振兴已显得十分迫切。

与此同时，真正不断创新和满足市场需求的中小企业被忽略了，尤其是植根于广袤三线、四线城市大量的中小微企业，无法获得金融资源的支持。众所周知，全国中小微企业创造了 80% 的就业、60% 的 GDP 和 50% 的税收，而小微企业获得的贷款在全部贷款中的比例不足 20%。正是得益于金融资源分布不均衡，近年来服务于中小微企业的小额贷款公司和担保公司发展迅速，但是他们依然依赖银行提供资金源，实际上这些机构所拥有的信用能力被严重压抑。在强势银行的映衬下，诸如此类的社会信用要素资源被压抑了。互联网金融就是选择与这些被压抑的信用资源合作，释放活力，进而提升生产力。优质小额信贷和担保的风控能力超过多数银行，且机制更加灵活，权责匹配，更易在基层生根发芽。当传统金融机构的创新已经变为金融机构间的监管套利时，许多“金融创新”已经变了形走了样，演变成资金空转，只有合规的 P2P 网络借贷和众筹形式的互联网金融才是真正服务于实体经济，尤其是中小微企业。借助于互联网的特性，P2P 网络借贷服务于中小企业的形式还会逐渐演化，进而改变现有实体企业的生产组织模式，在中国还将改善金融资源的地域性分配，促进区域经济协调发展。

2.1.3　德国、美国制造业振兴计划的启示

2008 年美国金融危机投融资产生的泡沫所引致的世界性经济衰退，美国等西方发达国家相继提出“再工业化”的口号，如德国工业 4.0、美国制造业回归战略，旨在通过重振本国制造业，促进就业和经济增长，扩大出口，减少经常项目赤字。德国制造以大装备和自动化著称，美国制造以高科技和创新为旗号。2012 年年初，奥巴马政府正式提出了《美国制造业振兴蓝图》(Blue - print for An America Built to Last)，以促进新能源产业发展和新技术应用为抓手，通过政府与私营部门合作，推动产业革命和结构调整，提升制造业创新能力和生产率，塑造未来制造业的核心竞争力。与此同时，通过振兴

国内制造业来创造就业，通过推行强硬的贸易和对外政策，以提升国内制造业的出口竞争力。

2017 年美国新任“商人”总统特朗普上台后，通过严格限制贸易、离岸外包与移民和实施大规模减税意图让制造业回流，增加国内就业。世界上有很多国家的经济结构都是从基础制造业逐步升级到服务业、高新技术行业，而从服务业和高技术行业再转型到基础制造业，还未有成功过的先例。即使人工智能及自动化的应用也无法彻底扭转趋势，从就业的角度看，人工智能及自动化的使用更是只会减少工作岗位，而不会增加美国就业。

一个鲜明的例子：2000 年年初的美国工业，一些 10 美元购买到 3 双的袜子织得很厚实，那时美国市场上的袜子几乎 90% 都是美国制造。美国人每年要花费 50 亿美元买袜子，数额不算少。美国是怎么做到把袜子工厂留在国内的呢？因为美国的制袜厂较早实现了自动化生产。但是，这一优势同样没保持多久，这不仅是因为中国人工成本低，也因为中国很快就能制造类似的机器，并拥有了能熟练操作机器的技工。2003 年后，在美国 10 美元已能买 6 双袜子，美国的袜子制造已被中国替代。

当然，上述种种并非意味着美国在制造业的发展上就真的难以有所作为。虽然就业的大幅增加很难，但美国仍然保持着金融、创新和市场优势。如果政策对路，比如继续加大对高端制造业的投入，美国势必会进一步巩固其在军事工业、医疗技术、信息技术和航空航天等高科技领域对全球制造业发展方向的引导力。

无论从生产体系看，还是从链条完整程度看，中国制造业在全球都居于领先地位。提升制造业，中国除了需要通过金融、税收等手段，留住一些骨干企业，也要在巩固和完善生产链方面多下些功夫。引领生产链发展，中国至少可以在三个方面有所作为：一是继续做大、做强中国消费市场，通过强大消费需求来推动乃至支撑生产链的完善；二是利用中国已经构建起来的完备制造业体系，通过研发创新不断突破，更多地占据制造业高端链条，并继续保持在设备制造领域的优势。国内为应对国际金融危机的影响，2009 年 5 月 12 日我国国务院办公厅也发布了有关装备制造业调整和振兴规划实施细则（2009—2011 年）。装备制造业是国民经济各行业提供技术装备的战略性产业，产业关联度高、吸纳就业能力强、技术资金密集，是各行业产业升级、技术进步的重要保障和国家综合实力。三是通过资本、技术和贸易等方式的运作，在低端制造业向外转移之时，引导和调整亚洲制造业整体布局。

2.2　宁波实体经济发展现状

宁波实体经济包括了制造业、进出口贸易和商品批发与零售等业。根据宁波市2016统计数据（表2-1），2016年全市实现地区生产总值8541.1亿元，比2015年增长7.1%。其中，第一产业增加值304.6亿元，增长2.1%；第二产业增加值4239.6亿元，增长6.5%；第三产业增加值3996.9亿元，增长8.1%。三次产业之比为3.6:49.6:46.8。按常住人口计算，全市人均地区生产总值为108804元（按年平均汇率折合16380美元）。2016年全市实现工业增加值3766.6亿元，比2015年增长7.0%。其中规模以上工业企业实现增加值2799.1亿元，增长7.3%。分行业看，在规模以上工业35个行业大类中，有10个行业增加值超过100亿元，其中汽车制造业实现增加值403.6亿元，增长29.9%；烟草制品业增长17.5%，石油加工业增长19.5%。分企业类型看，规模以上大、中、小型企业工业增加值分别增长12.4%、4.1%和5.0%。分经济类型看，有限责任公司、国有企业增加值分别增长15.7%和13.3%；私营企业增长7.1%；港澳台投资企业增长4.0%，外商投资企业增长5.2%。2016年全年规模以上工业企业实现销售产值13886.2亿元，增长4.1%，其中出口交货值2816.9亿元，下降1.5%。全年规模以上工业企业实现利润总额993.8亿元，增长30.5%，实现利税总额1746.9亿元，增长18.0%。

表2-1　宁波市部分年份经济社会结构指标　单位：%

指标 \ 年份		1995	2000	2010	2011	2012	2013	2014	2015	2016
生产总值产业结构	第一产业	13.5	8.2	4.2	4.2	4.1	3.8	3.6	3.6	3.5
	第二产业	56.3	55.6	55.6	55.3	53.4	51.4	52.3	51.2	51.3
	第三产业	30.3	36.2	40.2	40.5	42.5	44.8	44.1	45.2	45.2
规模以上工业总产值比例	轻工业		46.6	31.4	28.8	28.0	28.0	27.6	28.1	28.1
	重工业		53.4	75.4	71.2	72.0	72.0	72.4	71.9	71.9
自营进出口结构	出口	58.9	68.5	62.7	62.0	63.6	65.5	69.8	71.1	69.6
	进口	41.1	31.5	37.3	38.0	36.4	34.5	30.2	28.9	30.4
社会消费品零售额结构	批发和零售贸易业	71.8	76.2	90.7	90.9	90.8	91.2	91.2	91.6	90.0
	餐饮业	5.5	9.7	9.3	9.1	9.2	8.8	8.8	8.4	10.0

资料来源：宁波市统计局、国家统计局宁波调查队：《宁波统计年鉴·2017》（表1-6部分年份经济社会结构指标），中国统计出版社2017年版。

2.2.1 宁波市中小企业工业发展现状

宁波市生产性服务业累计实有企业数量位居浙江省全省第二。众所周知，中小企业在宁波市经济发展中占有绝对优势（表2-2），特别是随着北仑港大规模开发建设，先后兴建了一批港口及电力、石化等临港工业大型企业，而且表现出旺盛的生命力。统计显示，2016 年度宁波制造业企业开业 7.2 万户，开业率 85.4%，相比浙江省全省制造业开业率（82.1%）高 3.3 个百分点，位居第三；制造业活跃的企业 7 万户，活跃率 96.4%，近四年呈小幅波动上升趋势，较浙江省全省整体基本持平。与宁波本市非制造业比较，宁波制造业的开业率和活跃率均显著高于非制造业，分别高 4.1 个百分点和 11.1 个百分点。截至 2017 年 6 月 30 日，宁波累计实有生产性服务业企业 16.2 万户，占全市累计企业总数的 50.6%，较上年同期高 2.2 个百分点，较 2013 年上升了 8 个百分点，较全省（47.4%）高了 3.2 个百分点。

表 2-2　宁波市规模以上工业企业主要经济指标（2016 年）　单位：万元

指标	企业个数（个）	工业总产值（现价）	工业销售产值	主营业务收入	利润总额	亏损企业亏损总额	利税总额	本年应付职工薪酬	从业年平均人数
大型企业	113	45029376	42946638	41226779	4907052	65374	8382457	2012181	283779
中型企业	945	44093098	42279022	41404924	2767643	108301	4138416	3070915	472971
小型企业	6043	48874399	47091669	47064004	2211966	443411	3721468	3906789	691859
总计	7286	145002400	139293413.3	136391095.1	10168928.6	676891.8	17874418.2	9142718.6	1468165
中小型企业比重	0.9591	0.641145	0.6416	0.648642	0.489689	0.815067	0.439728	0.763198	0.793392

资料来源：宁波市统计局、国家统计局宁波调查队：《宁波统计年鉴·2017》（表 7-10 全市规模以上工业企业主要经济指标 2016），中国统计出版社 2017 年版。

2.2.2 宁波市进出口商贸企业分析

宁波市商务委数据显示（表2-3），截至 2017 年年底全市备案（核准）境外企业和机构 220 家，与 2016 年持平；备案（核准）中方投资额 39.10 亿美元，增长 11.3%，全市境外承包工程劳务合作营业额 20.71 亿美元，增长 1.7%。

表 2-3　宁波市企业进出口贸易分析　单位：万美元

企业性质	进出口		出口		进口	
	贸易额	增长率（%）	贸易额	增长率（%）	贸易额	增长率（%）
国营企业	671011	-2.7	373654	-14.9	297357	18.8

续表

企业性质	进出口		出口		进口	
	贸易额	增长率（%）	贸易额	增长率（%）	贸易额	增长率(%)
三资企业	2902342	-9.8	1758027	-11.8	1144315	-6.4
外合作企业	27622	-22.9	16563	-13.1	11059	-34.0
外合资企业	1109092	-13.4	705499	-13.6	403593	-13.2
外商独资企业	1765628	-7.0	1035965	-10.5	729663	-1.5
集体企业	325735	-7.5	242610	-11.2	83125	5.1
私营企业	5581488	-2.5	4224724	-4.0	1356764	2.5
个体工商户	11062	-13.6	10107	-9.7	955	-40.6
合计	9492322	-5.0	6609658	-7.1	2882664	0.2

资料来源：宁波市统计局、国家统计局宁波调查队：《宁波统计年鉴·2017》（表 11-2 按企业性质分的进出口总值 2016），中国统计出版社 2017 年版。

注：本表至 11-5 表数据来自宁波海关。

2017 年全市完成口岸进出口总额 13839.5 亿元，比 2016 年增长 18.5%。全年完成外贸自营进出口总额 7600.1 亿元，增长 21.3%，其中出口 4984.2 亿元，增长 14.3%；进口 2616.0 亿元，增长 37.3%。外贸出口占全国比重为 3.25%，比 2015 年提高 0.1 个百分点。全年新增对外贸易经营备案登记企业 4604 家，累计达 37682 家，有进出口实绩企业 18923 家。民营企业（包括私营企业和集体企业）出口额占全市出口总额的 69.0%，出口额增长 16.5%，拉动全市出口增长 11.2 个百分点；进口额占全市进口总额的 52.3%，进口额增长 43.5%，拉动全市进口增长 21.7 个百分点。从产品结构看，机电产品出口额占全市出口总额的 55.5%，比上年提高 1.0 个百分点；高新技术产品出口额占全市出口总额的 6.7%，比上年提高 0.1 个百分点。从贸易伙伴看，直接与宁波市开展贸易往来的国家和地区达 223 个，其中欧盟、美国和东盟分别完成进出口额 1564.3 亿元、1378.9 亿元和 634.8 亿元，分别增长 15.9%、20.8% 和 18.3%，三者合计占同期进出口总额的 47.1%。全年完成对一带一路沿线 64 国进出口额 1984.2 亿元，增长 21.0%，其中对中东欧 16 国进出口额 197.9 亿元，增长 26.8%。

2.2.3　宁波市零售业企业分析

零售企业逐年快速增长。2017 年全市批发和零售业完成商品销售总额 2.35 万亿元，年末全市限额以上贸易企业达 3934 家，全年实现营业收入 14159.4 亿元，实现利润总额 184.6 亿元（图 2-1）。2017 年全市批发和零售业完成商品销售总额 2.35 万亿元，比 2016 年增长 19.2%。全年完成社会消费品零售总额 4047.8 亿元，增长 10.4%，继 2015 年突破 3000 亿元以后又一次迈上新台阶。分城乡看，城镇消费品市场实现零售额 3277.7 亿元，增长 9.5%；农村消费品市场实现零售额 770.2 亿元，增长 14.0%。完成限额以上社会消费品零售总额 1660.3 亿元，增长 7.3%。在限额以上企业销售的商品类型中，粮油、食品类零售额增长 0.7%，服装、鞋帽及纺织品类增长 8.7%，家用电器类增长 21.9%，汽车类增长 5.5%。

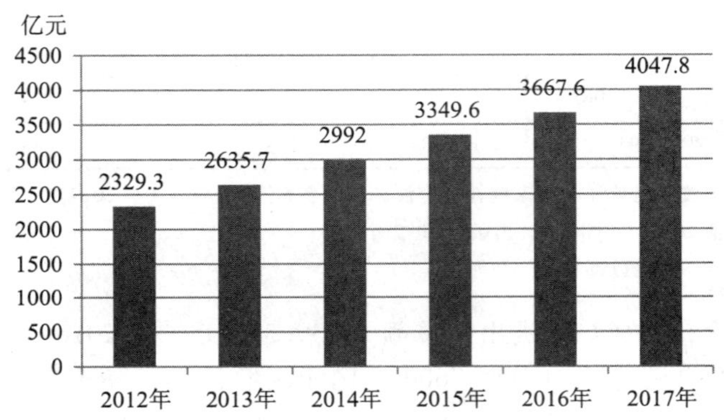

图 2-1　2012—2017 年宁波市零售业社会消费品零售总额

资料来源：《2017 年宁波市国民经济和社会发展统计公报》。

同时，跨境电商发展迅速。2016 年 1 月获国务院批复成为第二批跨境电子商务综合试验区，全年新增跨境电商进口备案企业 253 家，其中新增上线企业 103 家，年末全市跨境电商进口备案企业已达 825 家，其中上线企业 295 家。2016 年全市跨境电子商务交易总额为 270.1 亿元，占全市外贸进出口总额的 4.0%，比 2016 年提高 3 个百分点，其中跨境电商进口额为 53.6 亿元，出口额为 216.5 亿元，均居全国前列。全年全市网络零售额突破千亿元，达 1024.6 亿元，2014 年以来年均增长 56.2%。2017 年全市完成网络零售额 1380.6 亿元，比 2016 年增长 34.8%。全年完成跨境电商进出口额 636.4 亿元，增长 135.6%，进口和出口额分别为 80.3 亿元和 556.1 亿元，分别增长 49.7% 和 156.9%。

2.2.4　宁波重大项目建设

2011 年宁波市政府第 102 次常务会议审议并原则通过了《宁波市“十二五”重大建设项目规划》，提出宁波市“十二五”重大建设项目的总体规划目标是：全市重大项目实施 674 个，项目总投资 16531 亿元，

“十二五”计划完成投资 7567 亿元，占同期全社会固定资产投资的 39% 左右。其中产业转型升级领域 304 个，计划投资 3286 亿元；基础设施领域 186 个，计划投资 2024 亿元；城乡建设领域 58 个，计划投资 1661 亿元；生态建设领域 54 个，计划投资 297 亿元；民生保障领域 72 个，计划投资 299 亿元。

同时，根据《宁波市重大项目实施三年行动计划（2014—2016 年）（征求意见稿）》（表 2 - 4），2013 年以来，宁波市委、市政府围绕深入推进“六个加快”战略、落实“双驱动四治理”决策部署，三年将实施 419 个重大项目，计划完成投资 4800 亿元。其中，列入宁波市重大项目三年行动计划的工业项目共 98 个，计划总投资 4663 亿元；其中战略新兴产业项目 48 个，计划总投资 2584 亿元；传统产业项目 13 个，计划总投资 274 亿元。宁波市计划安排能源重大项目 32 个，其中，电源项目 10 个，电网项目 4 个，油气储运项目 9 个，可再生能源项目 7 个，煤电机组减排提效项目 2 个，计划安排能源重大项目 32 个，项目总投资 1064.5 亿元，三年计划完成投资 242.1 亿元，其中实施类项目 23 个，总投资 425.2 亿元，三年完成投资 242.1 亿元；储备项目 9 个，总投资 639.3 亿元。宁波市确定的服务业实施类重大项目 94 个，总投资 4188 亿元，2014—2016 年计划完成投资 1658 亿元，涉及商贸、物流、金融、总部经济、会展、文化创意、科技信息、休闲旅游八大行业；其中总投资 20 亿元以上项目 75 个，占比 79.8%，总投资 3990 亿元，占比 95.8%，三年计划完成投资 1554 亿元，占比 95.2%。同时，计划推进 13 个重大项目的前期工作，形成总投资 600 亿元的项目储备。

表 2 - 4　《宁波市重大项目实施三年行动计划（2014—2016 年）》重大项目汇总表

单位：个，亿元

分类	项目数	总投资	2014 年计划完成投资	2015 年计划完成投资	2016 年计划完成投资	三年计划完成投资	总用地（亩）
重大能源项目	32	1064.50	97.40	78.10	66.66	242.10	857.2
服务业重大项目	94	4188.34	467.06	570.90	620.66	1658.62	79844.96
工业重大项目	98	4663.00	307.1	446.3	504.4	1257.8	
合计	224	9915.84	871.56	1095.3	1191.72	3158.52	

数据来源：宁波市经济和信息化委员会、宁波市发展和改革委员会工业处、宁波市服务业综合发展办公室。

2.3 实体经济发展对互联网金融的需求

2.3.1 互联网金融创新推动四次工业革命

第一次工业革命就是蒸汽动力、纺织工业、铁路和全球贸易体系，从英国开始的，不断绵延到欧洲以及其他国家，其背后的三个特别重要的金融创新在起作用，即有限责任公司、债券市场和商业银行。第二次工业革命的核心要素是燃油动力、电力，还有汽车、造船和远洋运输，产生深远意义的金融创新是股份有限公司、具有高度流动性的股票市场还有投资银行。美国在1860年之前纽约交易所交易的股票不会超过4只，但是从内战结束以后股票市场发展迅速，所以美国才产生了像摩根财团（Morgan Financial Group）这样非常出名的企业。美国的商业界对摩根有一句评价“摩根重振了新大陆”。第三次工业革命从20世纪70年代就开始了，以新能源、电子计算机、空间技术和生物工程的发明和应用为主要标志，美国出现的股权激励等一系列的纷繁复杂的金融产品，如风险投资（英语：Venture Capital，缩写为VC，简称风投，又译称为创业投资）和私募股权，即私募股权投资（Private Equity，简称PE）、互联网的金融模式。

数百年以来，银行等传统金融机构在自身生产效率方面一直提升缓慢，当电子信息技术与银行业、证券业相结合才迅速改变了金融行业，带来了近30年的飞速发展。而时至今日，传统金融机构尤其是大多数银行在信贷业务方面已经失去了不断提升生产力的内生性动力，无论从项目开发效率、评审效率、审批效率、放款效率和对风险的实质性把握方面，都已经逐渐固化乃至僵化。传统金融机构庞大的人员、机构和不断追求资产规模的粗放增长，所造成的路径依赖，在提升生产效率面前却恰恰成了沉重的包袱。互联网和金融的融合极大地提升了投资人与借款人的匹配效率，减少了中间环节，让个人投资者足不出户就可以投资全国各地脚踏实地的企业家，在获得较高收益的同时也帮助了那些真正创造价值的企业家。

能源互联网①被认为是第三次工业革命的起点，通俗来讲未来生活的每一秒钟各种需求都能被积聚起来被导向最有效的生产供给。如人们的电动汽车、

① 能源互联网可理解为综合运用先进的电力电子技术，信息技术和智能管理技术，将大量由分布式能量采集装置，分布式能量储存装置和各种类型负载构成的新型电力网络、石油网络、天然气网络等能源节点互联起来，以实现能量双向流动的能量对等交换与共享网络。

家用电器、屋顶光伏、电脑手机等等都变成互相联网的一分子，每个人的能源消耗、碳排放指标和生活需求都能够被打通变成数字化坐标。相应的能源信息（分布式的产生、供应、消耗），都可以通过网络互联，得到及时的反馈，并根据需求予以选择控制。绿能宝就是专注于太阳能发电一站式融资租赁平台，以实物融资租赁为商业模式的创新型互联网金融品牌。其业务流程是：用户购买发电宝产品，同时将产品委托绿能宝租赁，绿能宝将用户委托的发电宝产品安装在电站发电，此后，发电宝在电站发电并获得稳定的电费收入，最终，绿能宝会将稳定的收益及碳豆附加收益返还给用户。

2015 年是第四次工业革命元年。工业 4.0 是由德国政府《德国 2020 高技术战略》中所提出的十大未来项目之一，该项目由德国联邦教育局及研究部和联邦经济技术部联合资助，投资预计达 2 亿欧元，旨在提升制造业的智能化水平，建立具有适应性、资源效率及基因工程学的智慧工厂，在商业流程及价值流程中整合客户及商业伙伴。其技术基础是网络实体系统及物联网。第四次工业革命主轴为大数据。第四次工业革命概念发展核心包括互联网、物联网（Internet of Things，IoT）、电子商务等。随着互联网应用开始转向各行业领域，全球经济加速以资讯技术为基础发展经济活动，即数字经济将成为全球经济成长动能，其中新技术集中于物联网、自主驾驶汽车、人工智慧、机器人、3D 打印、区块链（BlockChain）及生物技术等。

2.3.2 互联网金融支持实体经济的发展和重大项目建设

金融电子化历程，完成了传统金融业务处理方式向以数字为基础的现代业务处理方式的转移，为金融生态的变革准备了条件。当代互联网电子商务的迅猛发展及其向金融领域的跨界创新，启动了金融生态变革的历程。电商与支付的一体化趋势仍在不断扩展，曾经分属两个行业的商业和金融支付，在互联网平台上自然融合。淘宝 + 支付宝首开先河，腾讯 + 财付通紧随其后，而如今苏宁、京东、国美、新浪、百度、小米等互联网企业都实现了电商与支付的一体化。互联网小贷业务、P2P 信贷创新了传统银行信贷的商业模式，使小微信贷成为可持续经营的业务，填补了商业银行小微信贷的长期缺位。

虽然制造业、进出口贸易和商品批发与零售等中小微企业迅速发展，在全市经济发展中占有举足轻重的地位，但中小微企业依靠自有资金开展生产经营活动，直接限制了企业的发展。特别是小微企业缺乏抵押物、还贷能力差等，往往遭遇银行惜贷。特别是宁波作为外贸大市，出口企业多达 33391 家以上，但 80% 以上都是年出口在 500 万元以下的中小出口企业。据宁波对外经济贸易局调查统计，中小出口企业由于抵押物少、担保人少、银行授信额度低，70%以上的企业遭遇融资难问题：一方面，由于缺乏正规的融资渠道，民间地下钱庄等暗流涌动，不利于宁波市外贸行业可持续发展；另一方面，受到欧债危机等各种因素的影响，全球外需低迷不振，尤其是欧美银行遭受动荡后，海外买家手头的流动资金也出现匮乏，买家赊销需求日趋放大，缺钱的中小出口企业的发展更是举步维艰。尽管国家出台了一系列政策，要求加大对小微企业的资金支持力度，但是长期以来存在的“玻璃门”现象依然存在，实际支持力度并没有同步放大。如果不能拓展融资渠道，破解融资难题，宁波市小微企业将无力维持现有的增长速度，小微企业的发展前景堪忧，可持续发展步履维艰，而互联网金融的创新能够在一定程度上解决这些问题。

同时，重大项目建设对互联网金融需求迫切。通过实施重大项目三年行动计划，到2016年，工业投资翻一番，达到1600亿元；工业增加值增加到5000亿元；实现临港工业循环化，新型产业规模化，传统产业集群化，初步建成工业强市，成为浙江省全省工业强市建设的示范区、全国工业转型升级的先行区和国际重要的先进制造业基地。但是，困难依然存在如下几个方面：（1）重点项目建设有周期长、资金需求规模大、不可控因素多的特点，使得重大项目资金需求强烈。（2）项目投资时运行资本缺乏，投资主体的融资需求强烈。围绕“三年行动计划”重大项目的资金需求，转变融资方式、创新融资手段、拓展融资渠道、优化融资服务，显得十分迫切。（3）市场、资源环境的制约因素。金融机构不仅要提供项目建设的融资支持，还要完善相应的“一体化服务”，如主动为项目建设企业出谋划策，参与项目的论证、前期准备、建设等过程，信贷投放尽力做到“便捷化”，提供信贷审批效率，建立重大项目走访机制，及时掌握重大项目建设进度情况等，传统金融服务已无法满足其需求。

如“中国假期”宁波杭州湾项目①，整个项目区共需新增建设用地指标约9996亩。新区2009—2020年新一轮土地利用总体规划指标69805亩，2009—2012年已用5850.55亩，现剩余规划指标仅为1134.45亩，而这些指标还要用于项目区外地724.8亩道路建设，项目实施需300亩的拆迁安置地块规划指标，余下的规划指标全部调到项目区块范围内也已不多，除新区能自行解决的和存量部分的指标外，尚有7860亩的用地缺口规模，涉及资源、

---

① 钓鱼台·美高梅“中国假期”项目由全球最大城市度假娱乐综合体投资运营公司美高梅度假集团公司以及国内顶级酒店服务专家中国钓鱼台国宾馆共同打造，主要包括美高梅中心城娱乐核心、探索教育主题区和“漫湾”生活度假区等功能区。项目计划总投资逾300亿元，一期项目计划于2014年夏季正式启动，2017年建成运营。

土地等制约因素，提高了重大项目的成本，亟需金融支持。

2.3.3 宁波互联网金融的发展能够服务实体经济

2015 年 7 月随着中国人民银行等国家 10 部委《关于促进互联网金融健康发展的指导意见》（银发〔2015〕221 号）以及浙江省《促进互联网金融持续健康发展暂行办法》（浙金融办〔2015〕8 号）的出台，第三方支付逐步走向成熟化，P2P 网贷呈爆发式增长，众筹平台开始起步，互联网保险和互联网银行相继获批运营，同时，券商、基金、信托等也开始利用互联网开展业务，网络金融超市和金融搜索等应运而生，为客户提供整合式服务。但是，随着互联网金融市场规模的逐渐壮大，隐藏的金融风险也逐渐暴露、迸发出来。由于监管缺失，互联网金融监管和法律约束不强，缺乏准入门槛和行业规范，互联网金融企业违约成本较低，容易诱发恶意骗贷、卷款跑路等风险。

2016 年 10 月，国务院办公厅发布《互联网金融风险专项整治工作实施方案的通知》（国办发〔2016〕21 号），拉开规范安网金融的序幕，鼓励和保护真正有价值的互联网金融创新，整治违法违规行为，切实防范风险，建立监管长效机制，促进互联网金融规范有序发展制定强监管引致的行业整合、对支持实体的回归以及金融科技应用带来的产业升级将成为行业发展的两条主线。新型金融业态陆续涌现，电商平台金融化程度加深，P2P 机构积极探索本土化发展路径，第三方支付机构有意连接多边资源，传统金融机构着手布局互联网金融业务。

在监管趋紧的背景下，互联网金融开放竞争合作的发展态势将成为趋势，各种不合规的互联网金融平台正加速淘汰。以 P2P 网络借贷行业为例，自中国银行业监督管理委员会等四部门联合发布《网络借贷信息中介机构业务活动管理暂行办法》（银监会令〔2016〕1 号）以来，已有超四成平台以不同的方式被淘汰。据统计，从 2016 年 8 月底到 2017 年 7 月底，累计问题平台 909 家，其中停业平台 607 家，占 66.8%，“跑路”平台 159 家，提现困难 117 家，转型 26 家。所以，强监管所带来的明显挤出效应，将继续导致很多平台因为无法合规经营从而退出，未来平台数量仍将减少。然而，市场投资刚需体量极大，对留存下来的平台是机会，中短期内将出现区域性整合、细分领域整合的趋势，如 PPP 模式的元立方金服等等，在行业淘汰和并购继续下，国内互联网金融行业集中度将进一步提升。

宁波处于全国互联网金融发展第三梯队的前列，2015 年是宁波市互联网金融产业的规划和布局阶段，高速发展期逐渐步入规范和整合阶段。而且宁波在实体经济、民间资本、消费人群购买力等方面有比较好的供需关系，因此互联网金融发展空间巨大。随着产业体系的逐步形成，一些新的模式、新的业态，也会在宁波陆续涌现。在互联网金融方面的政策环境也在逐步优化，宁波互联网金融也开启了高速发展模式。目前宁波互联网金融的供应领域主要集中在信贷、房贷、车贷这三块。基于宁波本地的产业格局，深入垂直细分领域，打造配套的供应链金融，服务本地实体经济，将是大势所趋。传统业务的增长模式肯定无法匹配“互联网+”的速度，所以要基于宁波本地的产业格局，深入垂直细分领域，打造配套的供应链金融，这是提高风控的必要举措。

宁波主要互联网金融列举如下：

（1）平安银行的网上商城。

（2）招商银行的空中贷款。

（3）交通银行的e贷在线。

（4）中国建设银行的小微企业客户“网银循环贷”在线申请。

（5）浦发银行的中小企业自助贷在线申请。

（6）中国工商银行的“网络融资贷款体检，为您量身订制融资产品”。

（7）中信银行的“信金宝”网上申请。

（8）民生银行的小微金融商贷通在线申请。

（9）渣打银行的“现贷派”在线申请。

（10）南京银行的“中小企业专栏”在线申请或邮件发送申请表格。

（11）浙江泰隆银行的贷款“在线预约”服务。

宁波银行打造的中小企业金融商务社区，可以实现贷款、委托贷款等投融资功能，还能实现发布服务、登记需求等生意业务，还包括资讯、商圈交流等功能。

2.3.4 互联网金融创新推动经济转型和产业升级

对支持实体的回归，互联网金融作为传统金融的重要补充，赋能实体经济，为广大中小微企业提供金融服务，乃其“安身立命”之根本。在2017年7月15日的全国金融工作会议上，习近平总书记提出了做好金融工作四个重要原则，“回归本源，服从服务于经济社会发展”被摆在首位，所以，互联网金融行业的长期发展来源于对实体经济痛点的满足。2014年12月成立的深圳元立方金融服务有限公司（简称：“元立方金服”）正是通过与世界500强太平洋建设集团的合作，将资金投向政府市政基础设施建设，当然，这只是服务实体场景之一。金融科技应用带来的产业升级，互联网金融业务的核心竞争力是业务场景，即对于用户多样化的需求的满足能力，因为拼风控能力和资金成本，无法做到传统金融机构的水准，而当拥有多个业务场景的时候，会使平台比银行更了解业务体系的用户。未来互联网金融将加强和传统的商业场景的贴合，整个行业的规模会越来越大，每家公司能涵盖的行业会越来越细分。在行业监管浪潮的冲刷之下，很多问题平台纷纷离场，而拥有核心竞争力的平台则逐渐浮出水面。最近，第三方一项调查结果显示，元立方金服、陆金所等平台得到了众多投资者的青睐，在新监管环境下表现出良好的市场发展潜力。

宁波互联网金融创新模式种类齐全，如电商类、移动金融类、供应链金融类、P2P 平台、众筹类、大数据库金融等。进入宁波互联网金融领域的企业有来自北京、上海、杭州等地的外来项目，如浙江大道（即浙江大道网络科技有限公司）、泰然财富（即泰然资产管理有限公司宁波分公司）、融通汇信（即融通汇信投资管理咨询（北京）有限公司宁波分公司）、信和财富（即信和财富投资管理（北京）有限公司宁波分公司）、宜信（即宜信普惠信息咨询（北京）有限公司宁波分公司）、上海兴联（即上海兴联金融信息服务有限公司宁波分公司）等，全国性有影响力的互联网金融机构几乎都能在宁波找到，如支付宝、财付通、我爱卡①、金蝶友商网（即金蝶友商网宁波子公司）、以京东及苏宁为代表的供应链金融模式和以阿里小额信贷为代表的平台自营模式等。也包括宁波本土互联网金融企业，如聚元财富（即宁波聚元财富投资管理有限公司，创办于 2001 年，是隶属于上海聚元集团旗下的全资子公司）、宁创财富（即宁波宁创财富投资管理股份有限公司）、国骅集团（即宁波国骅集团有限公司本公司，前身是宁波东方建设开发有限公司，始创于 1992 年）、世贸通（即宁波世贸通国际贸易有限公司）、申贷网（即宁波俊腾申银网络信息服务有限公司），其中本土互联网金融项目超过 24 个，大多数是 P2P 业务模式，吸引了大量的民间资本。宁波市互联网金融典型的运作模式如表 2－5 所示。

对于电商类，2012 年年底，宁波和郑州、上海、重庆、杭州等四个城市一起，被国家发展和改革委员会、海关总署共同列入国家跨境贸易电子商务服务试点城市。宁波确定在宁波保税区和海曙区分别开展跨境贸易电子商务的进口和出口试点，成为宁波外贸新蓝海。在政策扶持下，宁波海田控股集

---

① 2005 年 11 月，我爱卡作为中国互联网个人金融服务的第一支力量诞生于北京。经过 8 年的发展，我爱卡已经成长为行业的中坚力量，在第三方个人金融信贷领域处于领先地位，行业的风向标和引领者。我爱卡已经与国内外 20 余家银行和金融机构建立了紧密的合作关系，包括广发银行、招商银行、中信银行，兴业银行、渣打银行、花旗银行、通用汽车金融等。

表 2－5　　宁波市互联网金融典型的运作模式

项目类别	项目名称	成立时间	注册资金	平台	互联网金融服务	发起人
电商类	世贸通（宁波世贸通国际贸易有限公司）	2011 年	1000 万元	B2B 电子商务外贸服务平台	退税融资，信用证融资，出口信保融资	宁波海田控股集团
电商类	甬易支付（浙江甬易电子支付有限公司）	2014 年	2000 万元	第三方支付平台	为宁波市大宗商品交易等提供良好的支付服务	浙江余姚中国塑料城网上交易有限公司
移动金融类	宁波金融 IC 卡	2007 年		中国人民银行宁波中心支行	公交、医疗、社保等行业支付	“市场＋平台”的模式
移动金融类	手机信贷业务	2011 年		商业银行	小额信贷领域	中国人民银行宁波市中心支行指导辖内商业银行推出了手机信贷业务
供应链金融类	甬商贷网络借贷平台（甬商普惠信息咨询有限公司）	2013 年 5 月	2000 万元	以 P2P 网络借贷与线下借贷相结合的金融借贷服务机构	应收款质押融资服务	宁波直通车信息科技有限公司
P2P 平台	申贷网（宁波俊腾申银网络信息服务有限公司）	2013 年	5000 万元	P2P 信用贷款服务平台	信用咨询、评估、信贷方案制定、协议管理、回款管理等	由宁波市歌德进出口有限公司、杭州金海岸文化发展股份有限公司等共同投资
众筹类	凡奇 P2P 借贷平台（宁波凡奇投资有限公司）	2013 年	1000 万元	投资公司	有效整合金融资源，为资金和项目提供高效的对接通道	宁波凡奇公司，列入宁波市政府科技金融平台关于国家火炬项目的建设计划
大数据库金融	大道商诚网（浙江大道网络科技有限公司）	2012 年 8 月 17 日	1000 万元	供应链金融服务电子商务平台	结合云计算、物联网和大数据技术，整合资源研发创新出“云保理”的“贸易诚信生态圈”	浙江大道网络科技有限公司开发的供应链金融服务电子商务平台，浙江省第一家商业保理服务商

资料来源：宁波市金融办公室。

团有限公司[①]旗下的一家新型的以B2B电子商务模式为依托的高科技外贸服务企业，又是宁波交易团重点扶持的宁波唯一一家在线平台服务企业。而甬易支付（浙江甬易电子支付有限公司）是浙江省唯一具有大宗商品交易与支付结算经验的第三方支付平台，为宁波市大宗商品交易等提供良好的支付服务。

对于移动金融类，2007年，中国人民银行宁波市中心支行抓住全球银行卡EMV[②]迁移浪潮迭起的机会，全面启动辖区金融IC卡发行工作。2012年8月，国家发展和改革委员会同意宁波市资金清算中心宁波市金融IC卡多应用试点项目列为国家电子商务试点。同时，2011年，中国人民银行宁波市中心支行指导辖内商业银行推出了手机信贷业务，在国内乃至国际上首次将金融IC卡运用从支付领域拓展到了小额信贷领域。2013年，宁波筹建了移动金融公共服务平台。中国建设银行、中国光大银行、浦发银行、中国民生银行等行纷纷发力移动客户端，发行手机专属高收益理财产品对整个移动理财市场进行跑马圈地。

另外，申贷网（即宁波俊腾申银网络信息服务有限公司）是2013年4月由宁波市歌德进出口有限公司、杭州金海岸文化发展股份有限公司等共同投资创立，2013年6月，为了保证投资方的理财收益，公司更引入了宁波市政府牵头成立的宁波市华正担保有限公司。国内首家供应链金融服务平台“甬商贷”，是由宁波直通车信息科技有限公司创办于2012年3月，是一家以P2P网络借贷与线下借贷相结合的金融借贷服务机构，甬商贷是公司旗下独立品牌。大道商诚（www.financegt.com）成立于2010年6月，是由浙江大道网络科技有限公司开发的供应链金融服务电子商务平台，浙江省第一家商业保理服务商，基于国外成熟的商业保理业务原理，结合云计算、物联网和大数据技术，整合资源研发创新出“云保理”的“贸易诚信生态圈”。宁波凡奇投资有限公司有效整合金融资源，为资金和项目提供高效的对接通道，列入宁波市政府科技金融平台关于国家火炬项目的建设计划，凡奇P2P借贷平台似众筹类。

① 2011年2月18日在宁波市市场监督管理局登记成立，宁波市外贸前三强企业，全国外贸百强企业。

② EMV标准是由国际三大银行卡组织——Europay、MasterCard和Visa共同发起制定的银行卡从磁条卡向智能IC卡转移的技术标准，是基于IC卡的金融支付标准，目前已成为公认的全球统一标准。

第3章 互联网金融导入实体经济的路径与策略

3.1 互联网金融导入实体经济的路径

3.1.1 在线供应链金融平台便捷集聚产业的资金融通

众所周知，城市是产业集聚区。宁波有着传统优势制造业、临港制造业和高新技术产业三大产业集群，并且纺织化纤、品牌服装及饰品、电子材料、汽车、摩托车零部件、铜铝加工、家用电器、塑料制品及模具等是全国性制造中心，移动通信及光通信基地、白纸板及特种工业用纸基地、食品精深加工基地、汽车、摩托车产业基地、仪器仪表产业基地、轻工机械产业基地、临港石化产业基地、优特钢产业工地、船舶修造产业基地等是全国重要产业基地。统计显示①，宁波95%以上的企业在生产经营中应用了信息技术，78%的企业建立了内部局域网，有25家企业跻身中国企业信息化500强。所以，在线供应链金融已经非常及时。

第一，为处于供应链中的核心企业提供融资等金融服务。在线供应链金融通过预付融资、现货线上融资、核心企业协同、增值信息服务、反向保理、电子仓单质押线上融资等方式，搭建线上线下相融合的供应链网络平台。

第二，解决中小企业融资难和供应链失衡的问题。核心企业的上下游企业做融资主体，将资金有效注入处于相对弱势的上下游配套中小企业，支持上下游企业的购销行为，增强其商业信用，促进中小企业与核心企业建立长期战略协调关系，提升供应链的竞争能力。

在线供应链金融以互动、协同为理念，利用成熟互联网和IT技术构建平

① “宁波加快智慧产业集聚”，中国网，http://www.zjjxw.gov.cn/jxdt/lhrh/2013/08/20/2013082000050.shtml，2013年8月20日。

台，链接供应链的上下游及各参与方，包括核心企业、中小企业、银行、物流服务商等，实现各方信息交互，业务协同，交易透明；与此同时，通过对相关各方经营活动中所产生的商流、物流、资金流、信息流的归集和整合，提供适应供应链全链条的在线融资、结算、投资理财等综合金融与增值服务（图 3－1）。

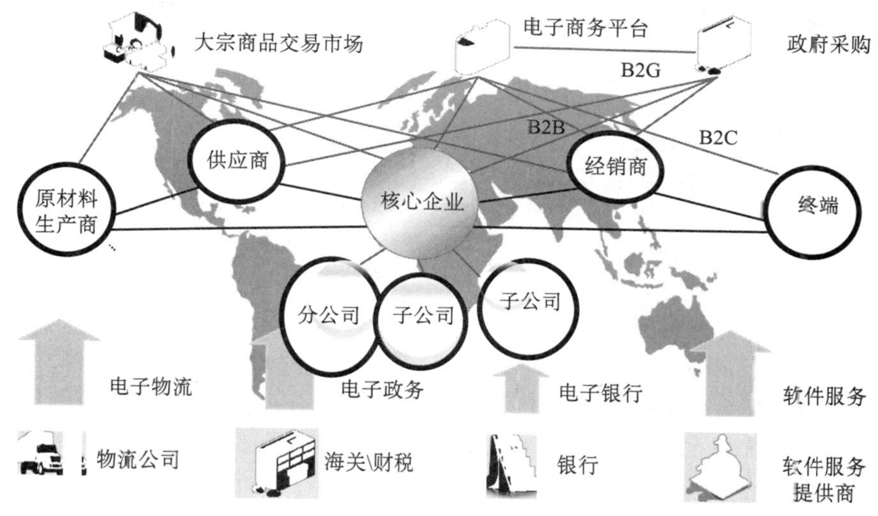

图 3－1　在线供应链金融平台设计

资料来源：根据典型的跨境电商平台在线供应链金融的现状整理而成。

在城市经济发展中会进一步引起要素在空间上的集聚，产生规模经济效应，以核心企业为主体构成的集聚产业点十分重要。宁波正在以智慧产业基地为载体，加快智慧产业集聚，促进产业结构调整和产业转型升级。特别是杭州湾新区、梅山岛二大省级产业集聚区建设，新企业开办与重大项目是基本环节。如在梅山，一大批新项目、新企业正加速集聚，2014 年中信汽车物流项目等重大项目开工，全国首个超大型“国际生态游艇港城”——梅山湾国际生态游艇港、蓝雪冷链物流①、屹隆国际物流（即宁波屹隆国际物流有限公司）等在建项目加速推进，所以，在线供应链金融平台能够提高发展效率和满足快捷金融服务。

---

① 位于梅山保税港区的蓝雪冷链项目由浙江蓝雪食品有限公司投资建设，一期项目占地 50 亩，总投资 1.2 亿元，拥有总规模为 3 万吨的低温冷库，最低库温可达零下 25℃。此外，该项目还配套了分拆加工车间以及速冻生产线。

积极引进国内外著名的在线供应链金融平台，使宁波的产业融入并共享国内外成熟的资源。同时，宁波也应打造具有产业特色的在线供应链金融平台，与本地具有法人资格的金融机构，如早在 2012 年 7 月 3 日，宁波银行就自建的网络购物平台汇通商城完成对接银联在线支付，成为国内首个将资源开放给所有银联卡用户的银行网上商城，不仅开创性地实现了用户和资源的共享，同时丰富了银联持卡人的金融支付功能，在线交易的金融级担保可助持卡人实现更方便安全的在线支付，作为收单机构的银行可为开户企业提供涵盖线上、线下全方位支付解决方案，宁波银行实现了实体产业、金融与互联网对接。

3.1.2 创新 P2P 网络借贷模式发展微型金融

哈佛大学商学院的研究表明，全球范围内的微型金融中，以微型信贷为例，有 1.5 亿个活跃客户，贷款规模大概 450 亿—600 亿美元。而据哈佛大学商学院的计算，全世界需要贷款的家庭大约有 6 亿个，还有 75% 的家庭没有被覆盖。微型金融已经发展了 50 多年，越来越呈现出差异化发展的特征，主要表现在微型金融机构的经营理念和目标客户的定位、组织形式和架构、融资模式、经营绩效存在差异等方面。最早的微型金融模式出现在亚洲的印度尼西亚、孟加拉国和拉美的哥伦比亚、巴西等，在 20 世纪七八十年代，出现了以非营利组织为代表的微型金融的探索，并且通过几十年的发展积累了相当的经验。如众所周知的尤努斯的格莱珉银行，从 1976 年拿到执照到现在已经整整 50 年。在 20 世纪 90 年代，一些比较成功的微型金融机构开始进入资本市场融资，同时也受到监管部门的关注。2000 年之后，开始出现一些专业的微型金融机构的上市，比如印度尼西亚人民银行（Bank Rakyat Indonesia，简称 BRI）和墨西哥的康帕图银行（Compartamos Banco），这些银行的规模已经相当大，部分银行已经在当地国家排名前五，但它们仍然只是专业做微贷、小贷业务。所以，国际投资界对于微型金融比较认可，在资本市场上给予的估值也比较高，甚至也建立了一些专业投资于微型金融的投资基金。

微型金融的发展趋势体现为商业化经营趋势不断增强、微型金融机构的融资来源中商业性融资所占比重提高、提供微型金融服务的机构日趋多样化及经营范围多元化、微型金融运作机制的创新模式不断涌现。国内中小企业融资难、融资贵是一个很大的问题，如果既能获得资金又能获取付得起甚至廉价的资金，那就是真正实现了商业效益与社会效益的统一，但从传统模式看确确实实比较难以实现。而国内外互联网金融的实践表明，P2P 网络借贷模式可以有效支持中小企业的发展。

所以，宁波应取长补短，创新发展P2P网络借贷模式，以支持实体经济的发展。借鉴温州金融改革试点的民间撮合借贷，把融资供应方和融资需求方紧紧地联系起来，对资金需求方进行征信、评价，成功匹配融资。同时，防范可能出现的风险，提供相应的担保，如德清民代通（即德清首家民间借贷中介配对平台）[①]，属于担保型的民间融资平台，为金融机构做了前台业务的筛选工作，风险由融资中心承担、规则由政府监管、上市公司作后盾，实现金融产品和金融服务的市场化，真正成为中小企业客户的融资来源。

再如申贷网（即宁波俊腾申银网络信息服务有限公司）引入宁波市政府牵头成立的宁波市华正担保有限公司。宁波要尽可能引入龙头骨干企业特别是上市龙头骨干企业，集聚民间资本，对融资需求方进行信用风险评估后，在政府相关部门的监管下实行市场化运作（图3-2）。同时，应借鉴国内特别是浙江省内各地的经验，试点宁波市各级民间融资中心。

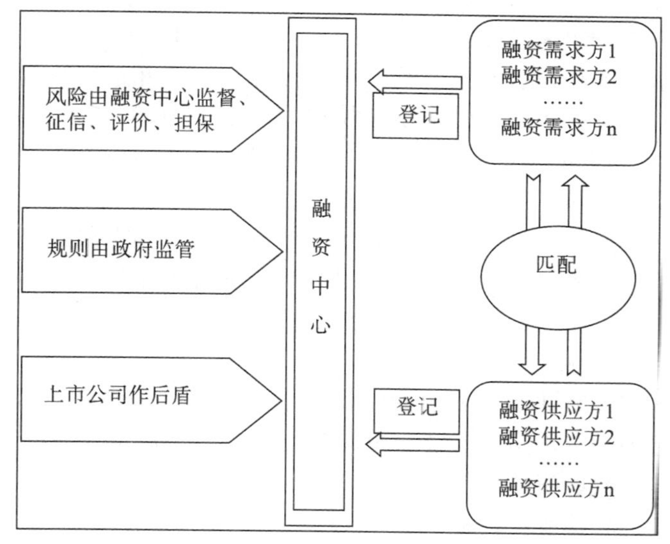

图3-2 宁波P2P网络借贷运作模式设计

同时，也要引入国内外规模较大、具有竞争优势的互联网金融P2P企业进入宁波，为宁波实体经济提供融资机会。

---

① 湖州德清民间融资规范管理服务中心有限公司（简称“德清民间融资服务中心”）2013年3月18日正式开业。这是德清县首家民间融资服务机构，由当地一家民营企业——德华集团控股股份有限公司作为主发起人组建，旨在探索阳光化操作和市场化运作的民间融资发展新模式，实现民间金融资源的优化配置。

3.1.3 借鉴国外股权众筹开发互联网科技金融

宁波国家高新区①创业孵化体系建设，已经成为宁波市科技创业的核心力量。据宁波市科技局2016年工作总结，宁波市已基本形成科技型企业到高新技术企业、再到创新型企业、最后到上市公司的培育梯队，区域创新体系与平台建设进一步强化。"一带两湾"创新空间布局启动规划，众创平台与企业研发载体加快建设：备案专业化众创空间9家、新认定国家级众创空间12家、国家级科技企业孵化器1家；新增创新型初创企业2028家、高新技术企业405家，累计分别达到9010家、1739家；新增国家企业技术中心5家、省级重点企业研究院4家、省级企业研究院13家、省级高新技术企业研发中心31家。

另据《2017年宁波市国民经济和社会发展统计公报》，2017年全市规模以上工业科技活动经费支出248.1亿元，比2016年增长21.7%。规模以上工业新产品产值5144.1亿元，增长19.7%，新产品产值率提高到32.4%，再创历史新高。结构调整积极推进，规模以上工业中，全年战略性新兴产业、高新技术产业、装备制造业增加值分别为872.2亿元、1337.5亿元和1585.5亿元，分别增长15.7%、10.4%和14.1%。宁波市高新技术企业分布呈现出区域集中、集聚的格局，产业领域主要集中在新材料、新能源、生物医药、电子信息、现代交通等领域，北仑、鄞州、慈溪、余姚和保税区高新技术产业集聚明显。所以，要继续立足"两个融入""两种资本""两种激励"的思路②，在搭建专业化科技金融服务平台方面，促进科技资源和金融资源的有效对接。

发达国家的实践证明，创业投资是中小企业尤其是高新技术企业发展的孵化器和催化剂，特别是硅谷能很好地转化科研成果应该归功于美国的风险投资体制和多层次的资本市场。在互联网金融领域，股权众筹主要特指通过网络的较早期的私募股权投资，是VC的一个补充，具有创造价值的功能，即价值发现、价值匹配和价值获取。股权众筹核心模式是公司出让一定比例的股份，面向普通投资者，投资者通过出资入股公司，获得未来收益。通过建立"领投、跟投"机制，就是让有经验的国内外VC、PE投资人或投资机构来当领投人，通过在线审核、在线展示、在线推广等，建立公开的监督机制

---

① 宁波国家高新技术产业开发区（简称宁波国家高新区）前身是宁波市科技园区，始建于1999年7月。2007年1月，经国务院批准升级为国家高新技术产业开发区。

② "两个融入"——融入全国、融入世界的思想；立足于"两种资本"——技术资本与金融资本的最佳结合；立足于"两种激励"——长期激励与短期激励的并举。

（图3－3）。宁波市深入推进国家促进科技和金融结合试点城市建设，2016年出台《宁波市促进科技和金融结合试点方案》引导社会资本转化为促进创新创业的产业资本，累计备案天使投资机构（人）300家（个），可投资本达85亿元，市天使投资引导基金新投项目44个、增资项目1个，累计投资项目150项，引导社会资金投资超过15亿元，政府引导基金的间接放大效应达到12.2倍；市科技信贷风险池成立运行，2016年发放科技信贷30笔，放款额5600万元；2016年经科技金融培育的企业已有6家在新三板挂牌，10家在宁波股权交易中心挂牌。同时，宁波有着发达的民营经济和丰富的民间资本，通过股权众筹吸引民间资本参股科技型企业，引进具有外资背景的私募基金、风险投资基金、信托基金作为股权众筹的领投人，发起设立众筹网，吸引国内特别是宁波本地的资金，对科技型企业进行权益性投资，推动宁波市高新技术项目的快速发展。

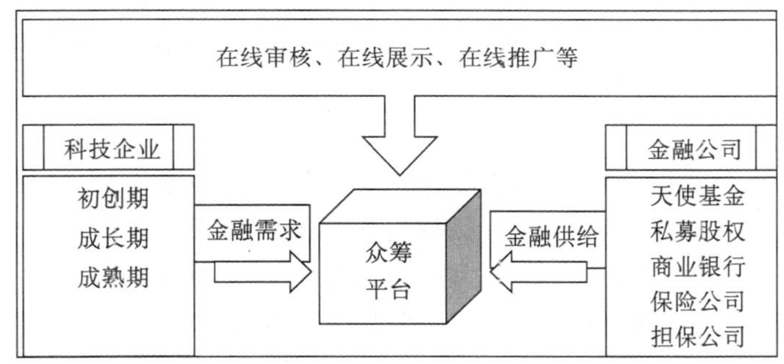

图3－3　借鉴国外众筹股权投资模式开发互联网科技金融

股权众筹要有项目发起人（筹资人）、公众（出资人）和中介机构（众筹平台）几个有机组成部分：

项目发起人要与中介机构（众筹平台）签订合约，明确双方的权利和义务。项目发起人通常是需要解决资金问题的创意者或小微企业的创业者，在实现筹资目标的同时，强化众筹模式的市场调研、产品预售和宣传推广等延伸功能，以项目发起人的身份号召公众（潜在用户）介入产品的研发、试制和推广，以期获得更好的市场响应。

公众（出资人）往往是数量庞大的互联网用户，他们利用在线支付方式对自己感兴趣的创意项目进行小额投资，每个出资人都成为“天使投资人”。

中介机构是众筹平台的搭建者，又是项目发起人的监督者和辅导者，还是出资人的利益维护者。首先，众筹平台要拥有网络技术支持，根据相关法律法规，采用虚拟运作的方式，将项目发起人的创意和融资需求信息发布在虚拟空间里，实施这一步骤的前提是在项目上线之前进行细致的实名审核，并且确保项目内容完整、可执行和有价值，确定没有违反项目准则和要求。其次，在项目筹资成功后要监督、辅导和把控项目的顺利展开。最后，当项目无法执行时，众筹平台有责任和义务督促项目发起人退款给出资人。

3.1.4 基于互联网为实体经济发放区域集优债务融资工具

借助中债信用增进投资股份有限公司（简称中债增）对发行区域集优债务融资工具企业信用增进提供反担保作用①，积极创新基于互联网发放区域集优债务融资工具募集资金。

区域集优债是区域集优票据的别称，是中小企业集合票据②的一种创新模式。由于单个中小企业规模小，本身资质不太好，单独发债有些困难，或者评级低，发债成本太高。中国银行间市场交易商协会开创性提出区域集优债务融资模式，设置信用增进和政府发展基金两大保障机制，能有效缓解风险，降低中小企业发债的门槛和成本，是对中小企业直接融资方式的一种探索和创新。

所谓中小企业集合票据，是指 2—10 个具有法人资格的企业，在银行间债券市场以统一产品设计、统一券种冠名、统一信用增进、统一发行注册方式共同发行的、约定在一定期限内还本付息的债务融资工具。集合发行能够解决单个企业独立发行规模小、流动性不足等问题。而区域集优票据的创新，主要体现在有政府偿债基金的支持，可提升市场投资者信心；同时，还可以通过引入第三方担保机制，降低中小企业固有风险。

集合债券是企业债的一种，其创新之处在于将若干经营状况良好、成长能力较强的中小企业组合在一起，申请集合发债，使发行主体由原来单一的大型国有企业转变为一揽子中小企业。根据宁波市产业集群和产业基地的特

---

① 为促进辖区中小企业利用区域集优债务融资工具募集资金，宁波市中心支行与市金融办公室密切配合，在交易商协会的协助下，开展了与中债信用增进投资股份有限公司（简称中债增）的三方合作谈判。2012 年以来，经过 4 轮反复商讨，2013 年 9 月份最终确定了宁波市政府、宁波市中心支行和中债增的三方合作框架协议：由市政府统筹安排 1 亿元融资发展基金，为中债增对发行区域集优融资工具企业信用增进提供反担保。该协议的正式签署，对于辖内区域集优债务融资工具的发展有重大支持意义。

② 中小企业集合票据是指 2 个（含）以上、10 个（含）以下具有法人资格的中小非金融企业，在银行间债券市场以“统一产品设计、统一券种冠名、统一信用增进、统一发行注册”方式共同发行的，并约定在一定期限还本付息的债务融资工具。中小企业集合票据是中国人民银行、中国银行间市场交易商协会为了方便中小企业融资，于 2009 年 11 月推出的创新金融产品。

点，汇集产业集聚区的中小企业发行集合债是很好的选择。实体经济和重大建设项目发出融资需求可以第一时间同步到发债主体以及互联网上的投资者，资产公司、评级公司、律师事务所、会计事务所及主承销商能够同步对需求信息进行在线受理，理论上可以做到当天发出需求，当天就可融到资金，这对于实体经济的发展和重大项目的建设来说至关重要，资金链就是企业的生命，而信息传递的高速度缩短了资金流动的时间，减轻了资金需求方的压力，真正使金融资源第一时间为实体经济和重大项目建设服务（图3－4）。

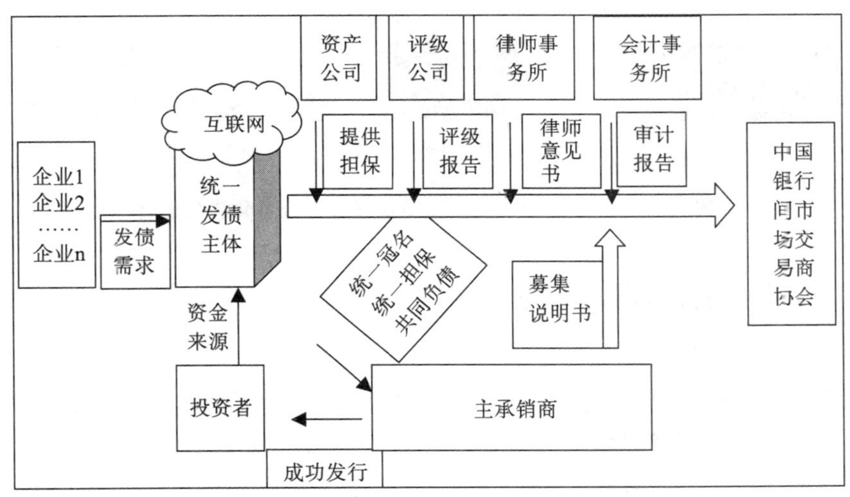

图3－4　互联网发放集合债

如浙商银行宁波分行自2013年以来重点拓展非金融企业债务融资工具主承销业务，4亿元原水集团中票和5亿元杉杉集团私募债①，且都是该行首次尝试的业务。

另外，对于重大建设项目，还可以实行资产证券化计划（图3－5）。一般认为资产证券化是将缺乏流动性的资产，转换为在金融市场上可以自由买卖的证券。首先，资产的质量和信用等级必须能够被准确的评估，这是资产证券化的前提。其次，资产证券化的资产必须要有担保。最后，证券化的资产必须能产生可预见的现金流。

① 为促浙商银行宁波分行主承销4亿元的宁波原水集团有限公司2013年度第一期中期票据发行成功。该单中期票据是该分行发行首笔中票，主体信用等级为AA+。

浙商银行宁波分行主承销的杉杉集团2013年度第二期非公开定向债务融资工具成功发行。该单私募债发行额度5亿元，期限1年，发行利率6%。

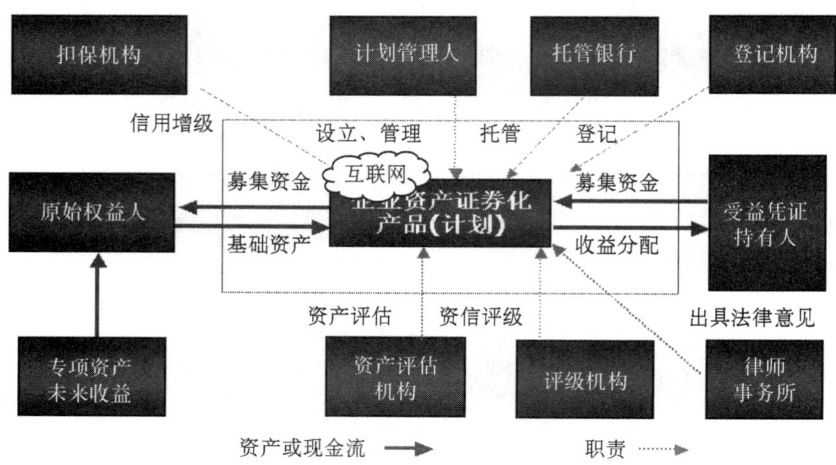

图 3－5 一般企业和重大项目建设资产证券化流程设计

3.1.5 设计大数据金融＋电商模式

大数据金融是指集合海量非结构化数据，通过对其进行实时分析，可以为互联网金融机构提供客户全方位信息，通过分析和挖掘客户的交易和消费信息掌握客户的消费习惯，并准确预测客户行为，使金融机构和金融服务平台在营销和风控方面有的放矢。

消费者用账号登陆电商平台浏览商品时，电商平台的数据库会将浏览过的商品信息保留下来，从而了解用户的需求和消费习惯。当在其他终端也登陆该账号时，电商平台就可以根据用户往日的浏览信息推介相关商品进行广告优化，直击消费痛点（就是用户在使用产品或服务时抱怨的不满的让人感到痛苦的接触点）。随着消费大数据的积累，金融征信服务的出现才成为可能，大数据金融征信的原理是，通过消费者的购买记录、好友的社交图谱以及信用历史，就可以估算出他的信用值。如果消费者完善更多个人资料，这些数据也能更好地判断其身份特征、行为偏好、履约能力以及人脉关系中的好友信用值，这些数据比消费者更懂他们自己。

而电商平台经过 10 多年的发展，目前已比较成熟。从平台类电商到垂直类电商，电商在激烈的市场竞争中，积累了大量的数据，从 PC 电商到移动电商基于电商生态圈的打造，电商已经形成在线供应链体系。伴随电商供应链各环节衔接的逐渐流畅，互联网企业从事电商金融服务也就顺理成章、水到渠成。

电商市场日益激烈的竞争引致电商商业模式的不断推陈出新，众多更专注的垂直类电商企业的出现对平台电商构成了挑战，而以 O2O 为代表的新一代电商已经对传统电商构成了冲击。在此背景下，电商向金融延伸寻求突破是必然的。以阿里巴巴为首的 B2B 为例，自 2011 年起活力渐失。单一的信息平台模式，致使买卖双方对于 B2B 的依赖程度正在下降，付费会员比例收缩，直接对 B2B 整体营收能力造成破坏。因此，从事金融类中介服务，以更多的产品创新来带动平台增值，可以让身处“中年”的行业网站焕发第二春。同样，京东、苏宁易购等 B2C 平台开启的在线金融服务，则显现出其供应链端在账期的重压之下艰难喘息的被动局面。供应商对流动资金的迫切需求，单靠仍处于亏损状态的 B2C 造血显然无法驱动。因此，金融服务的介入则顺理成章地缓解了平台的账期压力，盘活中小企业，而中国金融环境现状也为电商从事金融服务提供了机会和可能。传统银行出于风险控制的考虑，将贷款投向目标客户锁定在大企业和高净值客户，而众多最需要资金的中小企业和个人创业者由于缺乏信用和担保难以从银行贷到款项，这就造成了大量需求无法得到满足，这也是民间借贷发达的原因。另外，众多的工薪阶层无法享受私人银行的高回报投资理财服务，只能通过购买低利息的理财产品或定期存款来理财，在供需旺盛的情况下，为互联网行业从事小微金融服务提供了巨大的发展空间。在互联网众多商业模式中，电商恰恰解决的是人与人之间的商品交易关系，其聚集的大量交易数据，可以清晰地分析客户的资金状况、购买力，可以为交易环节提供融资服务。比如阿里巴巴正是利用余额宝的沉淀资金与天弘基金结合从事了理财服务，阿里小贷则为供应商提供融资，这些都是基于电商平台生态所自然衍生的金融服务。京东已经把自己的押注于互联网金融，其定位为电商金融，未来 70% 的收入靠互联网金融。由此可见，未来电商的商业模式已经不再是简单的收取佣金或价差，或者游戏广告收入，电商基于其平台打造的供应链和生态体系提供的金融服务将成为其增值服务的一部分，同时也是未来收入的主要来源，电商服务将是：物流服务 + 电商平台服务 + 电商金融服务（支付、贷款、理财、融资等）。

基于大数据的金融服务平台主要指拥有海量数据的电子商务企业开展的金融服务。大数据的关键是从大量数据中快速获取有用信息的能力，或者是从大数据资产中快速变现的能力，因此，大数据的信息处理往往以云计算为基础。通过大数据，可以很好地通过对个体或者群体的大量信用行为进行收集、整理、分析，只要把这些糅合在一起时，会发现很多客观规律，使得人的信用立体化，从而实现对于个体或群体信用的预计。国内外的数据中心按规模都可分为四类：（1）微型企业；（2）中小型企业；（3）大型企业；（4）运营商。所以，宁波应从制造业、进出口贸易、商品批发与零售等业、重大项目建设等方面入手，进行实体经济和重大项目建设的数据中心建设（图3－6）。

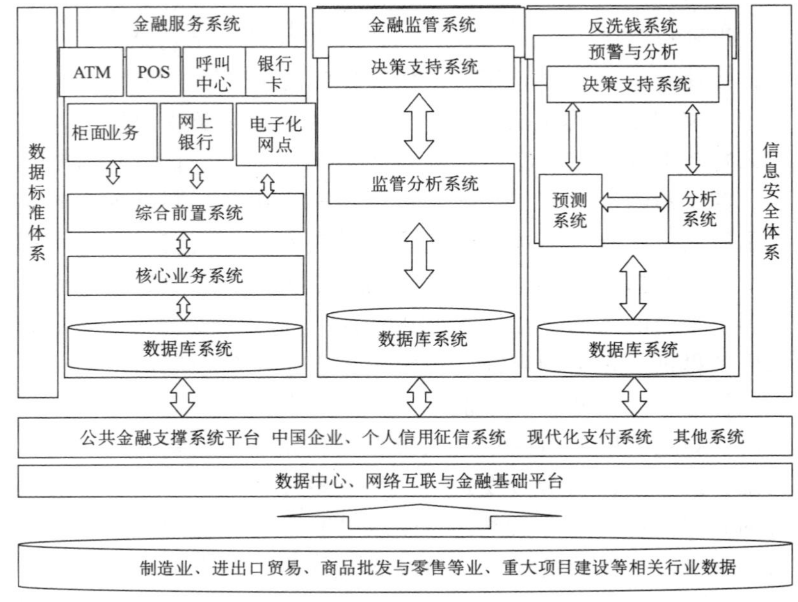

图3－6 大数据金融平台建设

借鉴阿里小贷等的“封闭流程＋大数据”的模式，凭借电子化系统对贷款人的信用状况进行核定，发放无抵押的信用贷款及应收账款抵押贷款，与银行信贷形成非常好的互补。

3.1.6 建设移动金融公共服务平台便利重大项目建设

互联网技术的特点也决定了其可以利用有效手段和方法便捷地从事金融服务，尤其是移动互联网的发展，移动支付可以随时随地为人们提供便捷的支付及转账服务，在该技术保障下，互联网行业很容易用非常快捷、极其低廉的成本来完成金融服务。

金融IC卡增值应用服务平台的运营目的是维护PBOC 2.0标准[①]金融IC卡在行业应用的市场秩序、提高增值应用的质量、促进增值应用的可持续发展。芯片卡包括芯片卡和芯片＋磁条复合介质卡，芯片的加入为借记卡的信

① 根据我国银行卡芯片化计划要求，2005年3月13日，中国人民银行发布第55号文，正式颁发了行业标准《中国金融集成电路（IC）卡规范》（JR/T 0025－2005）（简称PBOC 2.0）。

息安全保护和增值服务带来了质的飞跃，极大地化解了用卡风险，可在 PBOC 2.0 非接触芯片卡的机具上受理非接触交易简化支付手续，大大节约用户的等候时间。金融 IC 卡金融应用服务平台由商业银行采用技术商务标准、结算服务系统、合作运营管理等手段，对城市公交一卡通系统、通用积分奖励计划、电子券促销系统、快速小额支付电子钱包系统、门禁综合管理系统、会员个人信息管理系统等，基于标准的多功能行业应用融通与整合模式，对 PBOC 2.0 标准金融 IC 卡持卡人进行定制产品、定制服务、费用支付，为行业企业提供非金融增值应用服务和提供产品、提供服务和结算费用（图 3 – 7）。

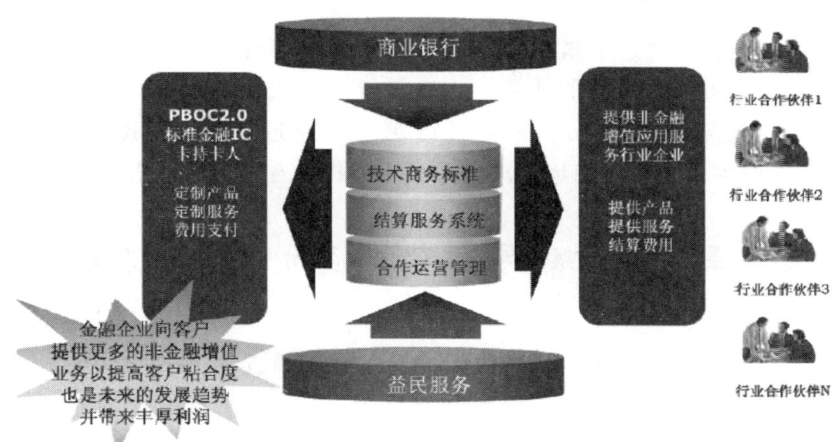

图 3 – 7　金融 IC 卡金融应用服务平台运营设计

同时，基于 WAP 的移动银行是利用手机访问 WAP 站点的方式，向用户提供随时随地的银行信息查询和交易服务，它可以实现账户查询、个人理财、外汇买卖、银证转账、账户挂失、代理支付等功能。移动用户通过 Wap 浏览网页，并进行业务受理操作，移动银行服务器端接受到用户数据后，转换成银行系统可以识别的数据，发送到银行内部系统。银行受理用户请求的业务，并返回相应的结果，该结果再通过移动银行服务器端发送给用户。

基于 K – java（即 Java 2 Micro Edition，缩写 J2ME）的移动银行是通过在手机上安装 K – java 程序（图 3 – 8），通过 GPRS 网络连接银行服务器，以实现账户查询、个人理财、外汇买卖、银证转账、账户挂失、代理支付等功能。实现的功能和 WAP 方式类似。移动用户通过打开安装在手机上的 K – java 程序，点击相应的操作类型，软件通过 GPRS 连接移动银行服务器，并进行业务受理操作，移动银行服务器端接受到用户数据后，转换成银行系统可以识别的数据，发送到银行内部系统。银行受理用户请求的业务，并返回相应的结果，该结果再通过移动银行服务器端发送给用户。

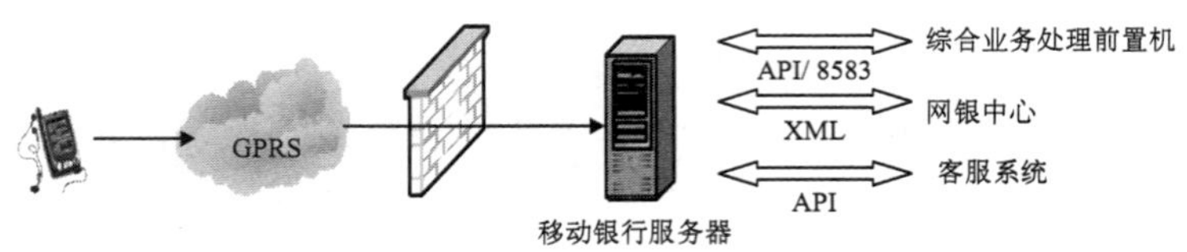

图 3-8　移动手机银行运行

如手机钱包，就是中国移动专门为移动支付而开展的增值服务，是集移动通讯与金融服务于一体的业务，它以银行卡为载体，以银行卡账号为支付账号，把手机号码与银行卡账号进行绑定，通过短信、IVR 语音、WAP、GPRS 等通信手段，随时随地为广大手机用户提供在线金融服务。

3.2　互联网金融导入实体经济的发展策略

3.2.1　在线供应链金融促进金融与实体经济互动发展

任何企业都要寻求在新的经济增长常态中如何更好地发展的方法，对采购、仓储、物流、分销等上下游企业分销链条进行有效的整合管理，加强与上下游企业的协作，建立敏捷的产业供应链，降低内部的供应链成本。金融正在和实体经济、产业技术密切地融合，以在线供应链金融为代表的新的互联网机制、金融服务形式，在实体经济和金融业之间相互交流、推进、促进。供应链金融的本质是要实现“物流”“商流”“资金流”“信息流”等的多流合一，而互联网无疑是实现这一目标的最佳方式。随着“首届在线供应链金融推进大会”① 的召开，产融互补、产融融合将双核推动着现代经济健康发展。所以，宁波市政府相关部门应对在线供应链金融的技术、法规、商业模式、客户习惯等方面进行规范化和制度化，从主制造商、主物流商、主交易商、主流通商、主服务商、主金融商、主保理商等多个维度探讨在线供应链金融。

① 2014 年 6 月 12 日由工业和信息化部、中国人民银行、中国银行业监督管理委员会、中国保险监督管理委员会、中国证券监督管理委员会等相关部委指导，中国电子商务创新推进联盟发起的“首届在线供应链金融推进大会”。

政府应增加财政投入支持发展在线供应链金融。特别是作为国家跨境贸易电子商务服务试点城市，宁波确定了在宁波保税区和海曙区分别开展跨境贸易电子商务的进口和出口试点。从2013年11月27日宁波跨境电商进口业务启动以来，2017年宁波跨境电商进口零售交易单量和交易额都保持了40%以上的增长率，2017年11月11日上午10点，海关总署统计全国跨境电商单939万单，其中宁波跨境电商进口商品单量就突破400万单，遥居全国之首。"世贸通"① 是浙江省首家以电子商务模式开展外贸综合服务的平台型企业，为中小外贸企业提供信息、物流、通关、金融等一体化、全程化、透明化的专业服务，其中涵盖了供求、政策、运输、仓储、单证、报检、报关、口岸、保险、外汇、核销、退税、融资等全方位管家式服务。所以，线上供应链金融将沿着传统供应链金融的产业链条，可向下拓展更多的中小微企业客户甚至企业主个人，将N拓展为"N的平方"，快速实现在线审贷、在线出账与还款和贷后管理等工作流程，以线上信贷工厂和批量化营销，成为中小微企业综合金融服务平台。

3.2.2 设置众筹股权投资的操作规则发展互联网科技金融

欧美等发达国家和地区的经验已经表明，良好的资本市场和金融环境，是实现科学技术蓬勃发展、大幅度提高科技创新能力的基础和保障。科技资源和金融资源这两个生产力中最活跃的因素，正以前所未有的程度进入了相互结合、相互促进的新阶段，国家相继出台了《促进科技和金融结合试点实施方案》（国科发财〔2010〕720号）、《关于支持商业银行进一步改进小企业金融服务的通知》（银监发〔2011〕59号）等一系列支持科技与金融结合的相关文件，提供了政策保障。中国人民银行、科技部、中国银行业监督管理委员会、中国保险监督管理委员会、中国证券监督管理委员会与知识产权局六部委联合发布《关于大力推进体制机制创新，扎实做好科技金融服务的意见》（银发〔2014〕9号），支持科技企业以多种方式在境内外融资、贷款。

众筹融资即公众小额集资（Crowdfunding），通过社交网络向公众募集资金，让敢想敢做的人直接获得所需资金。这种模式的兴起打破了传统融资模式，人人均能通过众筹获得从事某项创作或活动的资金，使融资来源不再局限于风投等机构，从而减少交易成本，提升资源配置效率。2012年4月5日，

---

① 2014年6月20日，浙江省商务厅研究确定了十家重点培育外贸综合服务试点企业（浙商务贸发〔2014〕103号），世贸通于2012年获得了国家发展和改革委员会批复的"国家级国际贸易电子商务服务试点项目"。

美国总统奥巴马签署 JOBS 法案，JOBS 的一系列改革措施旨在降低私人公司融资的规则限制，同时提高了私人公司成为公众公司、需要强制公开披露的门槛，并提出了新的众筹融资（Crowdfunding）方案，完善美国小型公司与资本市场的对接，鼓励和支持小型公司发展。JOBS 法案拓宽了网上小额融资交易的中介渠道，定义了一个新的网上小额融资交易的中介机构——集资门户（Funding Portal），并对中介的资格和限制行为作出了明确规定，以便更好地规范融资行为，防止不正当交易损害公众和投资者利益。一方面降低了小公司和初创公司①进入资本市场的门槛，允许私募发行的中介机构在特定投资者范围内进行宣传；另一方面则控制了融资总量的上限并加强了对个人投资者的保护。2013 年 10 月的《世界银行：发展中国家众筹发展潜力报告》显示，发展中经济体有潜力通过采用众筹模式超越发达国家的传统的资本市场结构和金融监管制度，推动经济增长。2014 年 3 月 17 日我国国内首份文化产业众筹融资报告也发布：呈现爆发式增长。

宁波作为私募股权投资试点城市，“宁波模式”创新了科技与金融合作互动②。鉴于宁波市民间资本发达的特点，应实现借助互联网金融创新科技金融，可借鉴的人人贷和众筹网等典型例子，为项目发起者提供募资、投资、孵化、运营一站式综合众筹服务。同时，根据美国 2012 年 1 月 3 日颁布的乔布斯法即《工商初创企业推动法》（Jumpstart Our Business Startups Act，JOBS），设计股权众筹的规则、资金门槛等，发展公众小额集资，并纳入规范化、透明化、法制化的发展轨道。按照美国之前的法律，任何以股权融资为目的、采用公众小额集资的行为都是受到限制的，但是公众小额集资的灵活性、时效性、低成本、低风险是其他股权融资手段所不具备的。而这种融资方式非常适合创业阶段的小型公司所采用，因此在以对接小型公司与资本市场为目的的改革中，JOBS 提出了公众小额集资的合法化，并对小额公众集资规定了有条件的注册豁免。所以，对于创业阶段的小型公司，尤其是高成长性的高新技术公司来说，公众小额集资行为对于公司来讲融资风险较低、财务压力小，有利于多层次资本市场的建立和完善以及与中小企业尤其是高科技企业的对接，促进科技型企业的发展壮大。

---

① 在 JOBS 法案中定义了“发展阶段的成长型公司”（Emerging Growth Companies，简称 EGC 公司）。

② 科技金融合作互动促进城市发展的宁波模式，百度文库，6kzkh5shSKjt79mzoyRDCAWIfmZwdD6Iq3y7GNg_ cjLo5Giku。

3.2.3 搭建民间融资平台的优惠措施

积极引导非银行金融机构为企业和个人提供融资服务。鼓励投资银行、信托公司、财务公司、租赁公司、典当机构等非银行金融机构，创新金融产品，拓展服务空间，配合银行业信贷机构，支持中小企业和个人的正当融资活动。特别是信托业，是民间资本和实业投资的一种很好媒介，要加大力度扶持发展，使之成为银行信贷机构以外重要的投融资方式。同时，要创建多种形式的民间融资组织，借鉴银行业多年发展的经验，积极为民间融资活动设计一种合理框架。如建立民间借贷基金会、委托放款协会、社区金融机构、小额贷款组织、农村资金互助组织等融资组织，采取从会员或社区内部募集专项资金作为基金，通过转手融资、相互调节、互通有无和有偿使用，向会员和社员提供融资及信用中介服务。截至2013年年底，浙江省金融办公布首批11个省级试点名单，包括拱墅区、西湖区、桐庐县、宁海县、吴兴区、海宁市、绍兴县、永康市、江山市、路桥区、温岭市等，试点平台设计了“叫停机制”，在建立民间融资风险池基金的同时，试点平台还将聘请具备资产管理及相关配套专业服务资质的独立第三方机构，包括银行、保险、担保等机构作为风险管理委员会委员，定期对民间融资服务中心和民间资本管理公司进行风险评估。根据国家发展和改革委员会关于批准浙江省开展投融资模式创新试点建设方案的复函（发改投资〔2017〕1687号），浙江以在线平台一体化和大数据共享支撑投资项目全生命周期管理，实现2.0版在线平台全省全覆盖，试点的新尝试和探索与投资项目相关系统的整合，加强对全省投资项目的数字化、精准化、系统化管理，实现投资项目一口受理、在线办理、全流程服务、全方位监管。

所以，宁波市充分利用多层次资本市场融资功能，多渠道创新满足融资需求。紧紧围绕“三年行动计划”① 重大项目的资金需求，在转变融资方式、创新融资手段、拓展融资渠道、优化融资服务等方面出台了一系列政策措施。据统计，市属18家重点国有企业2013年末的1980亿元负债总额中，银行贷款余额占比超过七成，而债券余额仅占6.82%。这就提醒企业要进一步拓展视野，转变理念，在用好信贷融资工具的同时，通过新型融资工具实现“多条腿走路”，比如拓展直接融资渠道，充分利用银行间债券市场、交易所市场进行各类债券融资。有条件的企业上市融资，通过配股、增发和发行可转换

① 宁波市人民政府办公厅关于金融支持经济社会转型发展三年行动计划重大项目的实施意见》［甬政办发〔2014〕61号］。

债权、公司债等方式筹集资金，并根据项目建设周期合理配置融资品种，优化项目融资结构。

要支持各类保险资金以股权、债权、不动产投资等多种形式支持宁波市重大项目建设。保险资金具有长期性、稳定性的特点，是优质资金来源渠道，宁波近年来在引入保险资金方面进行了积极探索，特别是宁波市作为保险综合改革示范区①，拥有良好的金融生态，信贷资产质量、企业诚信排名等均居全国前列，是保险资金理想的投资选择。各保险机构要不断加强保险资金投资重大项目的政策研究，对符合保险公司投资条件的重大项目进行认真筛选，加强与总公司的联系，积极推荐项目。

同时，强化银企对接机制，搭建重大项目和金融机构交流合作的平台，设立统一的融资需求信息发布与项目信息咨询平台，建立行之有效的沟通协调机制，实现供需双方信息对称和及时共享。引导民间资本通过参控股、并购重组、建设—转让（Building Transfer，缩写 BT）、建设—经营—转让（build—operate—transfer，缩写 BOT）、转让—经营—转让（transfer—operate—transfer，缩写 TOT）、公私合作经营（Public—Private Partnership，缩写 PPP）等多种方式参与重大项目建设。扩大其他融资途径，鼓励信托公司通过债券信托、股权信托、项目信托等方式扩充融资渠道，加大重大项目信托融资力度。

3.2.4 推进移动金融平台建设

继续搭建移动金融公共服务平台，实现与中国人民银行国家级移动金融安全可信公共服务平台的对接，与中国人民银行总行平台以及地方平台的互联互通。自 2007 年中国人民银行宁波市中心支行全面启动辖区芯片银行卡（即金融 IC 卡）发行以来，截至 2014 年一季度，辖内 28 家银行已累计发行金融 IC 卡 920 万张、金融社会保障 IC 卡 399 万张。目前宁波市金融 IC 卡签约商户已超过 6 万余家，99% 的 POS 和 ATM 终端可以正常受理金融 IC 卡，金融 IC 卡在老百姓日常生活中的渗透度越来越高。作为国家发展和改革委员会的国家电子商务试点和移动金融试点，中国人民银行宁波中心支行正在组织相关单位建设完善移动金融安全可信公共服务平台（简称“MTPS”），使移动金融聚合更多内容，为用户提供交通、社保、医疗、文化、教育等多行业应用的内涵丰富的“一站式”服务。

---

① 宁波市保险创新综合试验区是成立于 2016 年的由中国保险监督管理委员会、浙江省政府和宁波市政府共同领导的试验区。

继续拓展移动支付领域。2011年，中国人民银行宁波市中心支行指导辖内商业银行推出了手机信贷业务，在国内乃至国际上首次将金融IC卡运用从支付领域拓展到了小额信贷领域。截至2013年末，宁波市已发放手机信贷卡4544张，审批贷款4482笔，授信总额逾10亿元，贷款余额达1.8亿元，户均授信23万元，基本用于支持小微和“三农”经济发展。中国银行NFC手机支付产品是宁波市场上唯一内置“市民卡”应用功能的手机支付产品，NFC手机钱包推出后，客户可通过手机钱包在百货、餐饮、娱乐、教育、旅游等各行业带“银联闪付”（Quick Pass）的POS机上“刷手机”轻松快捷完成支付，并可在宁波当地的125条公交车上进行使用，方便出行。

应借鉴互联网的低成本金融创新和应用，创新金融产品与技术，促使传统金融组织不断采用新技术来改善服务渠道进行金融创新。支持互联网金融企业探索建立面向中小微型企业线上、线下的多层次投融资服务体系，在融资规模、周期、成本等方面提供更具针对性和灵活性的产品和服务；支持第三方支付机构与金融机构共同搭建安全、高效的在线支付平台，开展在线支付、跨境支付、移动支付等业务；支持互联网金融企业开发各种货币基金类金融理财产品，满足多元化投资需求；鼓励电商机构自建和完善线上金融服务体系，有效拓展电商供应链业务；推动P2P、众筹融资等金融信用中介服务平台规范发展，拓宽金融服务体系。宁波正在实施的完善“三位一体”港航物流体系，打造大宗商品交易中心，出台了《关于加快推进甬易第三方支付平台建设和发展的若干意见》（甬政办发〔2014〕10号）等一系列文件、政策，应以此为契机，发展海洋经济，打造大宗商品交易中心，布局“电商换市”战略，建立具有宁波特色的第三方支付平台。

3.2.5 培育行业标杆式的互联网金融企业

支持互联网金融企业注册登记。允许互联网金融企业（除经国家金融监管部门批准设立的机构外）在工商登记企业名称和经营范围中，使用“互联网金融服务”字样。加大对互联网金融企业的落户奖励，对新设立或新迁入的，具有独立法人资格的互联网金融企业（除金融机构设立的电商机构、非金融支付服务机构和金融配套服务机构外），经认定符合宁波市互联网金融发展方向，可参照各地的相关规定执行，如当年在深圳缴纳的企业所得税年度达到500万元以上（含）后，参照《关于印发深圳市支持金融业发展若干规定实施细则的通知》（深府〔2009〕6号）银行类金融机构一级分支机构待遇享受相关政策。

宁波辖内实体经济聚集，众多企业带来的高产值以及品牌实力吸引了众多金融机构，要借鉴深圳、天津、北京海淀区等各地建立的“互联网金融中心”“互联网金融产业园”“互联网金融基地”经验，积极开拓创新，引领互联网金融产业的健康发展；涌现出更多的互联网金融企业，以新产业带动新金融，以新金融促进新产业，助力实体经济发展和重大项目建设。

着力培育和发展一批行业地位居前、特色鲜明、竞争力强的互联网金融企业，加快构建互联网金融创新集聚区，形成传统金融与互联网金融良性互动、共生发展的新格局。发展互联网金融产业链联盟，支持互联网金融企业与金融机构、创业投资机构、产业投资基金深度合作，整合资源优势，结成互联网金融产业链联盟。支持互联网金融产业链联盟发起设立产业基金、并购基金和风险补偿基金，以满足互联网金融企业不同阶段、不同层次的资金需求。

培育大数据金融企业。大数据正在重构整个金融行业，金融业是大数据的重要产生者，交易、报价、业绩报告、消费者研究报告、官方统计数据公报、调查、新闻报道无一不是数据来源。金融业也高度依赖信息技术，是典型的数据驱动行业。互联网金融环境中，数据作为金融核心资产，将撼动传统客户关系、抵质押品在金融业务中的地位，在云计算、大数据、自带设备办公（Bring Your Own Device，简称 BYOD）、手机或平板电脑等移动智能终端设备等技术正在引领金融信息化的变革。

3.2.6 互联网金融网络诚信体系建设

要真正推动互联网金融行业健康、有序发展，促进互联网金融企业持续有效合法经营，规范约束互联网金融参与者的不当行为，不能光靠行业自律组织来实现，还需依赖政府各级有关部门尽快出台和完善与互联网金融相关的法律法规，从法律层面来规范互联网金融行业发展，保障互联网金融消费者权益不受侵害，促进金融市场更加繁荣发展。

金融的核心在于信用，良好健全的信用体系及征信结构是金融业特别是互联网金融可持续发展的支撑，信用体系不完善以及缺失会造成较高的信用成本并损害金融消费者的权益，特别是互联网金融所具有的运营模式更需要信用制度与之适应。现阶段，互联网金融行业亟待解决的主要问题包括：行业准入门槛过低，互联网金融企业数量急剧增多，业务经营实力、风险管控能力参差不齐；行业监管主体不明确，法律法规监管政策不完善，违法违规现象频发；网络技术安全存在隐患，个人权益保护力度不够等等。

首先，要加快互联网金融的法律体系建设。在充分尊重互联网金融自身发展规律的基础上，从法律层面界定互联网金融问题，厘定互联网金融发展方向；制定互联网金融的基础性法律法规，规范界定互联网金融的经营范畴和监督管理主体等问题；修订和完善现有的金融法律法规，包括《中华人民共和国商业银行法》《中华人民共和国保险法》《中华人民共和国证券法》和《中华人民共和国银行监督管理法》等，使之与互联网金融的基础性法律法规相协调；完善与互联网金融相关的配套法律体系，包括互联网金融市场的资金监管机制、交易者的身份认证、个人信息保护、电子合同有效性确认、诈骗、洗钱等违法犯罪行为惩处等多方面的法律法规；对涉及互联网金融发展的框架性、原则性内容进行细化立法，完善互联网金融法律法规体系建设，确保互联网金融的发展有法可依，和谐规范。

其次，促进相关部门规章和国家标准的制定。在立法条件不成熟情况下，由国务院在综合有关部门意见基础上，制定互联网金融的相关部门规章，发布互联网金融行为指引文件和国家标准，为互联网金融平台运营商、出借人、借款人等相关参与者提供具体化的规范引导，对互联网金融的市场定位、组织形式、业务范围、监督管理和风险责任等进行规范。

互联网金融行业具有技术相对密集、参与人员众多、跨区域发展等特点，一旦陷入信用危机泥潭，将可能引发事关社会稳定的重大问题，因此要建立互联网金融行业的风险预警机制及相应的风险应急处置预案。特别是，对非法互联网金融平台、高风险互联网金融产品等信息更应该及时向投资参与者进行风险预警，并采取有效措施进行风险化解。

最后，推进实名制建设，纳入统一的央行征信管理体系。互联网金融行业的健康发展需要一个良好的金融生态环境，国内个人及小微企业的信用评价体系建设尚未健全，绝大多数的互联网金融企业尚未接入央行个人征信系统，要准确获知借款人的信用状况需额外付出较高成本。另外，由于网络的虚拟性和没有征信系统的约束，互联网金融更容易产生欺诈和欠款违约的纠纷，投资人的资金安全难以得到保证。因此，建议加强互联网金融生态环境建设，推行互联网身份认证、网站认证和电子签名等实名制度，确保互联网金融参与者实名制；同时，将互联网金融企业纳入央行征信管理体系，这不仅规范了互联网金融企业的信用评级体系建设，而且可用其平台上的交易数据来充实完善央行征信管理信息。

3.2.7 政策支持并推动互联网金融的发展

借鉴国外互联网金融立法的经验，完善对消费者隐私保护、电子合同的合法性以及交易证据确认等方面的规定，最终营造权责分明、法理明确的互联网金融市场。互联网金融业务准入标准和退出机制，并对现有的互联网金融平台进行清理，对不符合标准、风险较高的平台要坚决予以关闭。要制定互联网金融行业规范，政府部门不仅要出台有关管理办法，还应推动建立相关的互联网金融行业协会，制定行业规则，规范和引导互联网金融平台的健康发展，由此强化自身建设，提高其抵御风险的能力和盈利能力。

互联网金融的快速发展，引起了我国政府及监管部门的高度关注。在十二届全国人民代表大会第二次会议上，互联网金融首次写入政府工作报告，国务院总理李克强指出“促进互联网金融健康发展，完善金融监管协调机制”。互联网金融的发展和监管已然进入中国政府高层的视野，“两会”期间，中国人民银行行长周小川、副行长潘功胜和副行长易纲均表示，鼓励互联网金融发展，鼓励金融领域科技的应用。尚福林（2014）也提出“栅栏、普惠、驱动”三大原则推进银行业金融创新。

监管部门也加大了互联网金融监管力度。2014 年 3 月 13 日，中国人民银行下发《关于暂停支付宝等公司线下二维码支付等业务意见的函》（银支付〔2014〕50 号），暂停支付宝、腾讯的虚拟信用卡以及条码（二维码）支付；同年 3 月 11 日，中国人民银行对《支付机构网络支付业务管理办法》征求意见稿显示，个人支付账户转账单笔金额不得超过 1000 元，同一客户所有支付账户转账年累计金额不得超过 1 万元；中国人民银行下发的《手机支付发展指导意见》草案征求意见，内容涉及个人支付账户单笔、累计支付转账限额。同年 4 月 9 日，中国人民银行、中国银监会共同出台《关于加强商业银行与第三方支付机构合作业务管理的通知》（银监发 10 号），对银行与第三方支付机构合作中涉及的信息管理、身份验证、交易限额、风险防控等内容进行了规范。2015 年 12 月 28 日《非银行支付机构网络支付业务管理办法》（中国人民银行公告〔2015〕第 43 号），将个人支付账户分为三类。其中，Ⅰ类账户可以用于消费和转账，主要适用于客户小额、临时支付；Ⅱ类和Ⅲ类账户的实名验证强度相对较高，能够在一定程度上防范假名、匿名支付账户问题。对不同类别的账户，该管理办法也分别规定了 10 万元、20 万元的年累计限额和 1000 元、5000 元的单日累计限额。

宁波市要进一步出台促进互联网金融发展的政策意见，引导行业规范健康发展。积极支持网络借贷服务企业联盟等组织开展行业自律、出台准入标准、规范经营行为、防控行业风险；探索建立互联网金融领域统计监测制度，与第三方机构合作对相关领域开展监测评估；支持相关网络融资中介企业（主要是 P2P 机构）申领增值电信业务经营许可证（ICP 证）等。

主要参考文献

[1] Petersen, Mitchell A. Information: Hard and Soft. Working paper, *Kellogg School of Management*, 2004.

[2] Heng S, Meyer T, Stobbe A. Implications of Web 2. 0 for Financial Institutions: Be a Driver, Not a Passenger. *Deutsche Bank Research*, *Economics*, 2007 (63) .

[3] Berger S, Gleisner F. Emergence of Financial Intermediaries on Electronic Markets: The Case of Online P2P Lending. *Working Paper*, *University of Frankfurt*, 2008.

[4] Lauri Puro, Jeffrey Teich, Hannele Wallenius, Jyrki Wallenius. Borrower Decision Aid for People - to - People Lending. *Decision Support Systems* , 49 (2010), 52 - 60.

[5] Barasinska N. The role of gender in lending business: Evidence from an online market for peer - to - peer lending. *Working Paper*, *FINESS*, 2009.

[6] Berkovich E. Search and herding effects in peer - to - peer lending: evidence from prosper com. *Annals of Finance*, 2011 (7): 1 - 17.

[7] Chen D Y, Han Chaodong. A Comparative Study of online P2P Lending in the USA and China. *Journal of Internet Banking and Commerce*, 2012 (2): 1 - 13.

[8] Collier B. , Hampshire R. Sending mixed signals: Multilevel reputation effects in peer - to - peer lending markets. *Proceedings of the CSCW*, Savannah, Georhia. USA, 2010 : 197 - 206.

[9] Garman S, Hampshire R. , Krishnan R. Person - to - person lending: The pursuit of competitive credit markets. *Proceedings of the International Conference on Information Systems*, Paris, 2008: 1 - 16.

[10] Greiner M E, Wang H. The role of social capital in people - to - people lending marketplaces. *Thirtieth International Conference on Information Systems*,

2009.

[11] Hearzenstein M, Dholakia U M, Andrews R L. Strategic herding behavior in peer - to - peer loan auctions. *Journal of Interactive Marketing*, 2010.

[12] Lin M F, Prabhala N R, Viswanathan S. Judging borrowers by the company they keep: friendship networks and information asymmetry in online peer - to - peer lending. *Management Science* , 2013, 59 (1): 17 - 35.

[13] Puro L, Teich J E, Wallenius H, Wallenius J. Borrower decision aid for people - to - people lending. *Decision Support Systems*, 2010, 49 (1): 52 - 60.

[14] Wang H, Greiner M, Aronson J E. People - to - people lending: The emerging e - commerce transformation of a financial market. *Value Creation in E - Business Management* 2009, (36): 1 82 - 195.

[15] 禾田:“科技金融需要互联网思维”,《中国科学报》2014 年第 1 期。

[16] 董圆圆:“电子商务信任问题理论框架研究”,《管理学报》2005 年第 5 期。

[17] 尤瑞章、张晓霞:“P2P 在线借贷的中外比较分析兼论对我国的启示”,《金融发展评论》2010 年第 3 期。

[18] 王紫薇、袁中华、钟鑫: “中国 P2P 网络小额信贷运营模式研究——基于“拍拍贷”“宜农贷” 的案例分析”,《新金融》2012 年第 2 期。

[19] 周黎安、张维迎、顾全林、沈鼓:“信誉的价值:以网上拍卖交易为例”,《经济研究》2006 年第 12 期。

[20] 路阳:“网络信贷的现状及发展分析——以拍拍贷为例”,《新财经年第理论版期》2010 年第 10 期。

[21] 王卫东:“中国城市居民的社会网络资本与个人资本”,《社会学研究》2006 年第 3 期。

[22] 邢增艺、王艳:“网络借贷:微型金融发展新趋势”,《前沿》2010 年第 23 期。

[23] 朱小鹏:“监管 P2P 野蛮生长”,《金融博览》2013 年第 3 期。

[24] 陈晶泽:“理财生意寄生 P2P:证大财富灰色地带行走”,《第一财经日报》2013 年第 9 期。

[25] 仇智:“应尽快将 P2P 网络贷款模式纳入监管”,《证券日报》2012 年 11 月 8 日第 A02 期。

[26] 郭阳:“中国 P2P 小额贷款发展现状研究”,《上海金融》2012 年第 12 期。

[27] 陈雨露、边卫红："电子货币发展与中央银行面临的风险分析"，《国际金融研究》2002 年第 1 期。

[28] 何光辉、杨咸月："手机银行模式与监管：金融包容与中国的战略转移"，《财贸经济》2011 年第 4 期。

[29] 谢平、部传伟、刘海二："互联网金融模式研究"，《新金融评论》2012 年第 1 期。

[30] 谢平、尹龙："网络经济下的金融理论与金融治理"，《经济研究》2001 年第 4 期。

[31] 谢平："互联网金融模式研究"，《金融研究》2012 年第 12 期。

[32] 李博、董亮："互联网金融的模式与发展"，《中国金融》2013 年第 10 期。

[33] 莫易娴："P2P 网络借贷国内外理论与实践研究文献综述"，《金融理论与实践》2011 年第 12 期。

[34] 黄海龙："基于以电商平台为核心的互联网金融研究"，《上海金融》2013 年第 8 期。

[35] 骐瑞："'互联网 +'背景下企业融资模式探讨"，《商业经济》2018 年第 1 期。

[36] 彭崧、杨松："小微企业电商大数据金融融资模式的思考"，《科技视界》2017 年第 2 期。

第二部分

平台金融运作的基础：跨境电商平台

——以宁波跨境电商平台功能定位与绩效评价为例

第 4 章　跨境电商简述

4.1　研究背景与研究意义

4.1.1　研究背景

2016 年 3 月商务部发布的年度数据报告显示：中国已经成为全球第一大贸易大国，其中，跨境电商的增长速度从 2009 年到 2014 年连续 5 年达到 30%多，而传统的外贸年均增长率则 10%都不到。经过几年的火爆增长，国家开始规范日益庞大的跨境电商市场，使其良性发展。2016 年 3 月 24 日财政部、国家税务总局、海关总署联合发布《关于跨境电子商务零售进口税收政策的通知》（财关税〔2016〕18 号），从 2016 年 4 月 8 日起实施跨境电商零售进口税收政策，并同步调整行邮税政策。但是，跨境电商企业的很多商品原来都是从国外市场直接采购的，国外厂商授权、原产地单据、审批周期和检验检疫等成本的增长使得各试点城市跨境进口申报量锐减，宁波跨境进口申报降幅达到一半，其他试点城市也受到不同程度影响。同年 5 月 25 日，《海关总署办公厅关于执行跨境电子商务零售进口新的监管要求有关事宜的通知》（署办发〔2016〕29 号），针对 4 月 8 日推出的跨境电商新政作出适当调整，跨境电商新政暂缓一年执行。跨境电商企业在内部供应链控制和外部竞争应对的激烈碰撞过程中，生存和发展中的功能定位还存在诸多问题。

2016 年 1 月 12 日，国务院下发《关于同意在天津等 12 个城市设立跨境电子商务综合试验区的批复》（国函〔2016〕17 号），同意在宁波等 12 个城市设立跨境电子商务综合试验区。2016 年 5 月，宁波市发布《中国（宁波）跨境电商综合试验区实施方案》，标志着宁波跨境电商的发展进入了一个新的阶段。不论是培育跨境电商产业集群，还是建设跨境电商公共海外仓，都需要深度推进跨境电商供应链网络流通能力、高效整合供应链资源、节约流通成本、降低风险，增强供应链弹性。在跨境电商平台上，来自全球各地的消费者需求是零散化的，造成跨境电商供应链往往呈现出碎片化状态，且库存率较低，流转周期长，对市场需求不能及时响应，极大地影响了消费者的购物体验。

4.1.2 研究意义

跨境电商涉及不同关境的交易主体，将资金流、信息流、物流和商流的有机统一起来，要求有效控制供应链的高效性。互联网技术发展日新月异，企业与企业之间的产品、服务竞争早已过时，供应链管理已经成为各大电商企业的重中之重。电商企业阿里巴巴积极投身“菜鸟”物流网络的创建，通过控制供应链降低物流仓储成本，让消费者获得快速响应体验。京东将供应链作为自己的核心企业信条以确保将最优质的产品、最满意的服务提供给消费者。亚马逊（Amazon）把仓储中心打造成了灵活的商品运输网络，通过强大的智能系统和云技术将全球所有仓库（亚马逊称其为运营中心）联系在一起，可以得到快速响应性，同时还能确保精细化的运营。当今世界能把握住供应链的电商企业才能在贸易、采购全球化竞争中立于不败之地。

跨境电商企业的供应链水平，不仅影响着消费者的满意效用，更影响了企业及合作方的成本。因此，基于企业差异化发展需要，深入探讨跨境电商平台的内在架构、功能及与供应链的融合发展有着重要意义。供应链管理有关的宁波跨境电商产业集群、公共海外仓的建设已经开始起步，已经有一定先发优势的跨境电商平台将为宁波大量中小制造企业、外贸企业走出去，创建品牌提供相关配套供应链服务。

跨境电商供应链实物流从原料商、供货商、转运商、国际物流商、仓储服务商、国内报关服务商和快递服务商，最后才到消费者的手中，任何一个环节的不及时流通就会影响消费者的最终体验。因此，对跨境电商而言，供应链的整合能力至关重要，也有必要从供应链管理的角度对跨境电商平台的进行绩效评价。

基于供应链的角度，提高合作物流商配送的可靠性，为供应商制定合适的提前期，为合作生产商制定柔性生产计划，利用灵活的数据共享平台实现供应链上下游企业资源的优化配置等都将有益于跨境电商企业的发展。而基于技术—组织—环境（technology organization environment model，简称 TOE 模型）框架的跨境电商供应链指标识别、检验及模糊综合评价研究，对宁波四种跨境电商平台进行功能定位、绩效评价分析，将为不同宁波跨境电商产业转型升级、服务整合提升提供参考思路。

4.2 跨境电商平台研究综述

本书将从与本选题直接相关的研究领域阐述国内外的研究现状，即跨境电商平台理论、跨境电商平台与供应链管理的相关研究、跨境电商供应链评价模型、电商平台功能定位和基于“技术—组织—环境”（TOE）模型的供应链绩效评价等 5 个方面来论述本选题的国内外研究现状。

4.2.1 跨境电商平台理论

跨境电商与空间经济学、新贸易、新经济地理、演化、集聚理论密切相关。根据百度百科的定义，跨境电商是指分属不同关境的交易主体，通过电商平台达成交易、进行支付结算，并通过跨境物流送达商品、完成交易的一种国际商业活动。

（1）空间经济学、新贸易理论与跨境电商

跨境电商作为一种国际贸易与空间维度有着紧密的关联。

空间经济学的概念比较有代表性的观点，如杜兰顿·迪朗东（Gilles Duranton，2005）认为空间经济学关注稀缺资源的空间配置和经济活动的区位。空间经济学是所有与空间维度有关的经济学分支学科在空间维度基础上的融合，如区位理论、贸易理论等（殷广卫、李佶，2010）①。从这个角度上来说，跨境电商当然也是一种空间维度的贸易活动。个性化与多样化生产是新贸易理论与跨境电商的共通之处，克鲁格曼（Krugman，1979）通过构建新贸易理论模型，表明产业内贸易使得专业化与大规模生产成为可能，并进而导致更低的价格和更大程度的商品多样化②。与建立在比较优势基础上的传统贸易理论不同，新贸易理论解释了贸易中增长最快的是发生于要素禀赋极为相似的先进工业化国家之间，同时，大量的国际贸易发生于同类产品内部，例如一个国家既出口汽车又进口汽车。空间维度、新贸易理论为跨境电商平台的功能定位提供了理论依据和参考思路。

关于空间经济学将空间经济理论应用到国际贸易的研究，宋江飞、张道中（2008）认为，自由贸易对一个国家的某些产业可带来空间集聚。当自由贸易导致区域经济空间结构变化而重组时，选择不同的对外贸易政策对区域

---

① 殷广卫、李佶：“空间经济学概念及其前沿”，《西南民族大学学报》2010 年第 1 期。

② Krugman P. Increasing Returns, Monopolistic Competition and International Trade [J]. *Journal of International Economics*, 1979, 9 (4): 469 – 479.

经济有着不同的影响①。司明（2014）认为，空间经济网络通过空间集聚与扩散、空间外部性和空间竞合机制，要素在企业决策和政府引导下沿着企业生产和组织关系网络以及基础设施网络的路径实现在不同区域间集聚和网络扩散②。

（2）新经济地理学与跨境电商

在新贸易理论的基础上，克鲁格曼（Krugman，1991）开辟了新经济地理学的奠基之作《经济地理与收益递增》，建立了具有里程碑意义的核心边缘模型（Core - periphery Model，简称 CP 模型），实现了基于消费者和企业的区位选择行为的一般均衡分析③。CP 模型展示了贸易成本的下降容易引起产业集聚，无疑当今能使贸易成本下降最为明显的经济活动非以互联网、信息技术的变革为特征的跨境电商莫属，因此，跨境电商与新经济地理学有着紧密的关联。在新经济地理学的名著藤田昌久（Fujita et al，1999）《空间经济：城市、区域和国际贸易》中将城市经济学、区域经济学、国际贸易理论融为一体，所以，作为一种新型的国际贸易方式，研究跨境电商将不可避免地涉及新经济地理学的集聚力的来源。新经济地理学在集聚力来源上关注经济关联（E - linkages）④ 和知识关联（K - linkages）⑤。其中，前者关注消费者和企业内部的基于市场的关联效应，也可以看做是一种价格效应，通过产品或服务的交易而形成的关联；后者来源于知识或者技术的溢出而导致的纯外部性。这将给跨境电商平台的集聚在理论上提供启发。

国内外学者主要集中于知识溢出、市场集中度、经济地理、产业集聚等因素与经济增长的关联讨论，对于发展跨境电商有着积极意义。安德瑞斯和费尔德曼（Audretsh&Feldfnan，1996）通过把产业活动的知识需求量与其创新地理集聚相关联，对创新的地理集聚与知识溢出进行了开创性研究，得出知识溢出的空间局限性对创新地理集聚形成的重要作用⑥。坎尼和沃斯培根（Caniels&VersPagen，2001）证实区际之间的创新知识外溢决定了区域的经济

① 宋江飞、张道中："基于空间经济学的贸易自由化效应下空间集聚与扩展理论分析"，《现代经济：现代物业下半月》2008 年第 7 期。

② 司明："空间经济网络的作用机理及效应研究"，南开大学学位论文，2014 年。

③ *Krugman P. Geography and Trade* [M] . Cambridge, MA, MIT Press, 1991.

④ Fujita M, Mori T. Frontiers of the New Economic Geography [J] . *Papers in Regional Science*, 2005, 84 (3): 377 - 405.

⑤ Fujita M. Towards the New Economic Geography in the Brain Power Society [J] . *Regional Science and Urban Economics*, 2007, 37 (4): 482 - 290.

⑥ Audrestch D. B. . Agglomeration and the Location of Innovative Activity [J] . *Oxford Review of Economic Policy*, 1998, 14 (2): 18 - 29.

增长，接受其他区域创新溢出的地区能够实现更快的增长，在区位相近区域经济发展差异将逐渐趋同①。凡和斯高特（Fan和Scott，2003）发现市场集中程度高的制造业生产率也越高，尤其是在市场化程度较高的地区和产业②。陈（Chen，2005）证实与地理、历史相联系的经济开放政策推动了产业集聚过程③。黄玖立（2006，2009）将贸易开放对中国产业地理的影响概括为三个方面：交通运输尤其是海洋运输上天然的地理优势、独特的政策优惠措施和工业自身规模的经济特征④。徐德友（2008）综合新贸易理论、新经济地理理论构建计量方程，用不同指标和数据验证中国对外贸易与产业地理的关系，并以城市经济为研究对象，考察内外部市场获得对地区发展的影响⑤。赵伟、张萃（2007，2009）揭示出对外开放对中国制造业区域集聚具有显著的正效应⑥。张战仁（2010）考察了我国区域创新活动分布的地理集聚现象，认为与一般的经济活动相比，创新活动地理集聚倾向明显更高，且多空间尺度下的创新地理集聚具有累积性特点⑦。章韬（2012）认为，经济地理、产业集聚是区域经济差异的原因之一，所以，经济地理环境影响并塑造了地方区域产业空间结构，产业集聚是个体企业在既有生产环境下组织形态的自选择结果⑧。

（3）跨境电商与平台演化

对于平台演化的研究主要集中于演化动力、内在结构、演化模式、层面相应的策略讨论上，如波斯马和富林肯（Boschma R，Frenken，2011）⑨。从演化经济地理角度，用出现、生长、衰退和企业退出等基本过程以及区位选

---

① Caniels MC，Vers PagenB. Barriers to Knowledge Spillovers，and Regional Convergence in an Evolutionary Model［J］. *Evolutionary Economics*，2001，11（3）：307－329.

② Fan，C. and Scott. A. Industrial Agglomeration and Development：A Survey of Spatial Economic Issues in East Asia and a Statistical Analysis of Chinese Regions［J］. *Economic Geography*，2003，79（3）：295－319.

③ Chen，Z.，Yu，J.，and MingL.. Economic Opening and Industrial Agglomeration in China［R］. Industrial Organization，CCER，FED working Paper，No. 20050061. 2005.

④ 黄玖立：《对外贸易、地理优势与中国的地区差异》，中国经济出版社2009年版。

⑤ 许德友："对外贸易与产业地理"，南京大学学位论文，2011年。

⑥ 赵伟、张萃："市场一体化与中国制造业区域集聚变化趋势研究"，《数量经济与技术经济研究》2009年第2期。

⑦ 张战仁、杜德斌："在华跨国公司研发投资集聚的空间溢出效应及区位决定因素——基于中国省市数据的空间计量经济研究"，《地理科学》2010年第1期。

⑧ 章韬："经济地理、产业集聚与全要素生产率空间差异——基于宏、微观数据的研究"，复旦大学学位论文，2012年。

⑨ Boschma R，FrenkenK. The emerging empirics of evolutionary economic geography［J］. *Journal of Economic Geography*，2011，11（2）：295－307.

择行为，来解释企业、产业、网络、城市和区域的空间演化。帕夏·维吉丹·塔马尔等人（Pasha Vejdan Tamar，2012）从B2B电子商务信息层、业务处理层和内容层提出了跨境电商的本地化模型，以伊朗为例，分析了每一层的标准以及解决方案的选择①。许金声（2011）发现，电商营销、电商物流、电商社交网络（SNS）、电商软件等相关领域受到投资者青睐，但是，物流作为电子商务产业链的重要一环，已成为电商发展壮大的瓶颈之一②。黄英、沈飞（2009）通过对区域内、外的自主创新资源进行优化配置，可以使其转化成该区域自身的自主创新能力，逐渐开发出新产品、新工艺以及新服务等，最终实现产业化，推动区域经济的发展③。周青（2012）认为，地方产业演化过程中存在着两种路径依赖效应：一种是企业衍生、聚集经济为驱动力的路径依赖；另一种是过度专业化、忽略外部联系而导致的路径依赖④。郎咸平（2013）从高效的物流系统、点击率预测需求、精细化管理三个角度，认为电商大战已经不是网购取代实体店的问题，而是整个物流系统的高效整合，即电商大战拼的是产业链整合⑤。

（4）产业集聚与电商平台

国内外学者对产业集聚的研究主要集中于产业集聚的影响因素、演化机理等内容。如克鲁格曼（Krugman P.，1991）将垄断竞争、规模报酬递增和区位理论中的运输成本相结合，把产业集聚理论概括为一个地区倾向于将企业定位在市场较大的地方，而市场的大小恰恰取决于制造业自身的地区分布，如此便构成了一种循环累积因果的集聚效应⑥。产业集聚的影响因素的方面的研究，金祥荣、朱希伟（2002）研究了政策因素对产业集聚的影响，特定时期政府制定并实施的某些区域的优先发展战略，将为该地区产业集聚奠定重要基础，之后逐步积累、强化并固化地区的产业集聚效果⑦。何雄浪（2007）

---

① Pasha Vejdan Tamar. Integrated Test Framework Model for E - business Systems [R]. *Lecture Notes in Information Technology——Proceedings of* 2012 *International Conference on Affective Computing and Intelligent Interaction* (ICACII 2012)。

② 许金声："电商产业链投资价值凸显"，《资本市场》2011年第10期。

③ 黄英，沈飞："区域自主创新与城市经济可持续发展互动研究"，《经济地理》2009年第8期。

④ 周青："基于路径依赖理论的区域产业创新研究——以"武汉中国光谷"为例，浙江师范大学学位论文，2012年。

⑤ 郎咸平："电商大战拼的是产业链"，《居业》2013年第3期。

⑥ Krugman，P. Increasing Returns and Economic Geography [J]. *Journal of Political Economy*, 1990, 99 (3): 483 - 499。

⑦ 金祥荣、朱希伟："专业化产业区的起源与演化——一个历史与理论视角的考察"，《经济研究》2002年第8期。

从要素流动成本视角，指出落后地区应善于利用后发优势，通过技术和知识先行战略，推进工业化集聚进程[①]。梁琦（2009）认为，分工是集聚的源泉，集聚是分工的空间组织形态，集聚一旦形成，它将有利于分工利益的实现并进一步促进分工的深化，两者之间的联系纽带是报酬递增和外部性[②]。严北战（2011）研究了集群式产业链形成与演化的内在机理，基于租金的动力机制与阻力机制综合作用的结果，政府应关注集群链演化的转折点[③]。黄利春（2011）认为，产业升级要求要素在产业和区域间流动，产业集聚推动产业升级，产业转移与产业升级的互动主要是通过促进资源空间优化配置，推动产业空间重组[④]。詹浩勇（2013）以影响我国生产性服务业集聚对制造业转型升级作用的关键性因素为角度，结合不同类型城市制造业转型升级中发展生产性服务业集聚的要求，提出相应的保障政策和建议，为产业集聚提供外部动力[⑤]。

综合已有文献，可以得出电商平台与产业集聚的关系：电商平台可以促进产业集聚，产业集聚要求电商平台的进一步发展。如王艳琴（2012）对中小企业应用跨境电商模式的选择模式进行研究，得出第三方市场资源整合服务模式最适合中小企业[⑥]。朱恺（2014）在创新扩散理论和 TOE 理论的基础上，对中小企业选择跨境电商平台影响因素及模式进行了实证分析[⑦]。吴兴杰（2014）认为，电商平台可以推动智能制造，将全球的“知识创造—科技化实验—新产品研发—智能制造—智慧服务”构成一个高效率的价值网链，电商平台要将单纯的商品交易方式转变为智能制造的协助者与智慧服务的提供者[⑧]。何泽腾（2015）描述了电商平台的集聚现状，并分析了电商平台的网络外部性，具体表现在消费流、信息流和基础设施的共享效应[⑨]。李发强（2015）通过借助自贸试验区的窗口优势，将贸易企业、消费者和监管部门等

① 何雄浪：“专业化产业集聚、要素流动与区域工业化克鲁格曼中心外围模型新发展”，《财经研究》2007 年第 2 期。

② 梁琦：“分工、集聚与增长”，商务印书馆 2009 年版。

③ 严北战：“集群式产业链形成与演化内在机理研究”，《经济学家》2011 年第 1 期。

④ 黄利春：“产业集聚、产业转移与产业升级”，《江苏商论》2011 年第 1 期。

⑤ 詹浩勇：“生产性服务业集聚与制造业转型升级研究”，西南财经大学学位论文，2013 年。

⑥ 王艳琴：“中小外贸企业电子商务模式研究”，云南大学学位论文，2012 年。

⑦ 朱恺：“中小企业应用跨境电商问题研究”，杭州电子科技大学学位论文，2014 年。

⑧ 吴兴杰：“阿里巴巴的第二次春天在哪里”，《登坛论道》2014 年第 12 期。

⑨ 何泽腾：“电商平台集聚的网络外部性机理与效应分析”，浙江财经大学学报学位论文，2015 年。

实现闭环管理，推动跨境 B2C 电商平台的发展[①]。

4.2.2 跨境电商与供应链的相互关联

供应链管理对跨境电商平台的发展有正向作用，跨境电商平台可以解决跨境供应链的信息不对称、物流可靠性。如钟（Choy K. L.，2007）利用综合物流信息系统可以解决物流供应链的信息不对称问题[②]。伯廷马丁和乔米娜图尔莱亚（Bertin Martens and Geomina Turlea，2012）提出可以通过法律和金融监管来改善跨境电商产业链的环境和包裹运输基础设施[③]。格尔巴尼等人（Ghorbani，2013）探究了跨境电商对全球产业链的影响，得出处于全球化上游进程的国际企业较处于下游进程的企业更愿意应用电子商务。张红英（2014）通过对兰亭集势和全球速卖通进行分析，探讨了 B2C 跨境电商的三种应用模式，百货商店式、综合商场式和垂直商店式的发展特征、存在的问题和相应的建议[④]。郭雪姣、刘学林（2014）跨境电商服务跨地域、多主体、多环节的特点，比传统供应链面临更大的不确定性[⑤]。张宝明、周沛锋、孟玲（2014）跨境电商与物流融合发展可以发挥各自领域资源要素优化配置、品牌、运营管理等方面的优势[⑥]。王瑞红（2015）认为，可以从跨境服务外包、跨境医疗诊断等处打造完整的跨境电商产业链条，同时，海关、结算、检验检疫等政务配套服务监管部门也应及时跟进，满足跨境电商迅速发展的市场需求[⑦]。陈日庆（2015）通过供应链管理能力可以保障跨境电商平台的优化实施[⑧]。张彦敏（2015）对物流制约外贸 B2C 的表现进行深入分析，构建外贸 B2C 超网络模型，验证物流供应链角度解决外贸 B2C 物流瓶颈的可行性[⑨]。

---

① 李发强：“自贸试验区与中国跨境 B2C 电商平台建设问题研究”，《外交学院》2015 年第 6 期。

② Choy K. L.， Chung – lunli. Managing Uncertainty in Logistics Service Supply Chain ［J］. *International Journal of Risk Assessment and Management*. Geneva：2007，7（1）：19 –25.

③ Bertin Martens and Geomina Turlea. The drivers and impediments for online cross – border trade in goods in the EU ［R］. *Institute for Prospective Technological Studies Digital Economy Working Paper*（2012）.

④ 张红英：“中国 B2C 跨境电商的发展问题研究——以兰亭集势和速卖通为例”，山东大学学位论文，2014 年。

⑤ 郭雪姣、刘学林：“跨境电商服务供应链风险分析”，《企业科技与发展》2014 年第 16 期。

⑥ 张宝明、周沛锋、孟玲：“跨境电商与物流融合发展研究”，《物流科技》2014 年第 10 期。

⑦ 王瑞红：“政策给力打造跨境电商完整产业链”，《时代金融》2015 年第 5 期。

⑧ 陈日庆：“以供应链管理为核心的 QH 跨境电商平台构建”，西南交通大学学位论文，2015 年。

⑨ 张彦敏：“供应链视角下我国外贸发展策略研究”，大连海事大学学位论文，2015 年。

4.2.3　电商平台功能定位

电商平台的功能定位国内外学者多侧重于信息共享、资源整合、增值服务等方面。刘丽军（2013）认为，物流信息平台的功能定位包括资源整合、共享，标准化的数据交换，供应链增值服务，为政府部门改善服务提供信息支撑①。王永钊（2014）认为，电商企业应注重信息的柔性化和集约化，以提高产品的流通效率。功能定位应从物流企业、客户、政府、经销商、供应商和合作商的角度入手，提供贯穿供应链所有节点的综合物流服务②。胡进（2014）从物流网点视角，认为物流信息平台的功能定位包括货物信息感知、信息共享、平台终端集成、智能应用、智能决策支持和企业标准规范等几个方面③。郑玉香、赵芮（2015）高端消费品展销服务平台的功能定位包括展销、市场调研、营销推广、项目安排、信息提供、服务、物流配送等综合服务以及整合资源等功能④。林梨奎（2015）从奢侈品细分市场分析开始，导出奢侈品电商平台功能定位，如跨境电商交易服务、创新金融服务、现代物流服务、信息服务、市场监管和信用管理功能⑤。

4.2.4　电子商务供应链绩效评价

供应链的绩效评价主要包括评价指标体系的构建和评价方法的选择与检验，供应链绩效一般评价方法主要是有包络分析法 DEA、层次分析法 AHP 以及平衡计分卡等方法。国内外关于跨境电商的供应链绩效评价研究比较少，主要是集中于简单的影响指标与评价体系分析。梁怡璇（2015）结合 SCOR（美国供应链协会推行的供应链运作参考模型）与 B2C 企业供应链的特征，相互结合建立 B2C 企业供应链风险识别模型⑥。钱莎莎（2014）通过构建结

① 刘丽军："物流信息系统集成平台的功能定位与体系结构"，《电子技术与软件工程》2013 年第 15 期。

② 王永钊："基于电子商务环境下的物流服务平台分析与设计"，《铁路采购与物流》2014 年第 1 期。

③ 胡进："基于物联网的物流信息平台运营功能定位及要素分析"，《科技与企业》2014 年第 12 期。

④ 郑玉香、赵芮："高端消费品展销服务平台功能定位与系统构建"，《商业经济研究》2015 年第 4 期。

⑤ 林梨奎："我国建设奢侈品电商交易平台的市场分析及功能定位"，《特区经济》2015 年第 3 期。

⑥ 梁怡璇："基于 SCOR 模型的 B2G 企业供应链风险识别与评价研究"，首都经济与贸易大学学位论文，2015 年。

构解释模型（ISM），从效率、柔性、响应和质量四个角度就提升跨境生鲜农产品的供应链绩效进行了探讨分析①。杨坚争、郑碧霞、杨立钒（2014）利用因子分析法对跨境电商应用状况进行了评价指标体系研究②。

4.2.5 基于TOE框架的供应链绩效评价

汤姆基（Tornatzky，1990）首先提出了TOE模型，解释技术、组织和环境对企业决策的影响③。TOE模型广泛应用于信息技术扩散领域的研究。目前国内外专家将TOE框架应用于跨境电商供应链领域还比较少，主要是关于电子商务的影响指标的分析，这为更进一步深入研究跨境电商供应链提供了参考基础。刘茂长、鞠晓峰（2013）以黑龙江省的企业为研究案例，结合罗杰斯（Rogers）的创新扩散理论，采用TOE模型分析了技术、组织和环境因素对电子商务技术扩散的技术采纳和技术整合阶段的影响④。陈晴旖（2015）电子商务加强了供应链上下游企业的协调性，基于TOE模型构建了中小企业电子商务绩效指标体系，从组织、技术和环境三个方面对影响企业经营绩效的因素进行了定量分析⑤。赵志田、杨坚争（2014）基于TOE框架和跨境贸易流程构建跨境电商能力的识别模型，得出电子商务资源结合企业技术、组织和管理能力应用到国际贸易各环节将会系统性地提高跨境电商能力⑥。

通过已有研究文献可见，跨境电商最近几年已经受到学界的极大关注，但大多数研究并没有对跨境电商这一新事物的产生和发展进行系统性的解剖、回答。本部分内容试图运用平台演化、扩散理论对跨境电商平台组织架构、演化路径、平台功能进行深入系统解析，在此基础上寻找跨境电商平台与供应链管理的内在共通关联之处。基于TOE框架从组织、技术和环境三个角度构建跨境电商供应链模型，之后进行模糊综合评价并进行实证案例研究，为

---

① 钱莎莎："基于ISM模型的跨境生鲜电商的供应链绩效分析"，《物流工程与管理》2014年第8期。

② 杨坚争、郑碧霞、杨立钒："基于因子分析的跨境电子商务评价指标体系研究"，《财贸经济》2014年第9期。

③ Tornatzky L G, Fleischer M, Chakrabarti A K. *Processes of Technological Innovation* [M]. Lexington: Lexington Books. 1990.

④ 刘茂长、鞠晓峰："基于TOE模型的电子商务技术扩散影响因素研究"，《信息系统学报》2013年第13期。

⑤ 陈晴旖："基于TOE模型的中小企业电子商务绩效关联度分析"，《生态经济》2015年第5期。

⑥ 赵志田、杨坚争："中小制造企业跨境电商能力识别、检验与综合评价"，《系统工程》2014年第10期。

处于不同层次的跨境电商企业差异化发展与实践决策提供参考意见。

4.3 研究思路及方法

4.3.1 研究思路

本部分的研究思路如图4-1所示：首先，对跨境电商研究背景进行简单阐述，并分析研究意义；其次，对跨境电商平台理论、跨境电商供应链模型、跨境电商与供应链的关联及电商平台功能定位进行文献综述；再次，对我国跨境电商发展现状、演化、扩散规律进行分析，找出跨境电商与供应链模型的契合点；在此基础上，以宁波市跨境电商平台为例，从供应链管理的角度，研究跨境电商平台的组织架构、功能定位及供应链绩效评价；最后，以宁波跨境电商企业的数据为样本进行因子分析的实证研究，并提出相应的供应链管理策略建议。

4.3.2 研究方法

本部分研究拟采用定性分析和定量分析相结合的研究方法：

定性分析主要用于跨境电商平台理论、跨境电商与供应链的关系、供应链绩效评价文献综述，跨境电商发展现状、扩散特点、跨境电商平台理论和跨境电商平台组织架构、功能定位等内容。

定量分析包括跨境电商市场竞争指数HHI，跨境电商平台供应链模型构建及因子分析。

4.3.3 创新之处

供应链管理有关的宁波跨境电商产业集群、公共海外仓的建设已经开始起步。分析宁波跨境电商的发展优势和存在的不足，对目前宁波跨境电商平台的短板及忽略之处进行深入而清晰的功能定位，有利于宁波跨境电商产业整体竞争力的提升。

对跨境电商平台的功能定位进行精准研究，将为宁波跨境电商平台精细化、规模化发展提供一定的参考思路，有利于宁波大量中小制造企业、外贸企业走出去，参与全球产业、服务竞争，开拓品牌。

基于供应链管理的跨境电商平台绩效评价显示，不同的跨境电商平台的绩效影响因素不同。因此，跨境电商平台要结合自身优势，有自身明确的功能定位。如产业集群优势、专业化服务优势、供应链整合优势等。

跨境电商平台功能，如为合作生产商制定柔性生产计划，进行市场调查、需求分析，产品质量管控，提高合作物流商配送的可靠性，利用灵活的数据共享平台实现供应链上下游企业资源的优化配置等，反过来，也将有益于跨境电商平台发展（图 4－1）。

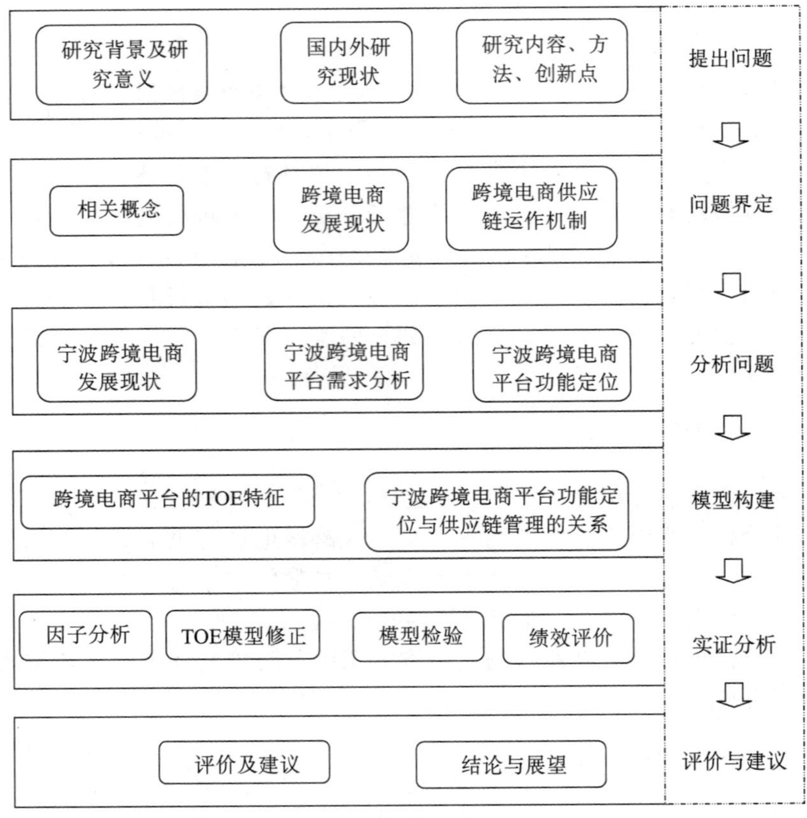

图 4－1　技术路线

4.4　跨境电商概念界定

本部分从供应链视角对跨境电商平台的组织架构、功能定位及绩效评价进行研究，跨境电商、跨境电商供应链、TOE 模型、跨境电商平台等为概念界定对象。

4.4.1　跨境电商

跨境电商或全程跨境电子商务，有狭义和广义之分。从狭义上来说，跨境电商基本上等同于跨境零售。不同关境的交易主体，借助互联网进行交易、支付、结算，并采用快件、小包等行邮的方式通过跨境电商物流将商品送达客户手中的过程。狭义的跨境电商是指跨境零售电商 B2C，典型电商企业包括 1 号店、科斯普斯（即 XPRESS，于 1996 年由 Sun 模型公司创立，是由香港开发而进军国际的遥控车品牌）和亚马逊。

广义上跨境电商包括跨境电商 B2C 和跨境电商 B2B，其中跨境电商 B2B 包含线上撮合线下成交和线上成交两种模式，典型企业包括阿里巴巴、兰亭集势（Light in the box）。

从更广意义上来看，跨境电商指电子商务在进出口贸易中的应用，是传统国际贸易商务流程的电子化、数字化和网络化。跨境电商的发展逐渐涉及更多方面的活动，包括货物的电子贸易、在线数据传递、电子资金划拨、电子货运单证等内容。而更进一步地，跨境电商除了包含前面两个之外，还包括跨境电商服务，如进出口流程服务、国际运输、仓储和金融增值服务，代表企业有深圳市一达通企业服务公司（简称一达通）、深圳一海通国际供应链管理股份有限公司（简称一海通）、浙江融易通企业服务有限公司（简称融易通）、递四方速递（4PX EXPRESS）和出口易（即广州市贝法易信息科技有限公司旗下）等企业。

4.4.2　跨境电商的供应链管理

我国《物流术语》国家标准（2001），将供应链定义为：生产及流通过程中，各产品或服务提供给最终用户活动的上游与下游企业所形成的网链结构。而跨境电商是灵活性更强的网状结构，涉及跨境贸易、跨境电子支付、互联网信息技术、跨境物流、海关报关报检、外汇管理、法律咨询等多种服务。跨境电商的供应链管理涉及产品供应商以及各种相关服务的合作商，如金融、保险、仓储、第三方物流、信息服务、认证咨询、教育培训、软件服务等多种行业。通过整合供应链各节点，实现资源优化配置，可以使企业成本降低，消费者效用增加。

4.4.3　TOE 模型

TOE 模型是一个基于组织层面的理论模型，可以有效解释创新技术的扩散影响因素及其作用。未来跨境电商的竞争必将是供应链资源整合能力的竞争，因此，用 TOE 模型运用到跨境电商供应链模型构建是有必要的。模型试图于解释三种不同的要素对于企业决策制定的影响，即技术、组织和环境，跨境电商供应链的诸多网络链条及各网络节点的企业构成了一个组织系统，因此，可以将组织层面的信息技术采纳或者整合行为理论进行研究。本部分在进行影响因素分析时将采用 TOE 框架构建模型。

4.4.4 跨境电商平台的建设

要全面而又系统地解释跨境电商平台的效益创造过程，仅仅依靠单一理论是没有办法做到的，因此，需要将多种已经形成且被接受的理论结合起来综合理解。基于供应链管理的跨境电商平台已有研究基础，本部分结合 TOE 框架，将跨境电商平台的建设定义为跨境电商企业在国际贸易过程中构建和使用适合自身发展跨境电商平台的满足供应链各节点需求的组织、技术和环境等全部功能，跨境电商企业从供应商到最终消费者的各个环节利用与跨境电商开展其各项功能活动，提高平台效益并增强其在市场中的竞争力。

4.5 跨境电商的发展现状及趋势

4.5.1 跨境电商向供应链服务平台转变

跨境电商起始于“小额外贸”，脱胎于电子商务而逐渐兴起。以阿里巴巴、中国制造网等为代表的一批跨境电商 B2B 网站，最早提供信息展示服务，为供求方牵线搭桥。随着行业的发展，以出口易、敦煌网、速四方、四海方舟（即四海商舟电子商务有限公司）为代表的 B2B 企业诞生，这批 B2B 企业开始向交易平台的方向转变，企业盈利模式以收取交易佣金为主。与此同时，一些增值服务开始出现。从 2006 年开始，以帝科思（DX. COM）、兰亭集势（Lightinthebox）、大龙网（DinoDirect）为代表的跨境 B2C 企业先后成立，这批企业最大化地缩减了供应链的中间环节，从产品进销差价中赚取了丰厚利润。2013 年开始，B2B 企业所提供的服务开始向交易中和交易后拓展，开始提供物流仓储、融资、信用担保、软件、解决方案、认证、代理进出口、支付结算、出口退税及法律咨询等多方面的服务，逐渐成为企业在线资源整合的平台。综合跨境电商 B2C 及 B2B 发展历程可见，未来跨境电商的发展趋势是在线供应链资源整合平台。

跨境电商经过了 2014 年的野蛮生长，2016 年一开始便不断爆出海淘电商因现金流、供应链等问题，导致裁员，甚至倒闭。此前跨境电商行业野蛮生长，似乎开始重复团购时“百团大战”的模式，不断烧钱打价格战，但是价格战会受到资本市场的制约。如果没有用户留存率以及商品毛利率，是很难在这一个产业链上生存下来的。天使投资人出身的刘星认为：“当下无论是创业还是投资，都无法再接受此前迅速烧钱、以传统互联网方式获取流量的模式。而更多的是考量公司商业模式框架的搭建。如果仅仅搭建一个平台很简单，供应链整合能力才是跨境电商企业生存的壁垒。”

4.5.2　跨境电商政策以促进供应链规范与整合

受外部经济大环境需求不振、持续低迷影响，近几年我国对外贸易增长放缓，据商务部数据显示，2015 年全国进出口总值下降 7%。与此同时，跨境电商发展非常火爆。跨境电商的增长速度从 2009 年到 2015 年连续 6 年达到 30%以上，2015 年跨境电商占进出口比重达到 18%，这与前几年国家对跨境电商的政策扶持密切相关。2012 年 12 月，国家发展和改革委员会、海关总署在郑州召开跨境贸易电子商务服务试点工作启动部署会，上海、重庆、郑州、杭州、宁波等 5 个试点城市成为承建单位，标志着中国跨境电商进入新的阶段。2013 年 10 月，我国跨境电商城市试点开始在全国有条件的地方全面铺展。

2015 年 4 月，财政部新发布的跨境进口税收新政正式实施，将原来对跨境零售以行邮税征税的方式进行了调整，此次税收意味着国家对跨境电商由早期的以促进为主转向以促进加规范为主。可以预见，随着跨境电商蛋糕的逐渐增大，跨境电商一系列的监管、规范措施还将陆续出台，跨境电商将从早期的野蛮生长逐渐走向平稳、健康发展，跨境电商政策的逐渐规范要求企业加强供应链整合能力以降低成本。

随着商务部宣布跨境新政过渡期延续到 2017 年年底，政策的不确定性依然存在，跨境电商各大平台仍然需要在宝贵的缓冲期内应对供应链、服务、体验等环节建立更高的竞争壁垒，同时对于市场趋势需要有敏感的嗅觉和更灵活准确的策略，来让自己保持竞争优势。各大跨境电商纷纷加强对海外供应链的建设。和自身业务相协调的供应链形式更能适应消费者多元化、碎片化的消费需求，成为跨境电商的核心竞争力之一。

4.5.3　提升供应链物流的效率，健全配套设施

为了给消费者提供更多元化的商品，跨境电商供应链的核心，便是货源和物流。跨境电商的本质是让消费者享有全球优质、低价的商品。就消费者而言，对海外商品的需求是多样的，包含爆款标品和非标长尾商品。而国外供应链往往呈现出零散化、碎片化状态，且库存率较低，流转周期长，对国内市场需求不能及时响应，所以对跨境电商而言，供应链的整合能力非常重要。

在货源采购环节上，跨境电商不外乎采取两种方式：一是海外直采。在

欧洲、北美洲、大洋洲、东亚等地自建仓库和物流，只要消费者下订单，就直接从海外发货。二是保税备货，利用大数据挖掘用户需求，提前大批量采购货物并储存到保税区仓库，从保税港区发货给消费者。不少跨境电商企业都在全球多处设立海外仓库保证国际品牌源头直采优势，让用户足不出户便可享受低价、保真产品，而这些都得益于强大的跨境电商供应链支撑，而在跨境电商物流供应链中，仓储扮演了“中转地”的角色。打包、发货，任何一个环节出问题，就会影响整个供应链，导致囤货积压。海关每日运能有限，无论是人为打包失误，还是管理系统出错，都将降低跨境商品的出区效率，甚至导致进出口商品无法顺利出区，增加仓储成本。同时，保税区跨境电商仓库存货能力也有限，这有可能直接导致“爆仓”。更严重的是，跨境电商的商品，如果运输时间长于“海淘”、海外代购，将直接导致客户流失。

物流全面对接订单、运单、支付，使物流、电商后台、网商、海关多方订单交易信息、物流信息、支付信息共享。根据实时更新数据，海关将提高配送效率，减少在途包裹数量剧增时清关延迟、扣留等现象，提高消费者购物体验。硬件方面，物流配套设施逐渐健全，提供商品分拣、配送、贴标、融资、保险、质押监管、退换货等增值服务，为企业提供便利。线上线下融合 O2O 服务、开展保税仓、海外仓服务。网商可以联合物流公司在保税仓开展保税商品展示业务，促进用户下单。海外仓有利于以大宗运输替代零散小包的运输，降低物流成本，缩短配送时间。

跨境电商的供应链整合难度极高，从采购到物流再到清关的每一个环节都需要优化。生产、运输、物流等等上游环节很强的供应链，同时又有特色产品或服务作为保障供应链整合平台。横向拓展可以囊括数以万计的品类；纵向拓展可以涵盖供货商、厂商、原始设备制造商（Original Equipment Manufacturer，简称 OEM）等合作方，这样的好处，是保证了自己能够成为一个有货的“供应商”，避免重蹈 B2C 企业的覆辙；同时也可以让价格降下来，为客户带来更多价格优势。

目前绝大多数跨境电商采取的是中央集采方式，也就是采购团队在中国通过要求一些中间商把货物运入保税区或者海外比如中国香港的直邮仓的方式，来采购热门商品。这样的做法，好处是方便，集货比较快，而且可以要求账期，对企业的现金流有很大好处。但是坏处也很明显，货源无法百分百地掌控，即使是已经进入保税区的商品，也未必能保证商品的来源一定是正常和百分之百的正品。保税区对商品进行的是抽检工作，及时有溯源管理，大多也只能追溯到商品来源于海外，并不能保证其属于百分百的正品。毫无疑问，哪个企业能改善这方面的体验，增强供应链的品质把控，就一定能在未来消费升级的大趋势中，获得更多的消费者，极大提高消费粘度。

"厂到店" + "二维码"溯源品质更有保障。商品质量是跨境电商消费者最关心的问题之一，也是急需解决的问题。"厂到店"顾名思义，就是借助中检集团海外机构直接派检测人员到海外厂家，进行验厂，对整批货物检验封箱，运到中国保税仓内，再派国内检验人员进保税仓贴"二维码"，然后运往商场上架，中间没有第三方。除了"厂到店"模式外，还可对产品实行品质溯源验证，依托"全球溯源核放"便利通关模式，建立全程全品系产品信息化追溯系统。每件商品都有一条专有的"二维码"，随便拿一件商品在扫描设备上一扫，从产地、物流、贸易单证到溯源证书等，全部信息一目了然，来源可查、去向可追。

4.6 跨境电商供应链运作机制

4.6.1 跨境电商供应链流程

供应链包括接收并满足顾客需求的全部功能。不同于传统供应链的链状结构，跨境电商供应链是网状结构。如图4－2所示，维持跨境电商从供应商到消费者的高效运转，需要产品供应商、物流、支付平台以及相关服务提供商的协同合作，才能使消费者的效用达到最大化，并使跨境电商企业在成本最优的情况下追求更大利润。

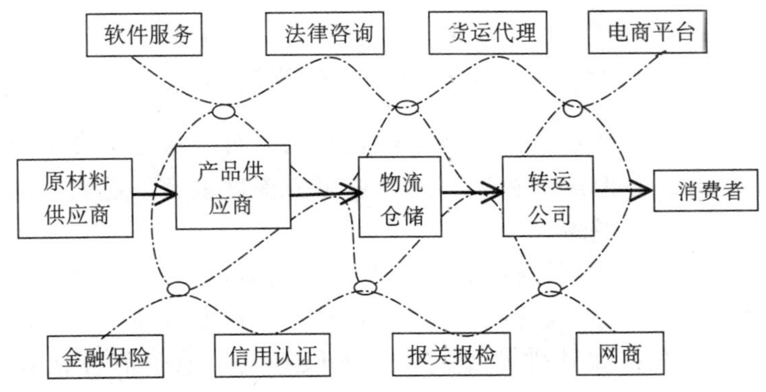

图4－2　跨境电子商务网状供应链

4.6.2 跨境电商供应链的影响因素

跨境电商作为一种新的商业模式，为企业拓宽了推广营销渠道，各种专业化的配套服务降低了企业的运营成本，加强了供应链网络中各节点企业之间的协调合作能力。基于TOE模型，将跨境电商供应链的影响因素归纳为技术、组织和环境三种。

在技术方面，跨境电商供应链专业服务能够较迅速地被跨境电商企业所掌握，从而在短时期内促进跨境电商企业订单量与交易额的提升，增强企业规模和品牌度。专业的IT软件技术与企业自身商务资源和人力资源进行一定程度整合后，企业将在严峻的市场竞争中获得先发优势，如跨境电商企业采取了专业的第三方软件公司国内智能化营销服务商邮件推广服务，在面临竞争对手时，将更有效地拓宽营销渠道、增加订单量。

在组织方面，主要考虑四种因素，即企业规模、经营范围、供应商议价、服务商协作。企业规模在研究企业创新机制的文献中被广泛关注：一方面，大型的跨境电商企业拥有更多的资源来进行相应配套服务的运转；另一方面，小规模的跨境电商企业更加灵活，在面临市场竞争和市场不确定性时更容易调头。由于机构的庞大和管理成本问题，大型企业在开展电子商务技术创新的过程中往往要受到更多限制，或者可以说企业的规模庞大反而不利于企业电子商务价值的产生。

环境部分主要包括市场竞争强度和市场不确定性，如汇率等。竞争强度是指企业被市场中其他竞争对手影响的程度。

4.7 跨境电商平台的TOE特征

4.7.1 跨境电商平台技术（T）演化特征

考察典型跨境电商平台发展演化过程可以发现，跨境电商平台是沿着工业型经济转型向服务型经济拓展再到产业服务深度融合、链式一体化共享经济发展的路径演化发展的。

如图4-3所示，电子商务服务业涉及在线支付、保险金融、信用认证、第三方物流、代理服务、软件、退税、通关、仓储等多种行业，是以信息技术为核心的服务业，如软件开发商、咨询服务商、电子商务认证授权机构（Certificate Authority，简称CA，也称为电子商务认证中心）等。随着产业结构由工业型经济转向服务型经济，出现了跨境电商产业。跨境电商服务通过建立全球化的交易规则、流程标准和服务体系，形成不同国家地区供求双方高效的互联网化业务流程，进而推动跨境电商贸易高效化。经济全球化的进一步深入发展，与跨进电商相关的软件服务将会进一步发展，促进产业服务深度融合，跨境电商流程高效、简洁，将成为拉动地区优质增长的一个新的引擎。

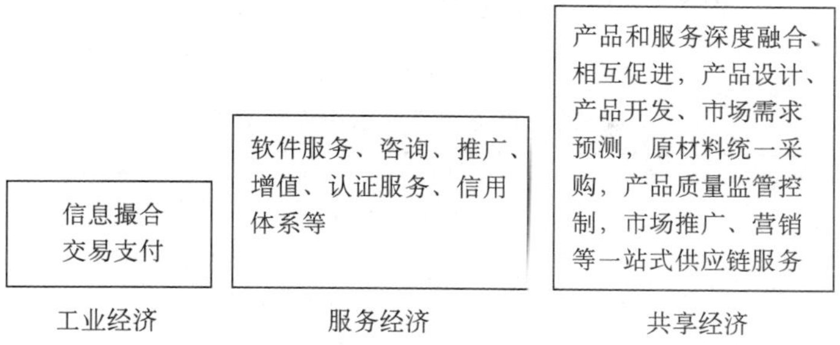

信息撮合 交易支付	软件服务、咨询、推广、增值、认证服务、信用体系等	产品和服务深度融合、相互促进，产品设计、产品开发、市场需求预测，原材料统一采购，产品质量监管控制，市场推广、营销等一站式供应链服务
工业经济	服务经济	共享经济

图 4-3　跨境电子商务平台技术演化

随着国际电子商务环境的逐步完善，国际电子商务服务正从区域、经济体成员内信息聚合向跨区域、跨境和全球化电子商务交易服务发展，使得电子商务服务也从经济体内转向跨经济体、跨区域以及全球化服务延伸。相比于传统外贸，跨境电商的优势体现于品牌、营销渠道、大数据信用体系和供应链整合能力，这也是未来跨境电商的发展趋势。传统订单贸易模式缺少自身的营销渠道，通过跨境电商平台，直接解决了营销渠道问题；同时，一部分微利的中国商品可以通过跨境电商平台，在国外建立起自己的品牌，获得品牌优势；另一部分代工企业可以通过跨境电商，在出口商品上面贴上自身的品牌标志，使得商品成为自己的品牌。同时，依靠优质群体品牌力量，逐步扩大自己的品牌声誉度；发挥信用平台的数据过滤功能，可以建立一个良好的网上交易环境，最大限度地屏蔽欺诈行为的主体，使一些非法的资金和非法流动的资金能够屏蔽在支付体系之外；跨境电商可以根据销售数据，在国外合理的布局商品仓库，整合供应链资源，选择最合适的供货商、零售商，直接配送，这样使得采购商购买意愿不会降低，同时可以使企业大幅度降低时间成本。

4.7.2　跨境电商平台的组织（O）架构

平台生态组织系统存在于相关市场及产业链构成的多维交易空间中，受技术进步、组织管理等驱动因素影响，经由信息流、资金流、商流和物流等纽带传导，形成平台数据层及应用层等平台的内核机构，并通过与外部平台进行竞争实现组织演化①。平台经济作为一种新型的商业模式，将在跨境电商、供应链管理广泛的应用。目前，跨境电商行业中以平台招商、平台采购、

① 徐晋：“平台经济学：平台竞争的理论与实践”，上海交通大学出版社 2007 年版。

平台销售、平台合作、平台代运营和平台社区分享为特点的电子商务平台类型企业，均具有典型的平台组织结构特征。

由表4－1可见，典型的跨境电商平台在组织架构上均体现了各自的结构特征。

表4－1　典型的跨境电商平台组织架构分析

平台类型	招商式	采购式	销售式	垂直式	代运营式	分享式
典型企业	天猫国际、亚马逊、eBay	京东全球购、聚美、蜜芽	代购中国、淘宝全球购、洋码头、海淘网	兰亭集势、环球易购、米兰网	么么嗖、Hai360、海猫季	小红书
平台性质	独立的第三方平台	供应链平台	个人代购、海淘	自建B2C平台	跨境电商贸易服务提供商	社区资讯
核心业务	平台招商、海外直邮	保税自营+自采	海外买手（个人代购）非轻奢品	较少的产品、更专业的服务	代运营海外电商中文官网，返利导购	内容引导消费，形成自然转化
特点	信任度高、丰富品类、价位高、品牌端管理弱	销售流转高，时效性好、品类受限	满足消费者的个性需求和情感满足、品质差	生产、批发、零售合二为一，且面向客户	易切入，成本低、缺乏长远竞争	品牌培育强、供应链能力不足
平台应用层	一站式交易服务、增值服务、推广服务、信用体系	供应链服务、质检服务、增值服务	受零代购、直邮、支付服务、转运公司物流操作	提供物流、支付以及客服等服务	后台支付物流、客服、法律咨询等服务	社区电商、口碑传播、协助选货
平台数据层	功能可扩展的大数据智能分析与挖掘系统	功能可扩展的大数据智能分析与挖掘系统	专业化的支付数据管理、交换与挖掘系统	专业快捷的物流管理体系、注重客户评价体系	专业化的支付数据管理、交换与挖掘系统	社区累积的数据和算法系统
发展趋势	全方位、综合性的跨境电商服务商	提供供应链增值服务、对接投资和供应链资源	丰富消费选择、优化国际贸易间的资源配置	一站式购物的出色体验	提供专业化的跨境电商解决方案服务	利用社区效应构建爆品

资料来源：各典型跨境电商平台官网资料搜集整理。

第一，各平台具有较为清晰的应用层和数据层结构，基于不同客户需求展开可商业化营运平台。以信息与互联网技术整合相关需求要素形成平台运营的基础，依托大数据技术等进行客户需求分析与定位，改善产品服务和优化客户体验，增强黏性。

第二，适应内外环境的变化，围绕市场需求和供应链整合进行竞争演化，形成了各具特色的差异化平台。

第三，拥有强大的供应链资源整合能力，利用平台内部和交易各方的数据，形成供应链网络，提供一站式供应链解决方案服务。

4.7.3　跨境电商平台市场竞争（E）环境

在研究某个市场体系的集中与分散时，一般使用代表市场绝对集中度（Concentration Rate，简称 CR）的 CR4、CR8，代表相对集中度的基尼系数和赫芬达尔—赫希曼指数（Herfindahl - Hirschman Index，简称 HHI，简称赫芬达尔指数）。本部分通过对国内 200 多家主要跨境电商企业数据搜集，采用 HHI 这一指标，研究跨境电商市场的竞争情况[①]。HHI 综合考虑了跨境电商行业内地区数量和各个地区的跨境电商交易额以及跨境电商的总交易额，可较好地反映跨境电商行业各地区之间的竞争情况，计算公式为：

$$HHI = 10000 \times \sum_{i=1}^{n} \left(\frac{X_i}{X}\right)^2 = 10000 \times \sum_{i=1}^{n} S_i^2 \qquad (1)$$

式中：X 为我国跨境电商总交易额；X_i 为第 i 个城市的跨境电商交易额；S_i 为第 i 个地区的跨境电商交易额占跨境电商总交易额的比重。

如图 4 -4 所示，2008—2010 年我国跨境电商市场规模仍然较小，跨境电商平台区域主要集中于北京、上海和广东深圳，在杭州、济南和南京也有所发展。随着跨境电商市场的快速发展，2011—2015 年，一方面，传统的跨境电商市场发展较好的地区继续增长；另一方面，跨境电商平台也逐渐趋向于分散。这一阶段，河南、湖南、四川、重庆、黑龙江跨境电商产业也开始发力追逐跨境电商市场蛋糕。

我国跨境电商市场经历了从高度集中的寡占市场到中度集中的寡占市场的转变，其演进过程可以分为以下几个阶段，2008—2010 年是缓慢分散阶段，其 HHI > 1800 为垄断程度很高的高度集中寡占市场。2010—2011 年是缓慢集

① 根据美国司法部和联邦委员会（FTC）划分市场集中与分散的标准为：HHI≤1000 为非集中的竞争市场；1000 < HHI≤1800 为中度集中的寡占市场；HHI > 1800 为高度集中的寡占市场，本部分采用这一标准。

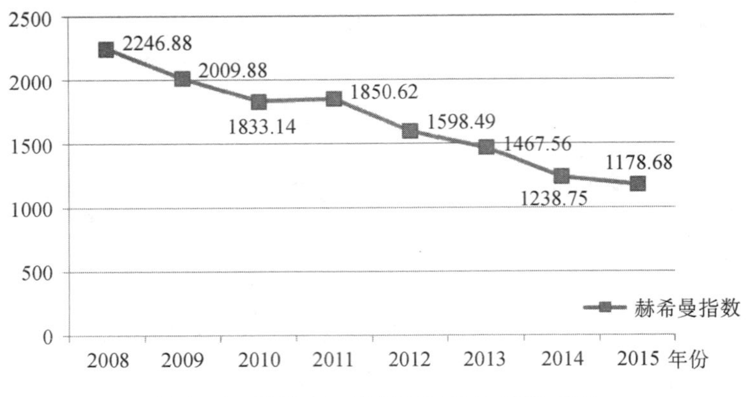

图 4－4　跨进电子商务市场竞争 HHI 指数

资料来源：中国国际商务研究中心及各电商企业官网整理。

中阶段，其 HHI 值有略微上升。随着各地跨境电商平台的不断增加，2012—2014 年又出现了缓慢分散的阶段，其中 2011 年是跨境电商市场集中度的转折点。

随着跨境电商市场的发展与政策、法律逐渐规范、健全，按当前趋势未来两年内将形成非集中竞争市场，目前，正处于中度集中寡占市场到非集中竞争市场之间的过渡状态，预示着我国跨境电商市场将从快式增长转变为温和型上涨，这也预示着在未来一个时期，我国跨境电商市场竞争加剧但还有很大的发展空间。

随着我国跨境电商市场竞争程度的不断加深，应充分发挥市场机制的调节作用，优化资源配置，促进跨境电商平台不断提升服务水平、拓展服务功能、整合上下游供应链，打造品牌平台，形成专业的服务型、多功能平台。从支付结算、大数据衍生服务、移动终端创新及创建信用体系着手，引导跨境电商平台借鉴国内外发展经验，积极探索、创新向精细化、集约化、信息化和规模化发展。为了避免出现过度竞争的情况，要有效推进提升内部核心服务、外围其他业务外包的集团式发展。

本部分先从跨境电商供应链相关概念着手，解释跨境电商、跨境电商供应链及 TOE 框架。在此基础上，通过对跨境电商的现状进行分析发现，跨境电商未来的发展趋势与供应链整合密切相关。在当前世界产业、贸易、技术、服务能力竞争愈来愈激烈的全球化进程中，跨境电商贯穿工业型经济向服务型经济演化升级的整个过程，并在其中扮演至关重要的角色。从空间经济学（竞争环境）、演化（信息技术应用、创新）、新经济地理、区位集聚（组织）为理论基础，基于 TOE 框架（环境、组织、技术）三个层面，对跨境电商平台进行梳理，得出跨境电商平台与上述特点的共性。在此基础上，对典型的跨境电商平台的组织架构与技术演化以及环境竞争进行深入分析，为下文从组织、技术、环境三个角度归纳出跨境电商供应链的影响因素及特征以及跨境电商平台评价模型构建、绩效评价厘清思路，并奠定理论基础。

综合国内外专家学者的文献综述，跨境电商与空间经济、新经济地理、演化扩散、平台集聚等理论密切相关。对于将 TOE 框架运用到跨境电商，多是从扩散影响因素、电子商务绩效评价和跨境电商能力等比较表层的问题来进行研究的，从供应链角度运用 TOE 框架对跨境电商平台及绩效模型的深层次研究还是空白。本部分建立在前人的研究基础上，深入探讨跨境电商平台的供应链影响因素，从组织、技术、环境三个大的层面，细分若干指标对跨境电商平台进行模型构建与检验，并通过宁波跨境电商企业为案例进行实证评价，从而为跨境电商企业的供应链决策提供建设性意见。

第5章　跨境电商平台的功能定位

5.1　宁波跨境电商平台现状及分类

宁波跨境电商发展迅速，市场规模大，但跨境电商企业多而不强。宁波是全国首个跨境电商交易额突破10亿元的城市。2016年，前7个月跨境电商进出口总额同比增长达186%，备案跨境电商市场主体990家，比2015年增长80%。但宁波自建跨境电商平台开展出口业务的企业仅占5%，其余的都是在国内外大型第三方跨境电商平台进行零售或经销。而进口跨境电商平台由于“4月8日行邮税新政”规范[①]出台及缓行1年执行，呈现出后劲不足，发展乏力的状态[②]。

宁波跨境电商已经初步形成比较完善的产业链，推动传统外贸及制造业转型升级。如表5－1所示，跨境电商企业的数量增加、区域集聚极大地引发了政府、企业建设跨境电商平台的热情，并自发性地或在政府引导下建设了一批跨境电商园等集聚化平台。宁波保税区、江北园区、空港物流园区以及一舟跨境电商园、长兴158电商园等等，立足宁波的商贸、制造及资金优势，未来出口跨境电商将是宁波跨境电商模式的主攻方向。物流通关和供应链资源整合是宁波跨境电商企业走出去的两大痛点，呼唤宁波跨境电商平台的规模化、专业化发展。而中小电商企业要想在激烈竞争的市场环境中生存下去，必须发挥自身“船小好调头”的独有特色，积极把握市场需求，灵活应对各种不确定性，创新业务模式，建立可信赖品牌。

---

① 财政部会同海关总署、国家税务总局自2016年4月24日发布“关于跨境电子商务零售进口税收政策的通知”（财关税〔2016〕18号），自2016年4月8日起，跨境电子商务零售进口商品将不再按邮递物品征收行邮税，而是按货物征收关税和进口环节增值税、消费税，以推动跨境电商健康发展。

② 杨健：“宁波市跨境电商发展现状与基本对策”，《宁波经济》（三江论坛）2016年第4期。

表5-1 宁波跨境电商平台类型

平台类型	电商服务平台	信息服务平台	支付平台	电商园区平台	外贸服务平台	物流公共平台	垂直类平台
典型平台	保税通	跨境购	甬易支付	一舟跨境电商园	世贸通、中基惠通	咖狗网、大掌柜	拓拉思
平台性质	服务于电商的电商服务平台	物流信息服务平台	第三方支付	跨境贸易供应链服务	一站式外贸综合服务平台	国际物流云平台	机电产品出口服务
核心业务	跨境进口电商服务	全程信息服务	支付方案	跨境电商外包服务园区	信息、物流、通关、金融	营销、服务、渠道、运营	营销、渠道、运营、售后
平台功能	代理进口、报关报检、保税仓配、物流、代运营、营销推广、供应链融资等	导购、信用认证、市场推广、招商入驻、信息咨询、通关、物流、仓储、金融等	支付、结算、归集、财务、增值等	仓储网络、品牌推广、代运营、结算服务等	结算、金融、保险、退税、物流方案、信用保险、代理等	运价通、生意通、业务通、订舱通、招财通	商贸、营销、运营、售后服务

资料来源：各典型跨境电商平台官网资料搜集整理。

鉴于2016年5月发布的《中国（宁波）跨境电商综合试验区实施方案》，利用宁波港口物流的优势，宁波未来将打造跨境电商综合信息线上平台，跨境电商园区和跨境电商物流线下平台。目前，宁波的跨境电商平台，主要包括跨境电商服务平台、信息服务平台、支付平台、跨境电商物流公共服务平台，跨境电商园区平台以及垂直类进口平台等等。典型跨境电商平台有保税通、跨境购、甬易支付、一舟跨境电商园、长兴158跨境电商园、世贸通、中基惠通、咖狗网、大掌柜、拓拉思等等。

5.2 宁波跨境电商平台功能需求

5.2.1 平台功能的优势

(1) 平台功能体系基本完善

跨境电商的供应链管理本质是确保物流、商流、资金流和信息流的实时通畅。宁波目前已初步建成与跨境电商四流有关的物流平台、商贸平台、支付平台和信息平台等，各专业平台功能体系基本完善。一站式供应链跨境电商综合信息平台、电商园区平台和公共服务平台也正逐步崭露头角，宁波区域性的跨境电商生态系统已初步形成。

（2）宁波中小制造企业众多，制造产业发达，跨境电商物流活跃，物流功能齐全

2016 年 8 月，宁波成为全国首个“中国制造 2025”试点城市，未来将重点发展新材料、高端装备制造、生物医药、海洋产业、生产性服务产业和新一代信息技术为代表的战略产业，做强汽车制造、绿色石化、时尚服装、家电、清洁能源等优势产业。随着宁波产业发展能级的逐步提高，跨境电商平台的物流服务功能将更专业、细化形成规模优势。

（3）宁波商贸业发达，跨境电商新业务、新商业模式应用、融合、转化、创新频繁，商贸功能优势突出

根据宁波市商务委员会数据，宁波的外贸进出口总额已经连续三年超千亿美元，位列全省第一、全国前列，宁波备案的跨境电商贸易企业主要是两类，电子商务类企业和外贸公司，其中外贸公司占宁波外贸公司总数的 40%，宁波开展电商活动的外贸企业数量占到全国外贸网商总数的近 10%①，在跨境电商市场中积极参与竞争，有利于宁波跨境电商的规模化发展。从竞争、创新再到转化，宁波跨境电商平台的商流功能将不断适应市场需求，并推进跨境电商产品和服务品牌化进程。

（4）宁波民营资本活跃，各种金融创新、金融增值服务有利于金融功能与跨境电商的融合发展

目前，宁波各大跨境电商平台基本涵盖了跨境电商的资金流功能，如信用担保、认证、融资、结算、退税、第三方支付、保险和供应链金融等。跨境电商平台资金流与物流和商流的深度融合、创新将极大促进物流和商流流通的及时、便捷。

（5）进口电商平台已经形成一定规模

2016 年 4 月，跨境电商税改正式开始实施，中国将执行跨境电商零售进口税收政策，取代之前的零售进口商品行邮税。同年 4 月 8 日跨境电商新税制实行前夕，财政部、国家发展和改革委员会等 11 个部门共同公布了《跨境电子商务零售进口商品清单》。随后，海关总署也发布《关于跨境电子商务零售进出口商品有关监管事宜的公告》，对于清单外商品将执行一般贸易税收政策。随着国家对跨境电商监管政策的日益完善，我国按个人物品征收行邮税

---

① 俞永均：“跨境电商综试区：宁波外贸新的‘发动机’”，《宁波经济》，2016 年 1 月 11 日第 A6 版。

的低门槛、低税率的政策红利时代已经结束。各地海关和政府逐渐收紧监管缺口，一些传统中小型外贸企业和跨境电商平台个人卖家由于对跨境链条不够熟悉，面对新出现的监管政策逐渐产生了不适应，甚至显得无所适从。而一些大型跨境电商企业在对接政府、海关等部门，处理跨境电商长链条环节上出现的问题具有丰富经验。以“为中小型外贸企业和个人卖家提供一站式服务”为基础，全供应链服务的跨境电商产业转型与服务深度融合、相互促进发展为特征，代运营及产业链配套服务体系不断完善的跨境电商平台将会越来越壮大。

5.2.2 平台功能存在的不足

（1）出口电商平台功能尚不健全，制约中小企业走出去，品牌升级的进程

宁波跨境电商出口额仅占跨境电商进出口额的不到2%，企业通过自建平台开展出口业务占比约5%。出口电商平台还未形成规模，电商平台功能也远未完善。第三方跨境电商平台是约占宁波跨境电商出口总额的95%，主要包括速卖通、eBay、亚马逊、Wish（Wish是2011年成立的一家高科技独角兽公司，有90%的卖家来自中国，也是北美和欧洲最大的移动电商平台）和敦煌网等。出口电商平台将有利于宁波众多中小制造企业转型升级、提升品牌影响。未来构建跨境电商产业集群，探索公共海外仓等跨境出口新模式，需要完善出口跨境电商平台功能体系。深挖“微笑曲线”两端，实时对最新的市场动态进行数据分析，将消费者的需求，反馈到产品设计和产品开发上，增强消费者黏性、缩短供应链响应时间。

（2）跨境电商园区平台还未形成规模，没能有效带动产业、服务的深度发展

宁波电子商务企业数量增加、区域集聚极大地引发了政府、企业建设电子商务园区的热情，并自发性地或在政府引导下建设了一批跨境电商园等集聚化平台。但各园区在软件、大数据、供应链金融等服务性企业方面招商力度不够，带动外贸企业和制造企业的业务转型能力还不足，行业本身的集聚度有待进一步提高。跨境电商园区平台应加大引导企业间相互贸易从信息平台功能向在线交易平台功能转化，着力推动园区重点行业和优势项目在跨境电商领域的应用，形成园区特有规模经济优势。

（3）跨境电商物流平台比较少，海外仓建设需要加快

跨境电商公共物流服务平台表现为仓储与物流等供应链管理配套服务落后，尽管宁波有3000多家物流企业、4000多家货代企业，但绝大多数还是以传统业务为主。装卸、包装、运输、配送各环节仍然以劳动密集型为特征，行业黏性大，物流平台升级非一朝一夕之事。而物流企业开展跨境电商服务需要企业自行打造海外仓，需要一定的实力和政策支持，所以真正能涉及的企业并不多。目前宁波只有少数几家供应链平台先行构建了海外公共仓，如宁波一舟投资集团有限公司（一舟）和宁波萌恒集团有限公司（萌恒集团），总的趋势是跨境公共仓仍多为单层结构，空间利用率低，同时缺乏优秀供应链管理企业，进一步降低了仓库使用效率。

（4）专业的跨境电商软件服务企业较少，不利于宁波跨境电商平台的长远竞争，成为宁波发展跨境电商的短板

跨境电商平台不光是物流、商流、资金流的深度融合，还要有信息技术流的高效推动。跨境电商软件服务不光包括企业资源计划即（Enterprise Resource Planning，缩写 ERP）、仓库管理系统（Warehouse Management System，缩写 WMS）、运输管理系统（Transportation Management System，缩写 TMS）、客户关系管理（Customer Relationship Management，缩写 CRM）等信息支持系统，还要有众多代运营、海外仓储、代理报关、供应链流程优化、商标、专利、设计、营销咨询、品牌策划等功能支撑。

5.2.3　宁波跨境电商平台的功能需求

（1）宁波的开放优势拉动跨境电商平台的服务功能需求

截至 2016 年 7 月，宁波跨境电商进出口交易总额同比增长 186%，进口规模居全国第二。备案跨境电商市场主体共 990 家，与 2014 年年底的 79 家跨境电商备案企业相比已经增长了 1253%。备案的跨境电商贸易企业，其来源主要有两类：一是电子商务类企业；二是外贸公司，约占宁波外贸公司总数的 40%①。宁波对外开放程度高，跨境电商发展快，众多外贸企业与全球市场信息、产品、服务流通活跃，商业变革、创新、吸收、转化非一朝一夕可以完成，积极参与全球市场竞争，消化、吸收一直是过去宁波品牌的成功之道。未来，在跨境电商平台采购中国或全球的优质资源和服务进行整合优化的进程中，势必将产生大量的平台服务功能需求需要不断去挖掘、创新和应用。

从最终需求拉动经济增长的视角看，外贸依存度和跨境电商区域集中度也可以反映一个地区的外向程度，因此，采用外贸依存度和跨境电商区域集中度两个量，来反映宁波跨境电商对外开放程度。其中，外贸依存度用区域进出口贸易总额占地区生产总值的比重来表示，跨境电商区域集中度用跨境

① 宁波市教育局："宁波市跨境电子商务人才发展报告"，全国跨境电子商务人才培养行业对话会 2016 年。

电商进口（出口额）占地区的跨境电商进口（出口额）的比重来表示，其中，进出口贸易、跨境电商交易额和地区生产总值数据来自宁波市外经贸局及《宁波统计年鉴》。

从表 5－2 可以看出，宁波保税区的外贸依存度达到 10% 以上，对外开放程度较高，海曙电商园区对外交流频繁，宁波跨境电商的发展已经有了一个良好的环境。跨境电商区域集中度表现为跨境电商进口额宁波保税区一家独大，跨境电商出口额由宁波保税区和宁波海曙、江北电商园区平分秋色，不同区域差异明显，容易形成规模经济，范围经济。

表 5－2　宁波跨境电商外贸依存度、跨境电商区域集中度

跨境电商区域市场	进出口额（亿元）	外贸依存度	跨境进口额（亿元）	跨境出口额（亿元）	进口市场区域集中度	出口市场区域集中度
宁波保税区	855.4	10.7%	34.45	23.4	89%	45%
海曙电商园区	396.5	4.9%	—	20	—	40%
栎社空港物流园区	15.6	0.2%	3.02	—	7%	—

资料来源：宁波市经济和信息化委员会及园区官网整理。

通过实地调研与访谈中发现，积极参与全球市场竞争，跨境电商企业间的知识、技术应用、创新能力则越强。同时，供求信息来源更广、服务模块更齐全的跨境电商平台越能拓展商品网上交易空间，也越能促进跨境电商平台的供求信息扩散与创新发展。例如，庞大的市场集群与发达的信息交流设施，使保税区的范围经济很强，如果更多企业能够参与跨境电商平台建设与发展，那么平台供求信息的集聚与扩散优势将更为明显，同时贸易商也能以更低的成本开展网上交易。由此，一个融合各类供应商、网商、采购商及服务提供商在内的跨境综合电子商务平台无疑有利于放大保税区跨境电商进口基地的范围经济，而“跨境购”这一综合集聚型跨境电商平台恰恰能发挥这一作用。对海曙区国际电子商务产业园而言，多样化信息扩散的能力相对较弱，产业集聚型跨境电商平台就能满足获得市场供求信息，而物流公司、包装企业等服务商则难以完全通过电商平台构建合作关系。而对于行业性特点很强的栎社空港物流园区，单一的行业结构决定了它的知识与信息外溢效应较低，由此，如果建构外接式的大型产业集聚型跨境电商平台不仅仅是经济资源的低效率配置，而且不利于供求信息与创新知识在有限的交易空间内部有效集聚和吸收。

（2）宁波的产业优势需要出口跨境电商平台丰富功能种类

作为首个“中国制造 2025”试点城市，宁波的优势产业如汽车、新能源、智能家电和时尚服装等产品品质在不断提升，它所需要借助的网上交易的技术平台在功能、交易范围、模块、国际化水平等服务功能都需要升级。此时，需要功能更为完备、市场辐射范围更广、配套服务设施更为周全的跨境电商平台为其提供更为系统的网上交易服务。

宁波空港物流园区的电商企业较少、规模小、功能单一，特别是第三方服务机构、电商企业平台和跨境电商平台的严重缺乏，集聚程度低，电商的辐射力弱，商品、服务科技含量有待提高。而海曙区国际电子商务园电商生态产业链已经初步形成，但高端产业、大型科研基地和总部经济还没有形成规模，产业集聚型跨境电商平台服务满足区域市场的要求。保税区跨境电商基地在原有进口业务的基础上，又展开跨境出口业务，园内已初步形成计算机产业群、半导体光电产业群、精密机械产业群、软件产业群和国际贸易仓储物流企业群，成为华东地区高科技产业发展的高地和重要的进出口物流集散地。保税区域内部的物流、货代服务、金融服务等规模也相当大。因此，一个融合各类经济主体和要素的综合集聚型跨境电商平台，如跨境购，才能有效拓展区域市场的信息化与国际化。

（3）宁波的区位优势需要跨境电商平台特色服务功能

宁波的跨境电商经济地理特征主要体现在港口保税区、城市集聚区、空港物流园区三个区域差异化发展。商品的生产和消费具有地域分散性，如果没有便捷的物流、配送、快递网络、快速响应的信息系统来缩短各种生产要素和商品流通的时间，那么高昂的流通费用肯定会使区域市场的空间范围缩小，受到制约。就宁波而言，跨境电商区域市场制造产业、物流、服务业的发展已进入分化、整合与重构升级的关键时期。跨境电商区域市场健全的物流网络和高效的产业信息化能力有利于规模经济与范围经济的扩散。根据长尾效应理论，消费者的个性化、差异化需求需要消费者通过服务更好的跨境电商平台表达、比较与实现各自的交易需求。因此，不同区域的跨境电商企业应因地制宜，利用比较优势，发展核心优势业务，获得竞争力。

（4）宁波大量的物流企业转型、升级需要跨境电商平台的供应链优化、创新、整合及深度融合等功能

作为制造业大市、外贸强市和深水大港，宁波有达3000多家物流企业，物流优势突出。宁波跨境电商物流服务企业在国际覆盖范围、物流配送效率、物流信息采集等方面与国际物流快递公司相比还存在较大差距，物流快递流通效率仍是宁波发展跨境电商面对的主要瓶颈。从跨境电商物流服务发展趋势来看，可以通过促进物流快递企业的国际化发展，拓展物流快递企业的国际服务网络，提高物流配送效率，力求为客户量身打造仓配一体的一站式物流供应链服务；同时，可制订跨境物流配送企业服务质量标准，促进跨境物流配送企业提质增效。

5.3　宁波跨境电商平台功能定位

通过上文对宁波跨境电商平台的功能需求进行分析发现，宁波跨境电商园区平台、出口电商平台、公共物流服务平台及专业的软件服务平台存在功能定位模糊、界限不清晰的特征。下面从供应链视角对上述四种平台进行详细的功能定位。

5.3.1　跨境电商园区平台功能定位

在比较特定的配属空间区域，如作为城市电商集聚区与港口电商集聚区补充功能的空港物流园区。跨境电商企业可以搭建以平台交易与外包服务为基础，航空类物流服务（针对高端奢侈品）为特色的跨境电商平台，与海关、国税、国检、外管和经贸委等政府职能部门对接，实现跨境贸易通关便利化，寻找合适的贸易商、供货商、电商企业（包括平台式或自主销售式）、外包通关、仓储、物流服务给专业的第三方公司，共同营造区域良好的跨境贸易电子商务生态圈。

宁波保税区，利用港口对外开放的门户作用，可以为保税区发展物流产业和吸引外商投资提供基础设施的支撑。通过区港联动将使保税区和毗邻港口得到共同发展，拉动区域经济的新发展，对提高我国外向型经济发展水平和城市的国际竞争力具有重要意义。如服务提供商除在仓储配送外，还提供商品分拣、贴标、融资、质押监管、退换货等多项增值服务。跨境电商企业可以联合物流公司在保税仓开展保税商品展示业务，O2O促进用户下单。在国外建设或租赁海外仓，完善物流与售后服务，缩短订单周期，提高响应性的同时，降低企业的物流成本。

城市跨境电商集聚园区，处于繁华地段，有着得天独厚的高校智力资源的距离优势。首先，发展电商总部经济，包括传统企业电商总部、物流企业总部、电商平台区域性总部、项目部等总部经济的集聚发展。其次，发展服务企业，如电商服务外包产业和智慧城市产业。最后，健全电商配套产业体系，为电商园区内各类电商企业配套的人才服务、综合管理、居住办公、休闲娱乐等产业。电商生态圈通过电商上下游产业整合，为电商的核心及支撑性产业服务，形成产城融合的格局。

空港物流园区优势体现在扩大口岸的服务腹地面积，与其他空港合作形成差异化互补网络。缩短海港和空港的联系，实现“海空联动”。通过吸引高端物流企业入驻和打造综合功能区，将直接促进空港经济的发展，带动航空运输、口岸物流以及相关服务业的产业发展，从而推动外向型经济的发展和提升城市现代服务业水平。

5.3.2 专业的软件服务跨境电商平台功能定位

专业的软件服务平台主要面向企业、市场经营户、采购商、其他电商平台等提供商品的电子交易与供求信息服务，通过信息控制、审核和指令，实现商品快速到达消费者手中，降低空间距离的阻碍。例如，跨境进口电商平台的卖家根据消费者在跨境电商平台上产生的订单指令，先在国外采购货物发出采购指令，统一打包进境后集货于保税仓库。然后，园区内配套物流配送企业根据消费者订单信息将商品分别包装并逐票申报，经海关查验放行后最终配送到消费者手中。跨境电商软件服务与传统产业进一步融合，可以直接带动物流、金融和信息科技产业（Information Technology，缩写 IT）等行业发展。同时，电商软件服务促进新兴服务产业的发展，满足企业、个人和政府的电子商务应用需求。

专业的软件服务平台对所在领域深耕细挖、对信息流程深度优化是建立免疫壁垒的最好方式。在产品端，从市场调查、需求分析、产品设计，到产品开发、原材料采购、供应商评价、选择生产商，再到生产质量控制等环节提供软件服务力求产品品牌可持续。在服务商合作端，专业化的软件服务涵盖与跨境电商有关的金融、保险、信用评价、法律咨询、通关、物流、退税、外汇等代理服务，这为降低外贸门槛、处理外贸问题、方便外贸运作、降低外贸风险等问题提供了便利和解决方案。宁波跨境电商企业仍多是有利于网络交易的信息分享系统，如促进商品储运、物流配送、包装、公共服务、价格等信息在网络平台的发布与共享。对企业而言，没有最好的软件，也没有最便宜的软件，只有最合适的软件。在其中的某一细分领域，专业型的跨境电商平台尚有潜力需要被充分挖掘。

5.3.3 出口跨境电商平台功能定位

宁波出口电商平台主要服务时尚服装、新能源、新材料、汽车和家电等优势产业，促进区域产业转型、升级，企业开拓品牌、占领市场。宁波传统优势制造产业已经形成配套产业链是其显著特征。出口跨境电商平台主要包括 B2B 和 B2C 两种采购深度整合供应链巩固成本优势、提升产品质量，同时推动品牌化将是出口 B2C 电商胜出核心要素。出口 B2C 电商受客群和体验限制占比小，该类模式面向海外低端客群，以中国强制性产品认证（China Compulsory Certification，英文缩写 CCC，即 3C 认证）服饰品类为主，增速趋于平稳。行业面临竞争及成本瓶颈，短期内难为主流。海外竞争激烈，品牌化之路漫长。出口 B2C 的主要市场美国/欧洲等本土零售市场高度发达，eBay / Amazon 等行业巨头商品供应链效率已至极致，散小的出口 B2C 电商欠缺抗衡实力。出口 B2B 电商模式是传统出口贸易流程的电商化，目前乃至未来仍将是主流。从信息交易服务平台升级为一站式综合贸易服务平台是大势所趋。

出口跨境电商提供一站式服务功能，需要跨境电商供应链网络提供有效支撑。出口跨境电商平台的功能定位在于建立强大的供应链网络计划、组织、领导、协调、管理和控制能力。宁波中小制造、电商、贸易企业众多，通过构建跨境电商平台强大的海外经销商网络、仓储分拣、物流配送、快速清关等供应链整合资源，可以有效保证出口交易产品质量，加强品牌拓展。通过建设或租赁海外仓，完善物流与售后服务，可以有效降低企业的物流成本，将跨境电商供应链网络触角延伸到海外，对客户需求快速反应，合理安排宁波制造企业生产提前期，有效缩短订单周期，提升客户体验。通过对供应商及合作伙伴进行绩效评价，提升服务质量，进而提升宁波跨境电商产业的发展水平和国际竞争力。

5.3.4 公共物流跨境电商平台功能定位

公共物流跨境电商平台功能主要是建设公共海外仓，提供供应链解决方案咨询服务等，包括仓储流转、展示、市场推广、延伸供应链等功能。仓库管理是跨境电商供应链中最重要的一环，仓库管理涉及入库卸货、盘点、码盘、贴标签、打印入库单、库内管理、拣货、打印拣货单、二次分拣、打包、核对数量装车发货一系列流程。随着订单量提升，仓库出货容易出现差错，所以一般电商将仓库发货外包，使用海外仓服务。

海外仓将为宁波中小制造企业在接收海外消费者订单后，直接从仓库发货，物流成本大大降低。仓库内部作业，涉及规范性，即收货规范、上架规范、下架规范、打包分拣规范、签出规范等，所有作业都要围绕着效率和准确率而展开。公共物流跨境电商平台的供应链资源整合涉及供应链的方方面面，包括市场经营户、供应商、采购商、货代公司、物流企业、政府部门、市场管理者、国内外采购商等在内的各种交易或服务主体都深入参与网上网下商品从生产、运输、仓储、展示、交易、营销到跨国电子商务公共物流服务的全标准体系链建构过程。

5.4　宁波跨境电商平台的功能定位与供应链整合的关系

如图5－1所示，宁波跨境电商平台功能定位分别对应三种供应链类型，即宁波跨境电商企业实现产品品质和服务效率的双重提升，不能仅仅停留在信息发布、交易、外包的基本功能定位。否则，宁波的大量中小民营制造企业在激烈的国际竞争中创建品牌、获得影响力只能是一句空话。

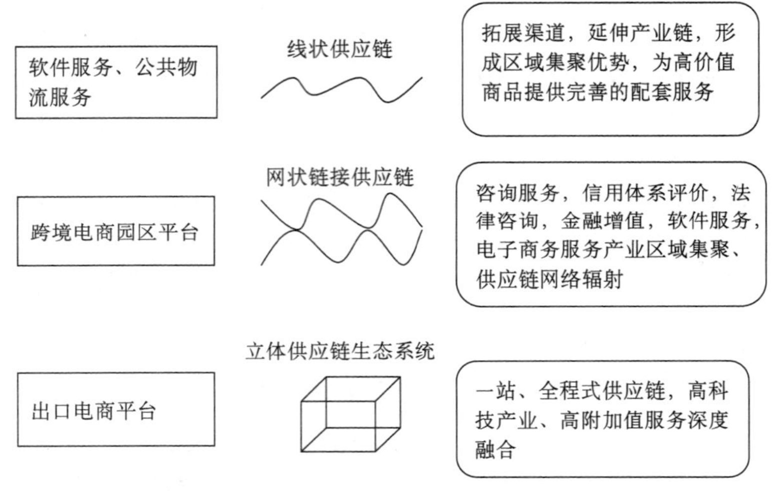

图5－1　跨境电商平台的功能定位与供应链的相互关联

跨境电商缩短了全球供应商与客户的空间距离。宁波有大量的中小制造企业，跨境电商不仅仅是赢得订单、获得利润，而是通过一系列便利、精准的服务，帮助中小企业快速融入全球供应链交易网络，帮助中小企业整合资源，立足核心业务提供各种增值服务，在世界各地选取最有竞争力的供应链合作伙伴，从而壮大国际竞争力。

在跨境电商企业融入全球主流的供应链交易体系的过程中，不光要将产品"卖到"全球供应链体系的同时，还能够将全球优质产品"买入"，并改善和壮大中国企业的供应链体系，如此，中国企业才可能拥有国际竞争力。

跨境电商供应链交易网络体系已经在近几年积累中初步形成，在跨境电商企业融入全球主流的供应链交易体系的过程中，全球供应商已经具备一定的稳定规模。宁波企业如果要参与其中，需要来自政府、企业、平台机构、服务机构各方面的综合努力才能够实现。将优质产品和贴心服务深度融合、相互促进发展，构建立体交互式供应链生态系统，改善和壮大宁波企业的供应链体系，以增强国际竞争力。

本章通过对上述跨境电商平台与供应链管理的关系进行梳理，得出跨境电商平台功能定位背后反映的供应链管理内涵，主要研究内容包括：首先，从宁波跨境电商平台的发展现状和平台分类展开理论分析。其次，对宁波跨境电商平台的优势和不足进行深入分析，得出宁波跨境电商平台在跨境电商园区平台、软件服务平台、公共物流平台和出口平台上的功能定位还存在模糊不清晰的状态，需要导出宁波跨境电商平台的功能需求。最后，阐明上文提到的四种跨境电商平台的功能定位。通过发挥跨境电商的蝴蝶效应，将重塑宁波对外贸易新格局、提振产业科技水平和促进经济结构优化升级。

第6章　跨境电商平台的绩效评价

6.1　跨境电商平台绩效评价与指标选取

6.1.1　跨境电商平台绩效评价

跨境电商供应链节点上的企业受自身规模、经营产品范围等组织因素，IT软件应用等技术因素，市场竞争及不确定性等环境因素影响，会产生不同的效益。不同定位以及不同发展层次的电商平台对应不同的供应链整合形态，从供应链角度对跨境电商平台进行绩效评价，将跨境电商平台的影响因素厘清很有意义。如图6－1所示，低效的供应链的性能和绩效使得成本增加，对供应链系统造成破坏，影响供应链各节点的满意度，其原因可能是供应链组织内部各环节中的供应、需求没有协调一致，也可能是各种无法预知的不确定环境效应，还可能是信息系统、信息对接等技术问题。因此，基于TOE框架，从组织、技术、环境的角度构建跨境电商平台的供应链绩效模型以更好地整合供应链资源，降低成本提升各节点满意度是很有必要的。

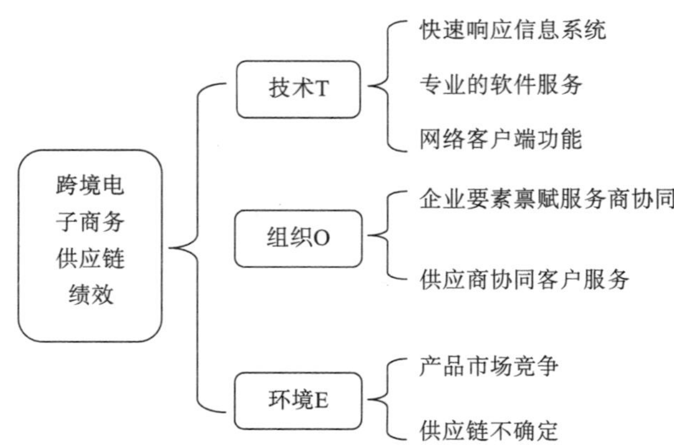

图6－1　跨境电子商务平台供应链绩效影响因素

6.1.2　理论指标选取

从技术、组织和环境三个角度，构建跨境电商平台供应链模型（如表 6－1）。在技术方面，主要考虑 4 种因素，即使用快速响应的信息系统、专业的软件服务（如专业的电子邮件营销技术）、网络客户端功能（界面简洁、对客户友好、个性化）以及企业信息系统与其他合作商的及时、有效的交互对接。技术准备是跨境电商企业创新突破的关键，在市场竞争愈演愈烈的跨境电商市场，通过网络技术的应用创新构建企业快速响应的信息系统，有效衔接供应链上下游合作伙伴的服务需求，为消费者提供快捷、个性化的产品与服务，是企业生存和发展的根本要求。在组织部分，主要考虑 6 种因素，即企业要素禀赋、供应商协同、服务商协同、物流网络、资金利用及客户服务。企业要素禀赋是企业在激烈的市场竞争中对自己有一个市场定位。规模大的企业拥有更多资源投入跨境电商中，但也容易造成面面俱到没有核心优势；规模小的企业经营灵活，选择合适的品类进行差异化、个性化经营也能在跨境电商蛋糕上分一杯羹。环境部分主要包括产品市场竞争和供应链不确定性，竞争强度是指企业被市场中其他竞争对手影响的程度。跨境电商企业都有自身核心的经营产品，不同的商品竞争强度是不一样的，如笔者实习所在的跨境电商企业，在全球速卖通平台上，有一款耳钉灯的灯具类产品被归到了珠宝首饰这个大类下，是因为珠宝首饰搜索量更高，在速卖通平台上需求比较旺盛。跨境电商供应链的不确定性表现为供应链中间环节出现问题，如产品从生产商、供应商到最终消费者涉及信息流、资金流、商流和物流，有一个环节出现问题就会影响供应链成员的满意度。

表 6－1　跨境电商供应链绩效模型

TOE	1 级指标	2 级指标
T 技术	供应链信息技术	反应间隔时间
		信息技术应用
		界面端友好
		合作商信息反馈及时
O 组织	平台内部组织	平台规模 商品品类

续表

TOE	1 级指标	2 级指标
O 组织	供应链网络结点	（服务商协同）提升供应链效率
		（供应商协同）供应商交货时间 供应商产品质量
		（客户服务）好评率 客户投诉响应
	供应链网络链接	合理仓储布局 物流及时送达 商品在途破损率
E 环境	市场竞争	产品市场竞争强度 供应链市场竞争
	供应链不确定性	资金周转 供应链管理风险 道德风险 通关效率

6.2　理论模型构建

为了更进一步研究跨境电商平台供应链绩效的动态关联程度，在前文研究的基础上，通过参考大量国内外相关文献的研究，将影响宁波市跨境电商平台供应链绩效的因素主要分为组织因素、技术因素和环境的因素，各指标的内容及解释如表 6－1 所示。

1 级指标包括供应链信息技术、平台内部组织、供应链网络结点、供应链网络链接、市场竞争和供应链不确定性 5 个方面。技术因素用供应链信息技术来衡量，组织因素用平台内部组织、供应链网络结点和供应链网络链接等三个 1 级指标来衡量。环境因素用市场竞争和供应链不确定性两个 1 级指标来衡量。

2 级指标中，反应间隔时间、信息技术应用、界面端友好和合作商信息反馈及时等 4 个因素衡量供应链信息技术；平台规模和平台种类衡量平台组织；服务商提升供应链效率、供应商交货时间、供应商产品质量、好评率、客户投诉响应等指标衡量供应链网络结点；合理仓储布局、物流及时送达、商品在途破损率衡量市场竞争；资金周转、供应链管理风险、道德风险、通关效率衡量供应链的不确定性。

6.3 基于供应链管理的宁波跨境电商平台实证检验

6.3.1 问卷设计与数据收集

由于在跨境电商企业实习，可以接触的跨境电商相关行业的人比较广，问卷调查将采用电子邮件、电话以及参加宁波跨境电商论坛会议发放纸质问卷。依据上文提出的理论模型对调查问卷进行设计（见本部分附录）。2 级指标采用李克特七点表测量①，本部分收集的数据以跨境电商企业为主体，还有其他相关服务提供商。共计发放问卷 400 份，收回问卷 342 份，回收率为 85.5%，有效问卷 287 份，有效率为 84.2%。

6.3.2 因子分析

因子分析是多元分析中处理降维问题的一种常用统计方法，将具有错综复杂的相关性实测指标提取出少数几个内在的独立因子。通过查阅大量的跨境电商和供应链的相关文献，保证 2 级指标题项能够很好地反映跨境电商供应链的 6 个 1 级指标。由物流工程教授、1 位国际贸易教授和 1 位信息技术教授和 3 位相关专业的研究生组成的讨论小组对测量变量进行确定，通过与实习企业经理和运营经理访谈交流，最终确定了模型 2 级指标的有效变。本部分用 SPSS21.0 软件进行因子分析，对模型的信度检验、变量共同度、总方差、成分得分矩阵等重要属性进行数据分析。

（1）KMO 检验和 Bartlett 检验结果

球形检验即 KMO（Kaiser - Meyer - Olkin）检验是为了看所测数据是否适合做因子分析，取值范围是 0—1，越靠近 1 表示越适合做因子分析②。如表 6 - 2所示，运行 KMO 值为 0.833，表明很适合做因子分析。巴特利特球形检验（Bartlett's test）即 Bartlett 检验是为了看数据是否服从多元正态分布的总体。如表 Sig 值为 0.000，说明数据符合正态分布总体特征，适合进一步分析。

---

① 李克特七点表：数字从 1 到 7 分别表示非常不同意、不同意、稍微不同意、不同意也不反对、稍微同意、同意、非常同意。

② KMO 检验：其中 0.9—1 表示极好、0.8—0.9 表示很好、0.7—0.8 表示好、0.5—0.7 一般、低于 0.6 表示不太适合。

表 6－2　　公因子方差

	初始	提取
反应间隔时间	1.000	.950
信息技术应用	1.000	.942
界面友好	1.000	.944
合作商信息反馈及时	1.000	.938
平台规模	1.000	.719
商品品类	1.000	.737
服务提升供应链效率	1.000	.947
供应商交货时间	1.000	.890
供应商产品质量	1.000	.978
好评率	1.000	.947
投诉及时响应	1.000	.933
合理仓储布局	1.000	.957
物流及时送达	1.000	.949
商品在途破损率	1.000	.956
现金周转周期	1.000	.949
产品竞争	1.000	.778
供应链竞争	1.000	.775
供应链管理风险	1.000	.930
道德风险	1.000	.928
通关效率	1.000	.928

注：提取方法：主成分分析。

（2）变量共同度

变量共同度表示各变量中所含原始信息能被提取的公因子所解释的程度。如表所示，用主成分分析提取公因子，得到的变量共同度都在70%以上，所以提取的这几个公因子对各变量解释能力强（表6－3）。

表 6－3　　KMO 和 Bartlett 的检验

取样足够度的 Kaiser－Meyer－Olkin 度量。		.833
Bartlett 的球形度检验	近似卡方	8910.335
	df	190
	Sig.	.000

(3) 解释的总方差

由表6－4可知，“初始特征值”一栏，显示有前五个特征值大于1，所以SPSS选择了前5个主成分：前5个主成分的方差占所有主成分方差的90.369%，选择前5个主成分已经足够替代原来的变量，几乎涵盖原来变量的全部信息；旋转以后的因子提取结果和未旋转之前差别不大。

表 6－4 解释的总方差

成分	初始特征值			提取平方和载入			旋转平方和载入		
	合计	方差	累积 %	合计	方差	累积 %	合计	方差	累积 %
1	5.639	28.194	28.194	5.639	28.194	28.194	4.671	23.353	23.353
2	3.850	19.249	47.443	3.850	19.249	47.443	3.771	18.855	42.207
3	3.682	18.412	65.855	3.682	18.412	65.855	3.735	18.677	60.884
4	2.840	14.200	80.056	2.840	14.200	80.056	3.034	15.169	76.053
5	2.063	10.314	90.369	2.063	10.314	90.369	2.863	14.316	90.369
6	.853	4.264	94.633						
7	.174	.872	95.505						
8	.127	.634	96.139						
9	.107	.533	96.671						
10	.100	.500	97.171						
11	.080	.399	97.570						
12	.076	.382	97.952						
13	.071	.354	98.306						
14	.065	.325	98.631						
15	.064	.320	98.951						
16	.058	.291	99.242						
17	.058	.289	99.531						
18	.051	.253	99.784						
19	.027	.133	99.916						
20	.017	.084	100.000						

注：提取方法：主成分分析。

(4) 旋转成分矩阵与载荷图

对数据进行正交旋转，使每个因子上的具有最高载荷的变量数最小，得出旋转成分矩阵。如表6－5及图6－2，一共提取五个因子，对立图中5个圆点。成分1在供应链网络节点的5个一级指标有较大的载荷；成分2在供应链信息技术方面有较大载荷；成分3在供应链不确定性的4个1级指标有较大载荷；成分4在平台内部组织和市场竞争的4个1级指标有较大载荷；成分5在供应链网络链条的3个指标有较大载荷，反应供应链网络的实物流通能力。

表6－5　　旋转成分矩阵[a]

	成分				
	1	2	3	4	5
反应间隔时间	-.031	.974	.011	-.027	.007
信息技术应用	-.001	.968	.026	.008	.053
界面友好	-.040	.970	.010	-.037	-.005
合作商信息反馈及时	-.015	.966	.011	-.059	.009
平台规模	.173	-.031	-.006	.830	-.015
商品品类	.188	-.013	.021	.837	.005
服务提升供应链效率	.953	-.025	.031	.192	.018
供应商交货时间	.925	-.006	-.005	.181	.013
供应商产品质量	.970	-.011	-.010	.190	.006
好评率	.951	-.028	-.010	.203	-.010
投诉及时响应	.951	-.031	.004	.163	.016
合理仓储布局	-.009	-.012	-.028	-.019	.978
物流及时送达	.031	.057	-.021	-.047	.971
商品在途破损率	.013	.013	-.047	-.040	.976
现金周转周期	.000	.015	.974	-.019	-.018
产品竞争	.210	-.026	-.002	.855	-.044
供应链竞争	.202	-.040	.006	.854	-.061
供应链管理风险	-.006	.024	.963	.030	-.028
道德风险	-.008	.012	.962	.008	-.048
通关效率	.022	.007	.963	.000	-.011

注：提取方法：主成分。旋转法：具有Kaiser标准化的正交旋转法。a. 旋转在5次迭代后收敛。

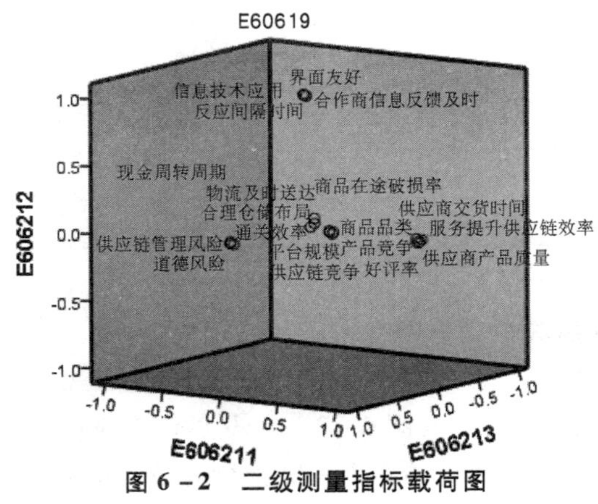

图6－2　二级测量指标载荷图

(5) 因子成分得分系数矩阵

根据成分得分系数矩阵，可以直接写出各公因子的系数表达式，如表 6－6所示。

表 6－6　成分得分系数矩阵

	成分				
	1	2	3	4	5
反应间隔时间	.002	.259	-.005	.009	-.008
信息技术应用	.004	.258	.000	.020	.009
界面友好	.001	.258	-.006	.006	-.013
合作商信息反馈及时	.010	.257	-.005	-.006	-.008
平台规模	-.064	.006	-.004	.307	016
商品品类	-.061	.011	.004	.309	024
服务提升供应链效率	.220	.002	.008	-.048	-.001
供应商交货时间	.214	.007	-.002	-.048	-.003
供应商产品质量	.225	.006	-.004	-.051	-.006
好评率	.218	.002	-.004	-.044	-.011
投诉及时响应	.223	.000	.000	-.060	-.002
合理仓储布局	-.013	-.014	.011	.021	.344
物流及时送达	.001	.004	.012	.006	.340
商品在途破损率	-.005	-.007	.005	.011	.342
现金周转周期	.002	-.004	.261	-.010	.011
产品竞争	-.057	.009	-.003	.312	.006
供应链竞争	-.059	.005	-.002	.312	.001
供应链管理风险	-.006	-.001	.258	.010	.009
道德风险	-.003	-.005	.258	.001	.001
通关效率	.005	-.006	.259	-.005	.013

注：提取方法：主成分。旋转法：具有 Kaiser 标准化的正交旋转法。

6.3.3　模型修正

通过以上实证分析发现，基于 TOE 框架的跨境电商供应链模型主要有 5 个共同因子，比之前的模型少了一个 1 级组织内部组织指标，由于平台规模和商品品类与市场竞争的两个 2 级指标有很大的相关性，因此平台规模和商品品类归到竞争环境的 2 级指标。修改后的模型如表 6－7 所示。

表 6 -7 跨境电商平台供应链模型修正

<table>
<tr><th>TOE</th><th>1 级指标</th><th colspan="2">2 级指标</th></tr>
<tr><td rowspan="4">T 技术</td><td rowspan="4">供应链信息技术</td><td colspan="2">反应间隔时间</td></tr>
<tr><td colspan="2">信息技术应用</td></tr>
<tr><td colspan="2">界面端友好</td></tr>
<tr><td colspan="2">合作商信息反馈及时</td></tr>
<tr><td rowspan="4">O 组织</td><td rowspan="3">供应链网络结点</td><td>（服务商协同）</td><td>提升供应链效率</td></tr>
<tr><td>（供应商协同）</td><td>供应商交货时间
供应商产品质量</td></tr>
<tr><td>（客户服务）</td><td>好评率
客户投诉响应</td></tr>
<tr><td>供应链网络链接</td><td colspan="2">合理仓储布局
物流及时送达
商品在途破损率</td></tr>
<tr><td>E 环境</td><td>市场竞争</td><td colspan="2">平台规模
商品品类
产品市场竞争强度
供应链市场竞争</td></tr>
</table>

6.4 信度检验与结果分析

6.4.1 模型整体信度检验

信度分析用于考察调查问卷的可信度，通过 SPSS20.0 进行度量可靠性分析，Alpha 系数是衡量信度的一种指标，取值 0—1，越大表示信度越高，如表 6 -8 所示 Alpha 系数是 0.809，说明还可以接受。

表 6 -8 可靠性统计量

Cronbach's Alpha	基于标准化项的 Cronbachs Alpha	项数
.809	.802	20

6.4.2 分层一致性信度检验

在上文因子分析的基础上，对跨境电子商务供应链绩效模型的 TOE 与 2

级测量指标进行信度检验，分析技术、组织和环境因素对 2 级测量指标的一致性，验证模型稳定及可靠性。本部分通过项总计统计量及组合信度来验证信度水平。如表 6－9 所示，可以看出校正的项总计相关性介于 0.321—0.954 之间。如果相关系数太低，则说明该项与对应因子的高低相关性不强，一般不得低于 0.3，可见 2 级测量指标与对应因子的一致度较高。TOE 对应的 Cronbach's Alpha 值介于 0.797—0.979，Alpha 系数越靠近 1，表示信度越高，因此可以看出，TOE 三个因素对 2 级测量指标的信度是很高的。

表 6－9 TOE 项总计统计量

TOE	2 级指标	项已删除的刻度均值	项已删除的刻度方差 γ	校正的项总计相关性	Cronbach's Alpha	项已删除的 Cronbach's Alpha 值
供应链信息技术	反应间隔时间	15.8606	2.876	.954	.979	.971
	信息技术应用	15.8746	2.907	.944		.974
	界面友好	15.8746	2.921	.948		.973
	合作商信息反馈及时	15.8711	2.945	.943		.974
供应链组织	服务提升供应链效率	37.6969	11.911	.795	.866	.828
	供应商交货时间	37.6829	12.350	.763		.834
	供应商产品质量	37.6864	11.866	.809		.827
	好评率	37.6864	11.999	.779		.830
	投诉及时响应	37.6725	11.997	.788		.829
	合理仓储布局	37.6307	14.478	.321		.880
	物流及时送达	37.6341	14.352	.353		.876
	商品在途破损率	37.6028	14.401	.339		.878
供应链环境	产品竞争	37.6202	8.446	.493	0.797	.781

6.4.3 评价结果

从上文结果得出基于供应链管理宁波跨境电商平台绩效评价最关键的 5 个因素分别是，供应链信息技术、供应链网络节点、供应链链接、市场竞争和供应链不确定性。如表 6－10 所示，供应链信息技术包括信息系统反应间隔时间、信息技术应用、平台界面客户体验和合作商信息及时反馈能力。供应链网络节点主要包括三个方面，供应商协同、服务商协同和客户服务，分别用服务提升供应链效率、供应商交货时间、产品质量、好评率和客户投诉及时响应5个2级指标衡量。供应链网络链接主要是物流、仓储和配送方面的反应，包括仓储的管理、物流破损率和及时送达三个2级指标。最后是平台面临的市场环境包括市场竞争及供应链不确定性两个方面。市场竞争又分为平台内部核心竞争力和产品的市场竞争强度和平台的供应链竞争能力。市场确定性方面包括道德风险、通关效率、供应链管理和资金周转风险。

表6-10　　供应链管理对跨境电商平台的绩效影响

平台领域	跨境园区平台	软件服务平台	出口电商平台	公共物流平台
反应间隔时间	+1	+2	+1	+1
信息技术应用	+1	0	+1	+2
界面友好	+1	+2	+2	+1
合作商信息反馈及时	+2	0	+1	+2
服务提升供应链效率	+2	+1	+1	+1
供应商交货时间	+1	0	+2	+1
供应商产品质量	+1	+1	+2	+2
好评率	+1	+2	+2	+1
投诉及时响应	+1	+2	+2	+1
合理仓储布局	+1	0	+1	+2
物流及时送达	+1	+1	+2	+1
商品在途破损率	-1	0	-2	-1
产品竞争	-1	-1	-2	-1

注：+2=非常正面；+1=正面；0=中性；-1=负面；-2=非常负面

评价指标对宁波不同的跨境电商平台有着不同的绩效影响。跨境园区平台更偏向于园区产业集聚，形成产业集群规模优势。因此，合作商信息反馈及时、服务提升供应链效率等供应链网络因素对平台有着非常正面的绩效影响，商品品类对其影响不是很大。软件、信息技术等其他提供专业服务类平台比较注重线上体验和客户服务。从而，信息系统反应间隔时间、平台界面对消费的友好程度、客户好评率、客户投诉及响应时间等评价指标对平台有着非常正面的绩效影响。对其他服务因素的绩效影响不大。出口电商平台更加注重平台产品质量和产品的可获得性，平台界面对客户友好、供应商交货时间、供应商产品质量、好评率、投诉及时响应、物流及时送达等因素对平台有着非常正面的绩效影响。而商品在途破损和产品竞争激烈对平台的绩效有着非常负面的影响。公共物流平台来更加注重供应链整合能力、海外仓建设、物流的规模效应。平台信息技术应用、合作商信息反馈及时、供应商产品质量、合理仓储布局等因素对平台有着非常正面的绩效影响。由于海外仓的建设，省去了部分商品的通关时间，通关效率对绩效影响不大。而供应链竞争激烈和供应链管理风险等因素对平台有着非常负面的绩效影响。

6.5 跨境电商平台发展策略

6.5.1 优化供应链信息系统

供应链信息系统是记录数据和处理日常每天的供应链伙伴之间的全部商务流程，涉及处理爆款订单、制定最优流通路径、精准预测需求和柔性制造、采购等[①]。跨境电商对互联网技术的依赖程度日趋加强，新技术创新、应用、扩散一方面加速了跨境电商的发展；另一方面也放大了跨境电商供应链的信息系统风险。跨境电商企业在构建平台的过程中，面对更广泛的供应商、服务商、合作商、消费者及其彼此之间、错综复杂的相互关联，如网络安全漏洞或商品质量风险等出现的可能性会增加。这些风险对企业的健康发展构成了严重挑战，解决之道在于集成、优化供应链信息系统，衔接好供应链各节点企业间的信息流通，降低信息不对称，增强供应链弹性。

（1）跨境电商企业可以与供应链其他合作商共同打造平台，便于供应商、物流提供商和代理商互相深入协作，实时交换信息，提高产品供应预测的精准度，合理安排生产提前期、安全库存，整合供应链资源，从而针对系统性干扰因素有更为迅速的响应。如将第三方数据与供应商数据相结合，分析并作出相应反应。

（2）确保供应链中某一环节的问题不会影响跨境电商企业满足其市场需求的能力。大数据、云计算等互联网创新技术的应用，使得供应链网络信息流通性能不断提升的同时，也可以从供应链网络的任何一个数据端更为细致、有效地管理整个系统。通过与海关监管系统有效对接，实现快速报关，自动导入报关文件及物流实时跟踪等功能。通过数据分析和情景模拟能力，使用大数据绘制供应链映射图，使数据颗粒尽可能小而实时更新尽可能高，编制相应的反应程序进入供应链信息系统，增强供应链弹性。

（1）利用信息系统优化供应商运作，分析信息系统潜在数据的积累，并反映在相应部门考核的指标，使得数据最后能够优化整个流程。供应链各节点信息将全面对接，使供应商、物流服务商、电商、商家、海关及其他合作

① 王晶：“供应链信息管理”，科学出版社2012年版。

商等多方订单交易信息、物流信息、支付信息共享，最终海关将提高配送效率，减少包裹数量剧增时清关延迟、扣留现象，提高供应链响应效率。

6.5.2 根据企业核心资源找准供应链定位

在信息流通便捷的互联网时代，跨境电商企业在面对全球新技术应用、创新层出不穷、新商业模式不断变更的市场竞争环境，抓住自己的核心优势资源，找准自身在供应链网络中的发展定位，攻其一点形成自身的鲜明特色显得尤其重要。对于规模比较小的跨境电商企业，尽量降低在固定成本上的投资，可以随市场环境转变而灵活调整经营策略，并且可以运用互联网科技，按照业务流程应用合适的软件，提升整体供应链效率。规模更大的跨境电商企业应加强全流程的供应链管理服务，从供应链服务到服务供应链。从卖产品到卖服务，为供应链各节点提供它需要的优质服务。供应链的竞争力体现在服务商，企业要专注于微笑曲线两端，多做设计、创新研发，或者做物流、营销、品牌、增值服务，通过服务赢得信任，创造持久效益。

目前，宁波对供应链管控较好的跨境电商企业，如萌恒、一舟等商业模式主要是供应链 + 产品 + 渠道。上述企业获得较高利润率建立在品牌的溢价能力，企业对产品的管控力和供应链整体成本控制力的基础之上的。进而构建弹性供应链，主要是碎片化，减少单品数量，供应链延伸至全球，在世界各地都能进行采购以及生产，并且专业化外包，专注于核心竞争力。跨境电商企业可以从品牌建设、专业化服务和供应链整合等方面着手，提升市场拓展能力；线下制造业企业可以上平台设立线上营销店铺；电商企业可以和物流企业、外贸综合服务企业、跨境电商综合服务平台企业形成产业链协同发展；具备条件的跨境电商平台通过优化整合国外供应链资源培育国际竞争优势，打造国际化的跨境电商平台。

6.5.3 协同供应商、服务商搭建供应链网络

跨境电商企业不仅要在供应链上找准自身的定位，发挥核心竞争力优势，将非核心业务外包，整合上下游资源，而且外包需要很好的合作伙伴，这就要求企业与商业伙伴维持良好关系。既要讲求两者互相带来的利益，又要对合作的工厂对产能、经营、财务进行评估，承担年检，给供应商分等级，让供应商改善的责任。将供应商、服务提供商拉进由跨境电商平台主导的供应链网络中来，实现共赢发展。对供应链网络进行管理，深入了解各个供应商的生产能力，各服务提供商的服务水平，建立互信、互惠关系，与供应商、服务提供商一同分享利润、分担责任。

最具竞争力的服务价格、最满意的服务质量、最快速反应的灵活性是产生供应链价值的三个极点，选择供应链服务提供商作为合作方就是找价格、质量、灵活性之间的平衡点。未来产品的供应链将成为一个完整的体系，全渠道供应链，线上线下买到的产品趋于一致，价格物流都没有差别。传统制造业、物流业、批发业和零售业都将面临巨大的冲击和挑战。构建供应链网络可以让一部分上述企业转型为供应链服务商，不仅可以增加企业利润还可以产生一定的社会效益。供应链网络最重要的是协调整合能力。如找到更加灵活但符合资质的小型合规工厂，不会将工序分解为太多部分，主要着重于让他们进行快速灵活的生产。平台作为供应链协调者它会缩短各环节之间的时间，协调后台网络负责的不同环节的可能出现的突发问题，实现整体效率成本的最优化。挖掘跨境电商供应链网络服务深度，深层次满足供应商各节点的服务需求，增强供应链竞争力。拓展国内物流快递企业的国际服务网络，提高物流配送效率，力求为客户量身打造仓储配送于一体的一站式物流供应链服务。

6.5.4　创新供应链终端消费体验

从海外仓的布局到 O2O 线下展示线上交易其核心都是为了获得消费者的快速响应心理，提升供应链终端的消费体验已经成为考验电商和供应商的重点。传统的供应链生产早已不能满足消费者的个性化需求，电商供应链是以消费者偏好出发，通过大数据分析和元素涉及，让品牌供应商更灵活地为市场提供所需的产品，加快现金周转率，培养消费者需求黏性的同时扩大企业的品牌影响。以宁波市所在的 LED 灯具行业为例，传统的灯具从研发、上架到销售，更新换代的时间差不多是 3 个月，也就是说，一代产品的生命周期大概是 3 个月左右。而现在消费者根据关键词在跨境电商平台上搜索找出符合自己描述的商品，根据长尾效应，普通人不会想到速卖通平台上有的商家爆款在短短几个月内竟有上万元甚至十几万元的订单量，产品生命周期被大大延长了，与之相应的，生产商将开发一系列产品满足这部分消费群体的个性需求。

跨境电商企业必须从模式、选品、转化率等各方面深入培养用户黏性和忠诚度。其核心是打造无法被取代的独特产品体验，平台须围绕其核心用户的需求进行选品，综合考虑实体与线上全渠道和成本，准确把握用户需求，提高订单转化率，以减少不必要的成本。如通过平台数据分析消费者过去消费习惯，之后进行产品的更新设计，虽然不能对产品的需求量进行预测，但可以免费地为顾客和零售商提供线上设计，下订单之后再让工厂生产。依据对销售数据的分析，跨境电商交易平台对热销的主流产品进行海外仓备货，快速完成头程运输及清关，在消费者下单后实现快速交付，能够显著改善供应链终端消费者体验。

6.5.5 引入供应链节点信用评价机制

跨境电商帮助中小企业赢得供应链竞争力的关键在于渠道的构建、维护和信用评价体系的健全公正。一方面，要引入供应链节点信用评价机制，完善法律法规，建立以真实交易为背景的跨境电商信用评价体系；另一方面，应利用第三方评价机构或者自有数据，交叉评价、打造行业信用评价联盟，加强对供应链各节点企业的规范与监管，打击跨境电商中的假冒伪劣以及侵犯知识产权的行为。如根据企业信用评价记录对企业进行分档，采取差别化管理措施，对高信用企业提供投融资、通关、检验检疫等多方面便利，对低信用企业则采取严密的监管措施，提高管理的科学性和监管效率。

利用新型信息技术，如二维码加密，全球定位系统等，完善产品和服务管理提升体系建立“来源可追溯、去向可查证、风险可控制、责任可追究”的产品质量监控体系。跨境电商的发展离不开国际上的交流与合作，包括加入国际组织的相关协议、制定相关国际标准和规则、建立、健全区域信息安全保护机制、货币结算清算合作机制等，为我国跨境电商产品及服务争端解决提供法律依据。完善国际合作与纷争解决体系，加强双边、多边的跨境电商区域合作、国家间合作、部门合作、企业合作，建立纠纷解决机制，在跨境电商商谈与合作中追求主导权和话语权，在世界电商大战中获得跨境电商举足轻重的市场份额。

主要参考文献

[1] 殷广卫、李佶：“空间经济学概念及其前沿”，《西南民族大学学报》2010 年第 1 期。

[2] Krugman P. Increasing returns, monopolistic competition and international trade. *Journal of International Economics*, 1979, 9 (4): 469 – 479.

［3］宋江飞、张道中："基于空间经济学的贸易自由化效应下空间集聚与扩展理论分析"，《现代经济：现代物业下半月》2008年第7期。

［4］司明："空间经济网络的作用机理及效应研究"，南开大学学位论文，2014年。

［5］Krugman P. *Geography and Trade*, Cambridge MA MIT Press, 1991.

［6］Fujita M., Mori T. Frontiers of the new economic geography, *Papers in Regional Science*, 2005, 84 (3): 377-405.

［7］Fujita M. Towards the new economic geography in the brain power society. *Regional Science and Urban Economics*, 2007, 37 (4): 482-290.

［8］Audrestch D. B. Agglomeration and the location of innovative activity. *Oxford Review of Economic Policy*, 1998, 14 (2): 18-29.

［9］Caniels M. C., Vers Pagen B. Barriers to knowledge spillovers and regional convergence in an evolutionary model. *Evolutionary Economics*, 2001, 11 (3): 307-329.

［10］Fan C, Scott A. Industrial agglomeration and development: A survey of spatial economic issues in East Asia and a statistical analysis of Chinese regions. *Economic Geography*, 2003, 79 (3): 295-319.

［11］Chen Z., Yu J., Ming L. Economic opening and industrial agglomeration in China. *Industrial Organization CCER*, FED working Paper, No. 20050C61. 2005.

［12］黄玖立：《对外贸易、地理优势与中国的地区差异》，中国经济出版社2009年版。

［13］许德友："对外贸易与产业地理"，南京大学学位论文，2011年。

［14］赵伟、张萃："市场一体化与中国制造业区域集聚变化趋势研究"，《数量经济与技术经济研究》2009年第2期。

［15］张战仁、杜德斌："在华跨国公司研发投资集聚的空间溢出效应及区位决定因素——基于中国省市数据的空间计量经济研究"，《地理科学》2010年第1期。

［16］章韬："经济地理、产业集聚与全要素生产率空间差异——基于宏、微观数据的研究"，复旦大学学位论文，2012年。

［17］Boschma R., Frenken. K. The emerging empirics of evolutionary economic geography. *Journal of Economic Geography*, 2011, 11 (2): 295-307.

［18］Pasha Vejdan Tamar. Integrated test framework model for E-business systems. *Lecture Notes in Information Technology——Proceedings of* 2012 *International Conference on Affective Computing and Intelligent Interaction* (ICACII 2012).

[19] 许金声："电商产业链投资价值凸显"，《资本市场》2011 年第 10 期。

[20] 黄英、沈飞："区域自主创新与城市经济可持续发展互动研究"，《经济地理》2009 年第 8 期。

[21] 周青："基于路径依赖理论的区域产业创新研究——以'武汉中国光谷'为例"，浙江师范大学学位论文，2012 年。

[22] 郎咸平："电商大战拼的是产业链"，《居业》2013 年第 3 期。

[23] Krugman P. Increasing returns and economic geography. *Journal of Political Economy*, 1990, 99 (3): 483 - 499.

[24] 金祥荣、朱希伟："专业化产业区的起源与演化——一个历史与理论视角的考察"，《经济研究》2002 年第 8 期。

[25] 何雄浪："专业化产业集聚、要素流动与区域工业化克鲁格曼中心外围模型新发展"，《财经研究》2007 年第 2 期。

[26] 梁琦：《分工、集聚与增长》，商务印书馆 2009 年版。

[27] 严北战："集群式产业链形成与演化内在机理研究"，《经济学家》2011 年第 1 期。

[28] 黄利春："产业集聚、产业转移与产业升级"，《江苏商论》2011 年第 1 期。

[29] 詹浩勇："生产性服务业集聚与制造业转型升级研究"，西南财经大学学位论文，2013 年。

[30] 王艳琴："中小外贸企业电子商务模式研究"，云南大学学位论文，2012 年。

[31] 朱恺："中小企业应用跨境电商问题研究"，杭州电子科技大学学位论文，2014 年。

[32] 吴兴杰："阿里巴巴的第二次春天在哪里"，《登坛论道》2014 年第 12 期。

[33] 何泽腾："电商平台集聚的网络外部性机理与效应分析"，浙江财经大学学报学位论文，2015 年。

[34] 李发强："自贸试验区与中国跨境 B2C 电商平台建设问题研究"，《外交学院》2015 年第 6 期。

[35] Choy K. L., Chung - lunli. Managing uncertainty in logistics service supply chain. *International Journal of Risk Assessment and Management. Geneva*: 2007, 7 (1): 19 - 25.

[36] Bertin Martens, Geomina Turlea. The drivers and impediments for online

cross – border trade in goods in the EU. *Institute for Prospective Technological Studies Digital Economy*, Working Paper (2012).

[37] 张红英：“中国 B2C 跨境电商的发展问题研究——以兰亭集势和速卖通为例”，山东大学学位论文，2014 年。

[38] 郭雪姣、刘学林：“跨境电商服务供应链风险分析”，《企业科技与发展》2014 年第 16 期。

[39] 张宝明、周沛锋、孟玲：“跨境电商与物流融合发展研究”，《物流科技》2014 年第 10 期。

[40] 王瑞红：“政策给力打造跨境电商完整产业链”，《时代金融》2015 年第 5 期。

[41] 陈日庆：“以供应链管理为核心的 QH 跨境电商平台构建”，西南交通大学学位论文，2015 年。

[42] 张彦敏：“供应链视角下我国外贸发展策略研究”，大连海事大学学位论文，2015 年。

[43] 梁怡璇：“基于 SCOR 模型的 B2G 企业供应链风险识别与评价研究”，首都经济与贸易大学学位论文，2015 年。

[44] 钱莎莎：“基于 ISM 模型的跨境生鲜电商的供应链绩效分析”，《物流工程与管理》2014 年第 8 期。

[45] 杨坚争、郑碧霞、杨立钒：“基于因子分析的跨境电商评价指标体系研究”，《财贸经济》2014 年第 9 期。

[46] Tornatzky L. G., Fleischer M., Chakrabarti A. K. *Processes of Technological Innovation*. Lexington: Lexington Books, 1990.

[47] 刘茂长、鞠晓峰：“基于 TOE 模型的电子商务技术扩散影响因素研究”，《信息系统学报》2013 年第 13 期。

[48] 陈晴旖：“基于 TOE 模型的中小企业电子商务绩效关联度分析”，《生态经济》2015 年第 5 期。

[49] 赵志田、杨坚争：“中小制造企业跨境电商能力识别、检验与综合评价”，《系统工程》2014 年第 10 期。

[50] 杨健：“宁波市跨境电商发展现状与基本对策”，《宁波经济》（三江论坛）2016 年第 4 期。

[51] 王晶：《供应链信息管理》，科学出版社 2012 年版。

[52] 刘丽军：“物流信息系统集成平台的功能定位与体系结构”，《电子技术与软件工程》2013 年第 15 期。

[53] 王永钊：“基于电子商务环境下的物流服务平台分析与设计”，《铁

路采购与物流》2014 年第 1 期。

[54] 胡进："基于物联网的物流信息平台运营功能定位及要素分析"，《科技与企业》2014 年第 12 期。

[55] 郑玉香、赵芮："高端消费品展销服务平台功能定位与系统构建"，《商业经济研究》2015 年第 4 期。

[56] 林梨奎："我国建设奢侈品电商交易平台的市场分析及功能定位"，《特区经济》2015 年第 5 期。

[57] 徐晋："平台经济学：平台竞争的理论与实践"，上海交通大学出版社 2007 年版。

[58] 宁波市教育局："宁波市跨境电子商务人才发展报告"，全国跨境电子商务人才培养行业对话会 2016 年。

第三部分

跨境电商平台金融运行与发展路径

第三章

第 7 章　跨境电商平台金融的研究发展动态及其运行

7.1　跨境电商金融支持的研究动态及其国际经验

根据前一部分内容所述，由于电子信息技术的快速发展和消费模式的变更，跨境电子商务已经进入了一个蓬勃发展期。相比于传统对外贸易，跨境电子商务能深化国际专业化分工，减少消费者到供应商的中间环节的成本，优化全球的资源配置。发展跨境电子商务成为一个地区能否在经济全球化到来之际，取得先机的关键。跨境电子商务商流、物流还是信息流，都与资金流紧密相关，而伴随资金流的金融服务是跨境电子商务平台运行的重要组成部分。跨境电子商务对金融服务的需求不仅仅限于基本的交易支付结算功能，而且在提供担保服务、外汇理财、信用查询、外汇金融衍生品销售等方面也提出了新的需求。随着宁波跨境电子商务行业的深入发展，急需与之相配套的金融服务与创新，因此，金融支持应与时俱进，适应跨境电子商务与金融服务深度融合。

7.1.1　跨境电商金融发展历程

(1) 国外跨境电商金融发展历程

跨境电商平台金融根植于跨境电商，是跨境电商与金融服务相结合的产物。凭借跨境电商的历史交易信息数据和其他外部信息，形成具有相当规模的大数据，并且利用先进的云计算等技术，在风险可控的条件下，当需求客户和供应商资金短缺且有融资需求时，由跨境电商平台担保、监管提供金融增值服务，通过仓单质押、银行授信等金融手段给应收账款类融资、预付类融资、存货类融资者分别提供相应的金融服务。国外跨境电商平台金融的发展历程可以分为三个阶段（图 7－1）。

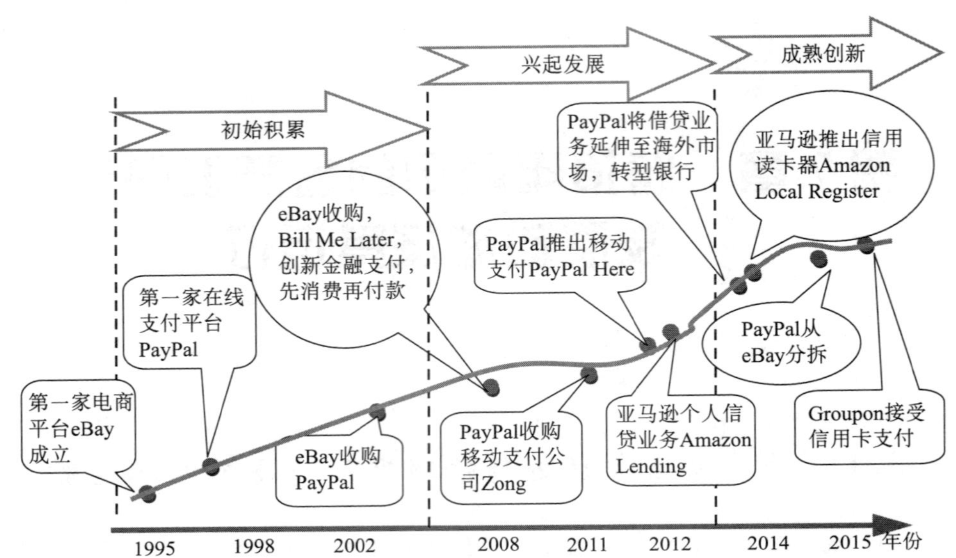

图 7－1　国外跨境电商平台金融服务的探索兴起和繁荣的发展过程

资料来源：根据各官方网站及期刊网络信息资料整理。

第一个阶段是网络银行、跨境电商、跨境电商平台支付几乎同时出现。

①美国安全第一网络银行（SFNB，全称 Security First Network Bank、也译为第一诚信网络银行、证券第一网络银行）拉开互联网金融的序幕。1994 年 4 月，美国三家银行：地区银行（Area Bank）股份公司、美联银行（Wachovia，又称瓦霍维亚银行）股份公司、狩猎银行（Hunting Bancshares）股份公司与普芯（Secureware）和第五空间（Five Space）计算机公司联合在 Internet 上成立全球第一家无任何分支机构的纯网络银行，即美国第一安全网络银行 SFNB，并获得到美国联邦银行管理机构批准。1998 年 10 月，加拿大皇家银行（Royal Bank of Canada，简称 RBC）以 2 万美元收购了 SFNB 除技术部门以外的所有部分，此时 SFNB 的客户已超过 1 万户，而其存款余额早在 1997 年就超过了 4 亿美元。所以，被收购后的加拿大皇家银行中心支行（RBC Centura Bank）成为 RBC 中吸引客户资金极强的一家分支。

1995 年 10 月美国安全第一网络银行在网上开业，用户可以采用电子方式开出支票和支付账单。SFNB 没有建筑物、没有地址，只有网址和网上银行站点，一幅幅网页画面构成了银行交易的营业接口，所有交易都在 Internet 进行，它的员工只有 19 人，银行的管理维护通过员工的远程控制进行。1998 年 1 月，美国安全第一网络银行通过因特网为用户提供一种称为环球网系统（WEB INVISION）的服务。环球网系统是建设在美国安全第一网络银行内置于电脑网络（PC INVISION）的一种金融管理系统，利用该系统，用户能够通过因特网访问自己最新的账目信息，获取最近的商业报告或通过直接拨号实时访问资金状况和投资进展情况，不需要在用户端安装特殊的软件。环球网系统主要是面向小企业主和财会人员设计的，这些人可以利用环球网系统了解公司资金的最新情况，还可以利用环球网系统使用他们的电子邮件与美国安全第一网络银行联系，访问全国或地区性的各种经济状况和各种相关数据。

②贝宝（PayPal）开启国外对跨境电商平台金融服务的探索。1995 年 9 月美国第一个电子商务平台公司易贝（eBay）成立，即拍卖网（即 Auction Web，eBay 的前身）、1995 年 7 月亚马逊（即 Amazon. Com）等相继成立，亚马逊和 eBay 通过网络出售商品标志着跨境电商平台的出现。PayPal 依附于 eBay 电商平台而出现并迅速增长。

1998 年 12 月成立的贝宝（PayPal）是全球第一个涉及在线支付的公司，PayPal 第三方在线支付简化了易贝（eBay）电商平台的交易流程，为 eBay 的快速发展奠定了基础。PayPal 的前身是麦克斯・莱夫金（Max Levchin）、彼得・泰尔（Peter Thiel）和卢克・诺斯克（Luke Nosek）三人在 1998 年创办的康菲尼迪（Confinity），2001 年夏天取得成功后公司采用了 PayPal 这个名字。PayPal 是全球第一个可靠的数字支付系统，在互联网泡沫破灭的时代幸存了下来。2002 年 6 月 eBay 收购 PayPal，这一阶段主要是跨境电商平台对各种金融服务的探索。PayPal 的发展主要是基于 eBay 交易产生的。通过为 eBay 上的个人卖家以及小型商户提供支付受理服务，PayPal 迅速发展起来。目前，PayPal 交易的 70% 来自 eBay 交易。此外，68% 的 eBay 交易都使用 PayPal 付款，而 PayPal 也控制了将近 1/4 的网上拍卖交易支付市场。eBay 的平台优势是 PayPal 在与其他线上支付公司的竞争中抢得先机，如直接支付（PayDirect，即东非最大的在线支付公司肯尼亚 3G DirectPay）等具有传统金融和互联网复合背景的企业，但其最主要的劣势在于缺乏 eBay 这样的一个成熟的电商平台，无法获得平台和入口优势。

第二个阶段是跨境电商平台金融的兴起与发展阶段，跨境电商平台纷纷尝试创新差异化的金融服务。在 2002 年 6 月 PayPal 被 eBay 以 15 亿美元收购的新创企业，紧接着 eBay 创新账单付款（Bill Me Later），消费者在支持 Bill me later 的电商网站上消费，可以先消费再付款，还款期限是 6 个月。仅 2013 年就在网上处理了 1800 亿美元的交易，平均每天 800 万笔，涵盖 26 个币种，遍及 193 个国家，它向 eBay 贡献了 41% 的收入和 36% 的利润，并至少占到 eBay 市值的一半。2014 年，PayPal 将其借贷业务延伸至海外市场，意在转型做银行业务，并且将 eBay 的个人借贷服务 "Bill Me Later" 更名为贝宝信贷

(PayPal Credit)。

同时，2005 年以来，以 Prosper、Lending Club 为代表的 P2P 借贷平台的建立以及以 Kickstarter 为代表的众筹模式的建立，则标志着互联网金融支持跨境电商的时代全面到来。

第三个阶段，随着跨境电商市场的蓬勃发展和新技术的层出不穷，跨境电商的发展到了推陈出新的高端金融服务创新阶段，跨境电商平台的金融服务更加个性化、专业化、规模化。2014 年 8 月，亚马逊推出免费移动支付应用和亚马逊信用读卡器功能（Amazon Local Register），为商家提供销售趋势和整体营收数据。2015 年 5 月，美国高朋团购（Groupon）[①] 推出移动支付系统，本地商家的客户可以接受信用卡支付，处理没有打印和数字凭证的优惠券，并帮助商家针对特定客户定制宣传活动。2015 年 PayPal 从 eBay 分拆，成为一家独立专注于支付服务的公司。

（2）国内跨境电商金融发展历程

国内跨境电商的发展也经历了三个阶段（图 1－3）。

第一阶段是跨境电商平台信息发布阶段。从 1998 年开始，以阿里巴巴（1688. com 批发网是全球企业间（B2B）电子商务的著名品牌）、中国制造信息网（www. zgzzxx. com）等为代表的早一批跨境电商 B2B 网站诞生，这批网站主要提供信息发布和撮合交易服务，建立买卖双方之间的桥梁，这种简单的信息撮合平台存在一些问题：（1）对各个行业的服务不够专业深入、物流和支付的问题没有解决；（2）平台服务基本上为交易信息撮合服务，缺乏更深度更广度的专业服务；（3）询盘后企业脱离跨境电商平台转为线下沟通与交易。

第二阶段是跨境电商平台增值服务阶段。随着行业的发展，以出口易、敦煌网、速四方、四海方舟为代表的 B2B 企业诞生，这批 B2B 企业开始向交易平台的方向转变，企业盈利模式以收取交易佣金为主，同时，一些增值服务开始出现。2013 年开始，B2B 企业所提供的服务开始向交易中和交易后拓展，开始提供物流仓储、融资等多方面的服务，逐渐成为企业在线资源整合的平台。与此同时，从 2006 年开始，以 DX、兰亭集势、大龙网为代表的跨境 B2C 企业先后成立，这批企业最大化地缩减了产业链的中间环节，从产品进销差价中赚取丰厚利润。2008 年的金融危机，一方面，国内众多中小型出口加工企业订单急剧萎缩，而转为内销则存在营销渠道不通畅等困扰；另一方面，在危急之中寻求创新、改革的机遇，相比于传统的批量订单模式，小额的跨境电商悄然登场。而很多有代表性的跨境电商企业正是在这个时期开始

① 2015 年 PayPal 从 eBay 分拆成为一家独立专注于支付服务的公司。

出现在人们的视线之中，如 DX、敦煌网、兰亭集势等，有的后来已经在中国香港或美国上市。

单单在 2017 年，就有 7 家“互联网 + 金融”公司海外上市，融资金额合计约 205 亿元人民币。4 月 28 日，上海信而富企业管理有限公司（简称：信而富股票；代号：XRF）挂牌纽约证券交易所（New York Stock Exchange, NYSE；简称：纽交所）；9 月 28 日，众安在线财产保险股份有限公司（简称：“众安在线”；股票代号：06060）挂牌港交所，全称香港交易及结算所有限公司（Hong Kong Exchanges and Clearing Limited，英文全称为 Hong Kong Exchanges and Clearing Limited，英文简称：HKEx），融资规模 115.31 亿港元；10 月 18 日，趣店集团（简称：趣店；股票代号：QD）挂牌纽交所，融资规模约 9 亿美元；11 月 3 日，和信贷公司（简称：和信贷；股票代号 HX）挂牌纳斯达克，融资规模 5000 万美元；11 月 10 日，上海拍拍贷金融信息服务有限公司（简称：拍拍贷；股票代号：PPDF）挂牌纽交所，融资规模 2.21 亿美元；11 月 16 日，北京融世纪信息技术有限公司（简称：融 360；股票代号：JT）旗下简普科技挂牌纽交所，融资规模 1.8 亿美元；12 月 21 日，乐信集团（简称：乐信；股票代号：LX）挂牌纳斯达克，融资规模 1.08 亿美元（图 7－2）。

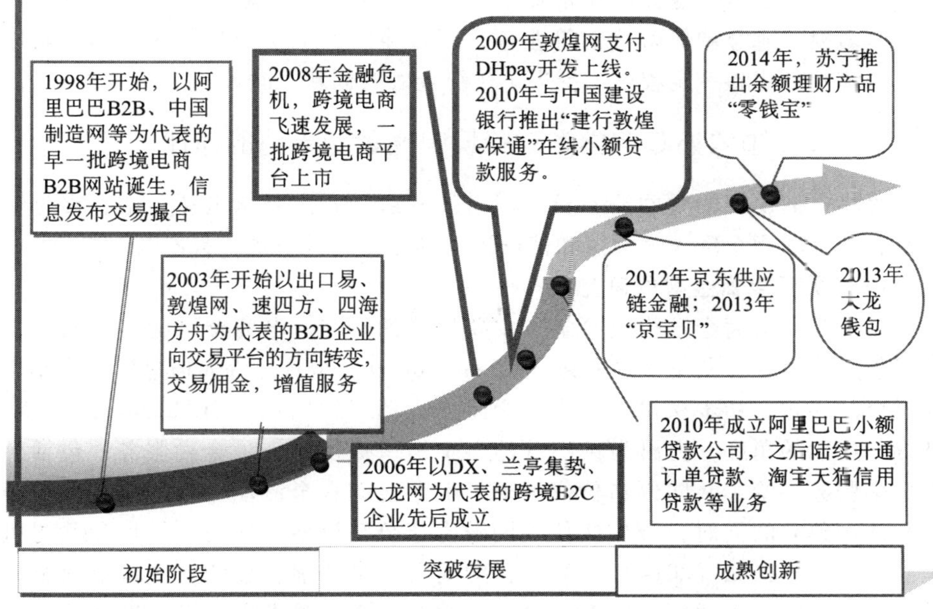

图 7－2　国内跨境电商金融发展历程

资料来源：根据各官方网站及期刊网络信息资料整理。

第三阶段跨境电商平台金融服务创新与多元化，重在为实体经济提供小额信贷。阿里巴巴于2010年成立阿里巴巴小额贷款公司，依托中小企业丰富的交易数据以及其在与银行合作过程中积累的贷款流程和风险控制的经验，阿里巴巴金融集团陆续开通订单贷款、淘宝天猫信用贷款等业务。2013年6月，阿里巴巴旗下第三方支付平台支付宝推出了为个人用户量身打造的余额增值服务余额宝，良好的客户体验以及较高的收益迅速在全国流行。

2009年敦煌网支付（DHpay）开发上线，并在2010年与中国建设银行推出“建行敦煌e保通”在线小额贷款服务。2012年11月，自主B2C京东商城为其供应商提供供应链金融服务；2013年12月，京东商城开通名为“京保贝”的3分钟融资到账业务正式上线，金融服务效率得到较大提升；2014年2月，京东商城推出个人消费信贷服务“京东白条”，消费者只要在京东购物便可申请最高1.5万元的个人贷款。2013年大龙网推广自有支付工具“大龙钱包”（Dino Wallet）。2014年1月，苏宁云商依托旗下第三方支付易付宝，联合广发、汇添富基金公司，推出余额理财产品“零钱宝”。

作为跨境电商时代正在成长的新型金融领域，跨境电商金融的内涵和外延还处在逐渐的发展阶段。跨境电商金融所涉及的服务已经从最初的支付结算向更多元化发展，业务范围涵盖汇款转账、融资、跨境结算、信用卡还款、供应链金融、基金和保险代销等业务，而且伴随着金融产品和服务的不断创新，跨境电商也在一定程度上推进了传统金融的创新、改革。

7.1.2 国内外专家学者对跨境电商金融支持的述评

跨境电商出现的时间还不长，国内外专家学者主要从电商金融、支付结算平台、互联网金融、大数据和信用体系等方面探讨金融与跨境电商的关系。

（1）关于电商金融的研究

主要是对电商金融构成要素和主要模式的研究。电商金融的典型模式之一是供应链金融，艾伦·贝尔格（Allen N Berge，2004）等人通过研究中小企业融资的问题，初步探讨了供应链金融的内涵。欧瑞克（Erikhofman，2005）从操作层面的角度，提出为供应链的多个组织提供的一种金融服务，包括外部金融服务供给、共同创造价值增值、引导金融资金流动等，以保证各自经济和法律独立的同时，合作伙伴共同致力于分享资源、能力、信息和共担风险。伍旭川、张弘（2014）认为，金融同电商是相辅相成的，支持电商金融的良好运行的四种要素，电商平台、大数据、资金需求方、资金提供方缺一不可。电商金融的主要模式有卖家信用贷款、供应商信用贷款、第三方网店信用贷款、会员企业信用贷款、卖家抵押贷款还有消费者信贷等方式。周琰

(2015) 通过纯策略模型和混合策略模型对第三方电商支付平台借助基金公司销售金融产品的发展模式进行探讨。

(2) 关于支付结算的研究

主要包括支付与电商的关系、支付方式创新及支付平台功能拓展等研究。跨境电商的主要交易支付方式有三种，即银行转账、信用卡以及第三方支付。马丁和乔米娜·特来（Martens and Geomina Turlea, 2012）通过对消费者数据调查，认为在线支付是推动电商发展的一个重要因素，两者之间存在因果关系。同时提出，可以通过法律和金融监管来改善跨境电子商务环境。耿忠(2014) 认为，跨境电商需要推进支付方式创新和外汇结算的便利化，通过建立健全信用体系平台、建立担保服务平台以及金融衍生品销售和外汇理财平台，细分和拓展跨境电商金融服务。刘刚（2011）从支付工具、支付清算系统、支付服务组织和支付监管体系研究传统的交易模式和支付方式的变革、创新。随着智能手机终端的广泛普及，移动支付方式已经成为大势所趋，拥有移动终端专设的友好网购界面成为广大消费者选择商户的重要考量。但是，更多的中国中小外贸跨境电商企业还没有对网站进行专业的移动优化。所以，金融支撑可以有力推动市场需求旺盛、专门提供移动应用程序软件开发的企业向规模化发展。吉永峰（2014）、付金明（2015）发现国内跨境电商走出去遇到第三方支付的阻击，研究了跨境电商在经营过程中如何有效地规避法律风险，积极应对国际诉讼。

(3) 关于跨境电商与互联网金融、大数据的研究

跨境电商与互联网金融和大数据金融关系紧密。乔杰·洛科尔（Jorge Rocholl, 2010）主要从贷款违约风险的角度对互联网金融融资模式进行了研究。其研究表明，平台的融资服务在参与信贷的过程中，为贷方违约承担一定责任，将会使得平台在选择信贷项目和对信贷风险的把控上更为严格，从而为平台的持续性健康运行创造可能。徐永慧、周立群（2015）从区域发展的角度，认为跨境电商、互联网金融和大数据服务是未来互联网产业的三大重点，通过跨境电商创新和推进互联网金融创新打造互联网金融核心区，发现互联网产业在跨境电商、互联网金融、大数据、移动互联网、物联网等领域加快延伸扩容，发展格局呈现出周期短、速度快、产业带动面宽、影响大，创新性技术不断涌现的特点。核心的互联网金融模式，即卖家信用贷款、卖家抵押贷款和消费者信贷等三个方面。2014 年 2 月跨境人民币支付开闸后，第三方支付可直接完成，无需通过支付机构购汇再购买，使得注册第三方支付的出口企业收汇结汇更加便利（叶纯青，2014）。

（4）关于跨境电商信用体系的研究

随着跨境电商平台大数据的不断积累最终会形成跨境电商的信用体系。关于中小企业信用评估的问题，纽约大学斯特恩商学院教授、金融经济学家爱德华·阿特曼（Edward Altman）在1968年就对美国破产和非破产生产企业进行观察，采用了22个财务比率经过数理统计筛选建立了著名的5变量Z-score模型，应用于财务危机、公司破产及违约风险的评估，又称Z值模型。网络交易的虚拟化、匿名化、电子化，一方面推动了跨境电商的快速发展；另一方面，随之产生的交易欺诈、资金非法流动等问题，对跨境电商的金融服务监管也提出了考验。跨境电商在资金支付与回笼风险方面存在的风险最为明显，尽管给交易双方带来了不少便利，但由于它是一个不断发展和仍需完善的新市场，在制度上并不十分规范，这导致支付和交易风险成为部分企业和消费者拒绝跨境电商的重要原因（徐松，2015）。贾康（2015）认为，在风险管控的问题上，要借鉴国际经验，从避免系统性风险发生的角度来说，需要监管部门把握好风险总水平，促使市场主体不断提升风险管理水平。

综上所述，跨境电商在第三方支付平台建设、大数据挖掘、移动终端接入、诚信体系建设等方面都离不开金融服务的及时跟进，相应地，跨境电商的发展也会促进金融服务的创新，使金融服务在多数金融功能的发挥上较传统金融更加有效率，交易成本和风险成本可能会更低。跨境电商的金融支持与传统金融并不是一种纯粹的竞争关系，两者有很大的融合空间，从本质上讲，跨境电商的金融支持是更接近于高端金融市场的一种服务模式，其发展与壮大，会有助于跨境电商的发展和金融结构的优化。

7.1.3 跨境电商金融支持的国际经验

国外跨境电商金融支持主要表现在消费金融、移动支付、企业供应链金融和互联网金融等几个方面。

（1）移动支付引领跨境电商金融发展

首先，在移动金融领域，新型终端设备、生活社交应用、线上到线下支付模式层出不穷，已经成为跨境电商金融创新的焦点。2012年以来，云计算、大数据、互联网协议版本6（即Internet Protocol Version 6，简称：IPV6）等新技术、新理念被广泛关注，商业应用也开始取得实质性突破，新一代互联网即全球广域网，也称为万维网（即World Wide Web3.0，简称：web3.0）面世，其信息服务是Internet上的一种最主要的服务形式。人类社会即将进入万物互联、数字感知、智能洞察的移动互联时代，这对支付带来革命性变革，移动支付日益成为电商金融新的发展趋势。

其次，随着手机应用的不断普及和安全认证技术发展，移动支付的线上线下应用场景逐渐增多，基于网络连接的远程支付、近场支付、手机刷卡器支付、手机扫码支付和碰一碰支付等形式的出现。金融机构和互联网公司提供的第三方应用程序（即 Application，简称：APP）不断渗透客户的日常生活，吃穿住行、财务管理、社交购物等都能在移动终端上得到满足。

此外，移动智能终端加快普及，国外权威调研机构国际数据公司（IDC）公布的 2017 年全球智能手机出货量报告显示，2017 年全球智能手机出货量共计达到 14.62 亿台。作为最方便携带的移动终端，集诸多功能与应用的智能手机将占据移动金融的核心位置。而随着物联网、智能可穿戴设备等的发展和普及，移动支付终端出现多种形态，比如智能手表、智能手环、运动手环等，这些设备是连接生活、信息和支付的媒介。因此，移动金融将在未来迎来爆发式增长。市场调研公司佛罗斯特研究公司（Forrester Research Inc. NASDAQ：FORR）提供的数据显示，美国 2016 年的移动支付交易总额达到 1120 亿美元；与此同时，另一家市场调研公司艾瑞咨询提供的数据则显示，中国的移动支付交易额已达到 9 万亿美元。目前，在全球范围内比较知名第三方支付企业有美国 PayPal、谷歌钱包、英国的全球付（Global Pay）、荷兰的全球支付（即 Global Collect，简称：GC，全球首屈一指的支付服务供应商，成立于 1994 年，提供各种线上与线下支付方式）等。

（2）注重数据信息共享，注重发挥平台优势

电商平台很容易从上下游供需方获取交易双方的各类信息，并且还能将参与交易双方的资金流置于自己的监控之下，降低金融违约风险。随着大数据深入应用，商业银行和一些非金融机构也在开始探索将大数据技术用于信用评估、欺诈侦测、精准营销、市场预测和运营优化，将生物识别技术应用在身份识别领域，使用自然用户界面技术使人机交互的客户体验更智能，对客户的信息展示、产品设计实现自定制，利用虚拟现实技术使线上线下、虚拟现实技术①（Virtual Reality，缩写 VR）融为一体。比如，西班牙桑坦德银行运用大数据技术建立桑坦德托塔资源流失模型，预测客户需求并采取合理行动，提高了信用卡的成功开卡率，并将客户流失率降低达 25%。互联网技术的发展大幅降低了信息不对称程度和交易成本，推动了各类网络融资公司的兴起，个人对个人（P2P）网络融资、众筹融资、基于票据市场的融资平台

---

① 虚拟现实技术演变发展史大体上可以分为四个阶段：有声形动态的模拟是蕴涵虚拟现实思想的第一阶段（1963 年以前）；虚拟现实萌芽为第二阶段（1963—1972 年）；虚拟现实概念的产生和理论初步形成为第三阶段（1973—1989 年）；虚拟现实理论进一步的完善和应用为第四阶段（1990—2004 年）。

及供应链融资平台不断涌现，并都获得了爆发式增长。

（3）互联网技术创新跨境电商平台金融服务升级

互联网金融是信息通信技术发展起来的产物，是互联网技术与金融融合相互作用的结果，因此，互联网金融的发展与监管，必须要紧紧抓住互联网技术发展的特点和趋势。美国是互联网技术的起源地，也是互联网技术创新最为活跃的国家。早在20世纪90年代，美国经济增长的1/4以上都归功于信息技术，其中计算机和电信业的发展速度是美国经济增长速度的两倍，美国国内生产总值增长量的1/3来源于信息工业相关的产业作出的贡献。美国互联网在高速发展的过程中，逐渐进入金融领域，涌现出了大量互联网金融企业，比如互联网银行美国第一安全网络银行（Security First Network Bank，简称SFNB）、互联网保险美国第三方网络保险平台（INSWEB）、互联网证券美国电子商务证券公司（E—Trade）等。

在社交网站方面，美国脸书（Facebook）处于领先定位，2012年在全球拥有9亿用户，2015年在全球拥有14亿用户，社交网络的深入发展不断催生互联网金融的创新发展，基于社交关系的支付与借贷正在迅速发展。在移动互联网时代，美国拥有高通全球最大的移动设备芯片研发制造企业，同时也有苹果软件互联网操作系统（Internetworking Operating System - Cisco，缩写ios，也可写作IOS，CISCO，即网络配置系统）和谷哥的安卓移动操作系统，美国牢牢掌握了移动互联网时代的核心芯片和操作系统的核心技术。全球前十大互联网企业中，美国有亚马逊、谷歌、Facebook等七家互联网巨头上榜，引领着互联网技术的创新发展。互联网技术的创新发展，深刻影响互联网金融未来的发展趋势。因此，中国跨境电商网金融的支持，需要顺应互联网技术发展的趋势，善于利用互联网技术创新来加强跨境电商行业的发展。

（4）加强跨境电商平台金融风险控制，实现金融服务健康发展

电商平台提供的金融增值服务可以帮助需求方自行完成信息甄别、匹配、定价和交易，在提高金融服务效率的同时也增加了客户的满意度。在“存、贷”业务上，eBay一直走的是“支付+第三方金融机构”的道路，eBay和PayPal提供平台、客户和支付渠道，专门的金融机构提供产品、管理和风控等，具有在支付领域的客户基础和竞争力。发达国家的金融市场起步早，金融机构多，市场制度健全，金融监管立法完善，金融产品与服务创新速度快，普遍建立了比较完善的社会信用体系，除由政府主导的征信机构外，不少民间机构也从事信用信息的收集、加工及查询和评估服务，这对国内处理好金融发展与金融风险的关系，有一定的启示意义。

7.2 国内外跨境电商金融支持的运行模式

7.2.1 国外跨境电商金融支持的运行模式

（1）支付服务

PayPal 主要提供支付服务，包括互联网支付、移动支付、信用支付、线下支付等，为消费者提供便捷、可靠的支付选择。现在的 PayPal 已经成为在线收付款解决方案的全球领导者，作为全球化的支付平台，PayPal 在 2015 年从 eBay 分拆并独立上市时，在全球拥有 1.84 亿活跃账户，支持用户以 100 多种货币接受和支付款项。借助于 PayPal 提供的跨地区、跨币种和跨语言的付款服务，用户可以轻松、安全地、高效的在全球开展电子商务。支付是 PayPal 的强项和优势，如图 7－3 所示。PayPal 支付有以下几个优势：对于买家来说，消费者付款时无需向商家透露任何敏感财务信息，购物享有 PayPal 量身定制的买家保护政策。PayPal 支持包括国际信用卡和中国银联在内的多种付款方式，有数万网站支持 PayPal，使得消费者一个账户可以买遍全球；对于卖家来说，PayPal 接受全球付款，实现卖家快速提现，提高了资金周转效率，PayPal 没有任何开户费以及年费，只有在产生交易时才需支付交易费。并且，PayPal 拥有成熟的风险控制体系。

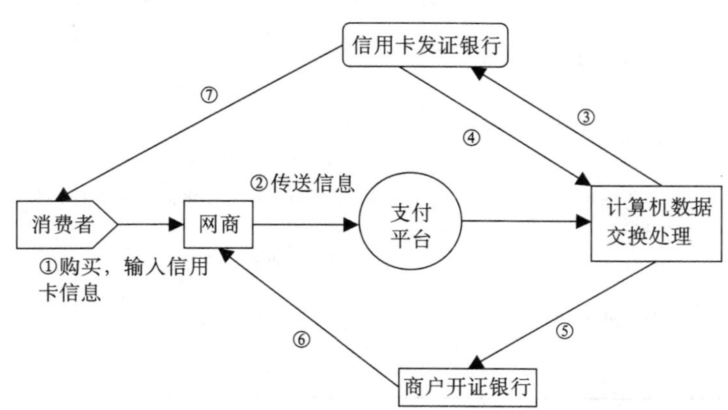

图 7－3 PayPal 信用支付流程

除了提供支付服务之外，PayPal 也在携手合作伙伴为广大中小商户，提供一站式解决方案，包括帮助客户解决跨境物流问题，比如海外营销，怎么通过互联网营销找到国外优质的买家，同时帮助商户找到优质资源，进行更有效的买家营销等等。2013 年 10 月，亚马逊也推出亚马逊登录与支付（Login and Pay with Amazon），为消费者提供信用卡和 PayPal 之外的支付选择，消费者在结账时不需要输入任何付款信息，而此类信息也不再需要被保存于其他的网站中，消费者通过该服务可以在第三方平台上利用保存于亚马逊网站中的信息完成交易和支付。

（2）消费金融服务

eBay、PayPal 和 Amazon 在美国不仅实现了在线交易平台，还从事消费类金融服务。通过分析在电商平台上的日常交易数据，进而根据消费者的消费水平，授予消费者相应规模的信用额度，消费者在电商平台进行交易活动时可以使用这一信用额度购买所需商品，先有银行垫付资金，最终消费者在规定期限内还款。如表 7－1 所示。

表 7－1　国外跨境电商主要消费金融模式

平台	金融产品	特　　点
eBay	PayPal 支付平台； 与中国宜信公司推出“商通贷”线上金融服务	从申请借款、信用评估，到放款、还款，整个借款流程全部在线上完成。创新地利用店铺综合经营情况作为征信依据，为商户提供无抵押无担保的信用贷款。月费率大约 1.2%，减轻了 eBay 卖家的融资压力。
PayPal	PayPal Credit	个人借贷业务，已经进入英国和德国市场。允许消费者在一些特定的网站上网购（包括沃尔玛、苹果的网上商城等）时能够即时借款。其利率最高可高达 20%。
	PayPal Working Capital	小微企业借贷，服务进入英国和澳大利亚。借贷企业只需向 PayPal 一次性支付一笔定额费用，而不需要承担利息，这笔定额费用将根据借款者借款的金额以及还款的时间来决定，但一般来说将低于本金的 10%。
Amazon	Amazon Lending	特色是小额贷款业务，平台上的小商家们，通过亚马逊卖家账号注册申请 Amazon Lending，通过审核后，资金将在 5 个工作日内汇入商家的账号，贷款利率约为 13%，商家每月还款将从卖家账号中自动扣除。

资料来源：根据各平台官网整理。

电商平台一般经过申请贷款、交易数据、第三方数据、信用评估、授信放款、还款等流程（图 7－4）。

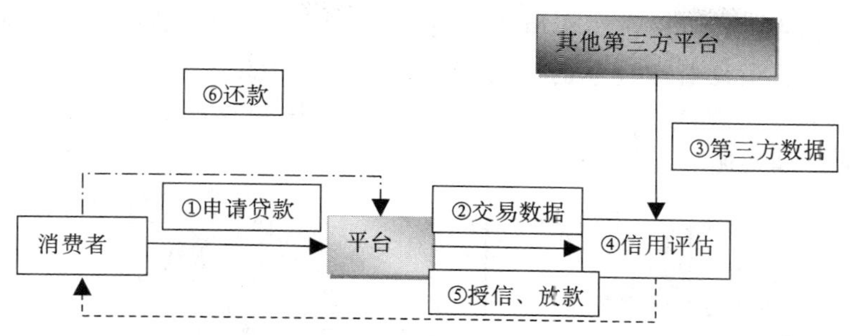

图7-4 消费金融流程

资料来源：根据与中国宜信公司推出“商通贷”线上金融服务、PayPal Credit、FayPal Working Capital、Amazon Lending等公司公开资料的共性整理。

对于信用良好的PayPal消费者，PayPal会为其提供后账单付款（Bill Me Later）这项权限，即提供一定的信用额度，消费者在提供Bill Me Later这项服务的电商网店消费，可以先消费后付款，只要在6个月内完成还款即可。如果消费者还款逾期，则会承担年化为19.99%的利息费用，并且计息开始时间为用户购买商品的时间。Bill Me Later这项服务大大提高了用户的购买力，也为提供这项服务的商家带来了更多的销售额，eBay不需要向卖家提供任何固定资产做抵押，也不需要提供任何形式的担保，完全凭借卖家的个人信用，以他在eBay平台上交易的情况作为主要的审核依据，其产品的贷款利率为每天万分之4.5—5.5之间浮动，年利化率为18%；贷款额度为永续循环额度，循环上限为100万。eBay卖家可以在网上申请，到网点提交材料。

（3）信用卡积分模式

日本乐天是开银行做互联网金融的电商平台，涉及证券、信用卡、银行、保险、预付卡等领域，在日本获得了巨大的成功。乐天通过积分打通了证券和电商等各种业务，通过乐天证券投资可以获得乐天积分，而积分可以在“乐天市场”购物。2005年，乐天证券新增消费者中乐天会员占比达到6成，电商向网络证券的导流效果明显。

在日本，由于信用体系较为完善等原因，第三方支付工具目前几乎没有什么市场。乐天金融的绝对核心“信用卡”，在线零售市场前三位的支付手段是信用卡、货到付款、银行转账。七成交易都是通过信用卡来支付的“乐天市场”而言，信用卡是把控消费资金来源的重要支付手段，与电商业务关系紧密，信用卡对乐天而言就好比支付宝在阿里巴巴的位置一样重要而不可或缺。同时，消费者在“乐天市场”的消费记录可以成为发行信用卡的授信依据，信用卡业务是乐天带来手续费收入等营收增长点；另外，信用卡不仅可以在线上消费，也可以在线下消费，线上线下消费获得的积分可以互通使用，一张卡片打通了线上和线下的消费场景，势必成为乐天线上线下（O2O）部署的利器之一。因此，乐天将“乐天信用卡”作为其金融发展的绝对核心，投入了大量的资源（图 7－5）。

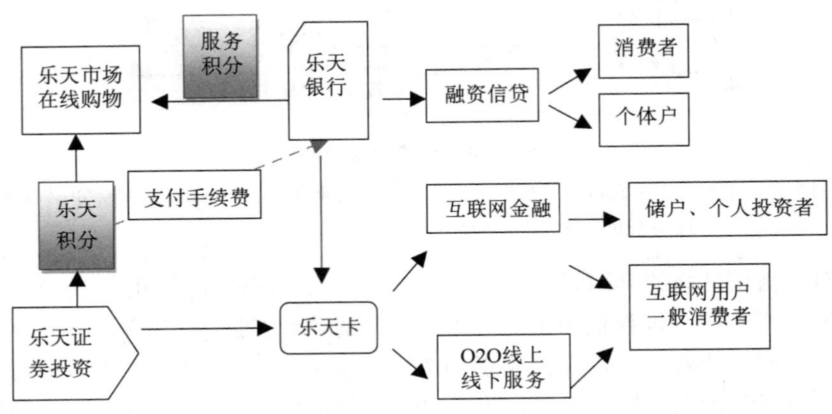

图 7－5　信用卡积分运行模式

资料来源：日本乐天官方网站数据。

2009 年 2 月乐天收购了日本第二个诞生的网络银行（eBANK Corporation），2010 年 5 月将其更名为乐天银行，乐天银行成为日本最大的网络银行，截至 2015 年 2 月底开户数达到 422 万户，吸收存款 8194 亿日元。银行吸储功能为乐天带来了大量资金，存款资金池里面的钱可以源源不断地为乐天的业务拓展补充能量。同时，使用乐天银行提供的服务获取的积分可以用于在线购物等其他服务，通过其他服务获取的积分也可以支付银行手续费。乐天银行的“超级贷款”是面向个人的融资信贷产品，2009 年 4 月推出申请人可以是消费者，也可以是个体户。乐天银行不提供面向法人的融资贷款，但是法人代表可以以个人身份向乐天银行申请贷款。“超级贷款”不限制用途，最高可以获取 500 万日元的贷款，对除了个体户和法人代表以外的一般消费者，200 万日元以下的贷款不需要提供收入证明，无论是否有正式工作都可以从乐天获取贷款。

（4）平台小额融资模式

亚马逊通过旗下亚马逊资本服务（Amazon Capital Services）启动了小额贷款业务（亚马贷，Amazon Lending），商家可以不再为贷款而忧心。根据商户的销售业绩，亚马逊向部分商户发送邮件，向它们介绍这一新服务，并给予它们 30 天时间来选择是否接受该服务。2016 年起 Amazon Lending 开始向其他国家提供短期运营资本贷款，亚马逊在这些国家均设有第三方卖场，可以直接调用商家包括平台注册信息、交易信息、销量变化等数据资料来评估信用并进行放贷。亚马逊向商家收取6%至15%不等的佣金，对于规模较大的商家每月需缴纳一定会员费，假设商家周转更快、销量越高，这意味着亚马逊将赚取更大规模的佣金，所以，贷款相对安全，通过Amazon Lending，商户可以增加库存，提高在亚马逊网站上的销量（图7-6）。

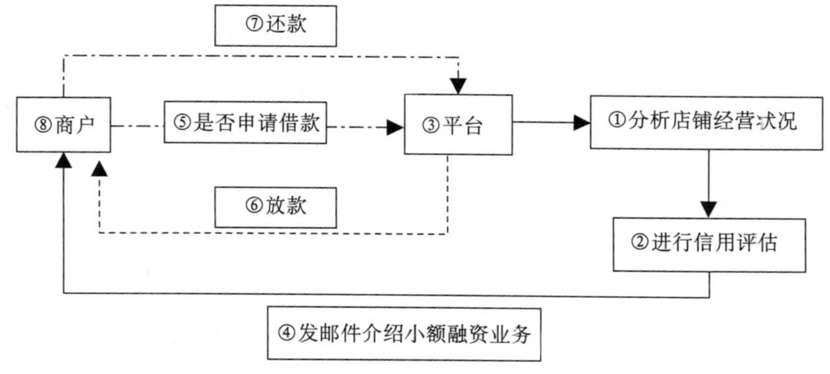

图7-6　商户信用贷款流程

同时，2013年4月PayPal在英国与金融服务公司联合资本（United Kapital）合作，为eBay平台上的商户提供融资服务，商户可以通过United Kapital公司获得最多2.5万英镑借款。

7.2.2　国内跨境电商金融支持的运行模式

（1）电商消费金融

国内比较有代表性的跨境电商金融服务平台包括阿里、京东等。从2014年10月16日阿里小微金融服务集团正式更名蚂蚁金融服务集团，涉及支付、微贷、基金、保险、理财、征信等多个业务，旗下的品牌资产包括支付宝、余额宝、招财宝、蚂蚁小贷、网商银行、芝麻征信、众安保险等。国内在消费者信用支付方面起步比较晚，2014年2月13—14日京东商城对部分用户开放公测个人贷款业务，即京东白条，用户凭借白条在京东购物时，面向个人的消费信贷，额度至万元，可选择3—12个月分期还款。2015年1月，蚂蚁金融服务集团（简称“蚂蚁金服”）在支付宝平台上启动了芝麻信用测试服务，初步实现与租车、酒店入住等消费场景打通。国内主要的跨境电商平台消费金融形式有京东白条（京东商城）、花呗（阿里巴巴在内的40多家外部跨境电商平台）、趣分期（趣店集团）、分期乐（深圳市分期乐网络科技有限公司)、闪白条(北京闪信奇异科技有限公司)等(表7-2)。

表7-2 国内主要的跨境电商平台消费金融形式与比较

平台	京东白条	花呗	趣分期	分期乐	闪白条
业务背景	面向个人消费者的消费金融业务,以京东会员的信用体系为依据,用户在京东消费时,享受“先消费、后付款”的信用赊购服务	由蚂蚁微贷(原阿里小贷)联合天猫开发,根据实名用户的消费数据计算“分期购”的额度,用户可以进行“赊账”消费	大学生有购物需求,但信用卡办理受限	大学生有购物需求,但信用卡办理受限	为电商提供基于大数据分析技术和风控技术的消费金融解决方案,通过采集用户个人资料、在互联网上的行为数据以及采集银联跨行交易信息,根据风控模型与机器学习,综合评估用户的信用额度,对用户时时授信
目标用户	京东有消费记录的用户	天猫用户	在校大学生	在校大学生	全网用户
使用场景	①支持京东自营及开放平台产品;②限制虚拟产品充值卡及黄金等使用。	①天猫所有商品类目都已支持分期;②黄金、虚拟商品等商品不支持	趣分期网站上支持的所有3C数码产品	分期乐网站上支持的所有3C数码产品主要供货商京东	①支持合作商家全网消费;②不支持购买虚拟产品
额度	最高1.5万元	无最高分期限额,可通过冻结余额宝资金实现分期	额度分五档:999元、1499元、1999元、2499元、2999元	因需上门面签审核,所以无最高分期金额限制	支持多次分期累加额度,暂无上限
授信方式	根据用户自身消费数据,实时授信额度	淘宝用户自身消费数据,实时授信额度	经过线下核实的学生用户,三天内	经过线下核实的学生用户,三天内	①支持购物过程中填写用户资料,即时完成授信;②支持闪钱包APP、微信公众号填写用户资料,即时完成授信

资料来源:根据各电商官方网站整理。

跨境电商消费金融通过提升市场交易规模,优先支付体验,沉淀资金投资实现消费金融的内循环(图7-7)。跨境电商已经成了消费者行为的重要数据库，从日常的消费行为中，电商积累了众多的消费者消费偏好、消费水平等相关数据，而如何挖掘、分析数据，让这些数据发挥更大的效率成为跨境电商更加关注的事情。消费金融的优点包括：大数据风控 + 本地化风控 + 社交化风控，30 秒预授信；授信支付移动优先；电商金融无缝对接：资金账户、用户账户无缝对接，资金收益结算安全快捷；商家无风险：商户负责所售商品的质量及正常售后服务，用户逾期、分期坏账风险由闪白条承担，商家则无风险等等。

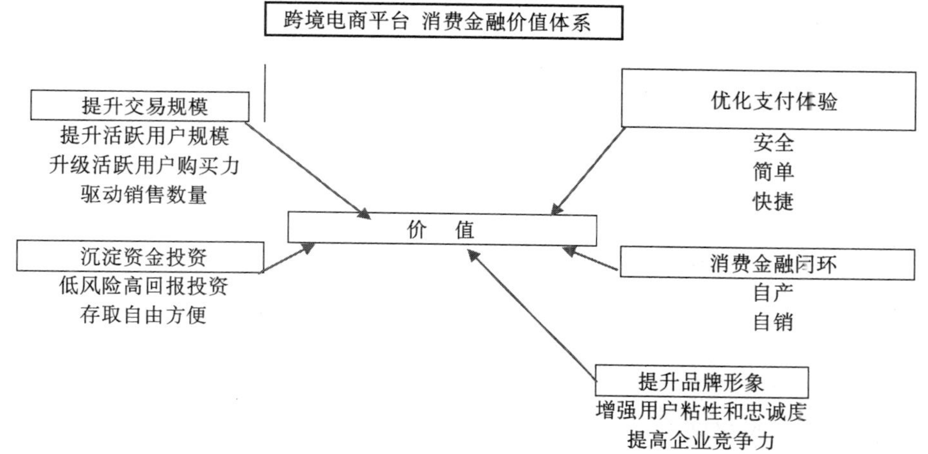

图 7－7　跨境电商平台消费金融循环机制

资料来源：根据跨境电商官网整理与归纳。

（2）供应链金融

跨境电商供应链金融是指集线上交易服务、物流供应链服务、金融服务、交易保障机制为一体的跨境电子商务综合服务平台，一方面，客户通过将外贸的全流程放在电商平台线上，平台通过资金流、信息流、实物流的整合，与信用保险结合，降低客户的贸易风险；另一方面，客户通过平台线上交易信息的积累，形成了完整的信用记录，可以促进客户在未来的贸易中获得更多的信用和资金的支持。跨境电商供应链金融的起点是订单，海外买家一旦通过阿里巴巴平台向卖家下达一笔订单，一个完整的外贸流程才会启动，一笔订单包含了具体确定的买卖双方、货物的数量、交易金额、收汇和资金结算方式、物流方式等信息。以订单为链条，可以将外贸的询盘匹配、订单管理、物流供应链和资金结算形成一个闭环，做到流程追溯和品质控制，最终保护买卖双方的交易（图 7－8）。

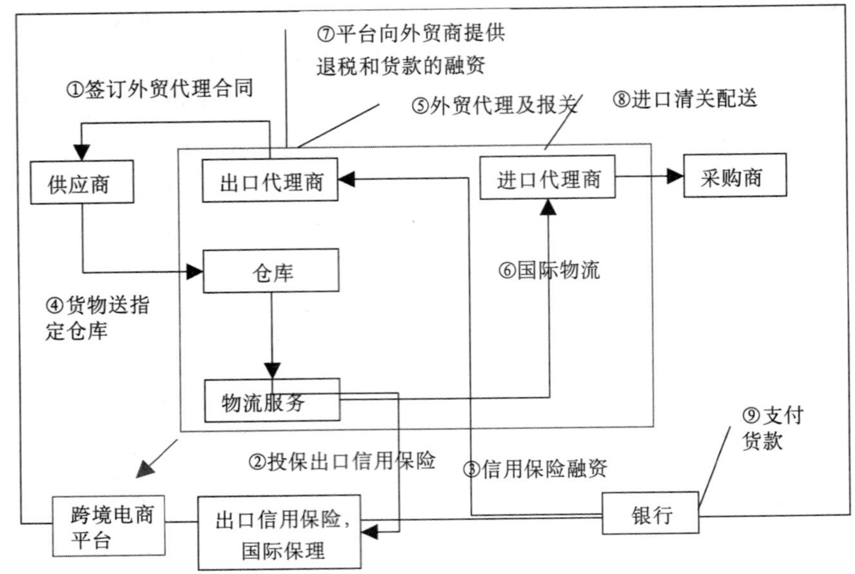

图 7-8　跨境供应链金融流程

资料来源：电商平台官网公开资料整理。

例如，阿里巴巴 B2B 商城 Alibaba. com，为来自全球各地的企业提供网上交易的平台，积累在其平台上交易的企业的各项数据。当企业需要融资时，阿里巴巴会根据该企业在平台上交易的各类数据以及贷前调查团队通过视频调查得出的企业财务、非财务评价和外包团队实地走访获得的信息，去发放贷款。在此案例中，资金提供方为阿里巴巴旗下的阿里小微金融服务集团，与 Alibaba. com 均属于阿里巴巴整个大集团。

自营 B2C 平台京东商城，当合作供应商有融资需求时，依靠应收账款融资方式可以获得资金支持。当供应商将商品提供给京东商城时，由于商业活动中账期的存在，京东商城不会将货款立刻打给供应商，而是在约定的时间内（比如 40 天）将账款打给供应商。供应商可以在京东的担保下，将自己在京东商城仓库内的商品和应收账款质押给银行，然后银行给供应商提供贷款。在约定时间内，当京东商城与供应商结算账款时，京东商城会将其中的部分账款直接偿还给银行，此时整个贷款完成。

杭州市东方电子商务园（即银货通在线）是一家金融服务 B2B 电子商务与智能信用监管信息技术公司，综合运用互联网与物联网软硬件技术，是以存货质押融资业务为核心的第四方物流金融创新服务集成平台。

（3）电商第三方在线支付

第三方支付市场创建之初主要是构建商户和消费者网上支付的渠道，实现互联网在线支付功能，服务于网上交易活动，所以网购领域是第三方支付较早服务的行业。在线支付平台根据历史数据和实时监控，通过放款、风险控制、审核等流程实现第三方支付（图7－9）。随着电子商务的不断发展以及行业互联网化趋势不断加强，第三方支付行业开始专门针对细分行业做定制化的解决方案，一方面帮助行业客户构建全面的线上、线下电子支付渠道；另一方面从产业链上下游的资金流转入手，构建完善的资金清算平台，提高整个行业的资金流转效率。随着第三方支付企业各方面实力的不断增强以及支付牌照的发放，使得第三方支付业务开始延伸到政策监管更严格、专业性要求更高的金融市场，如基金、保险等领域。

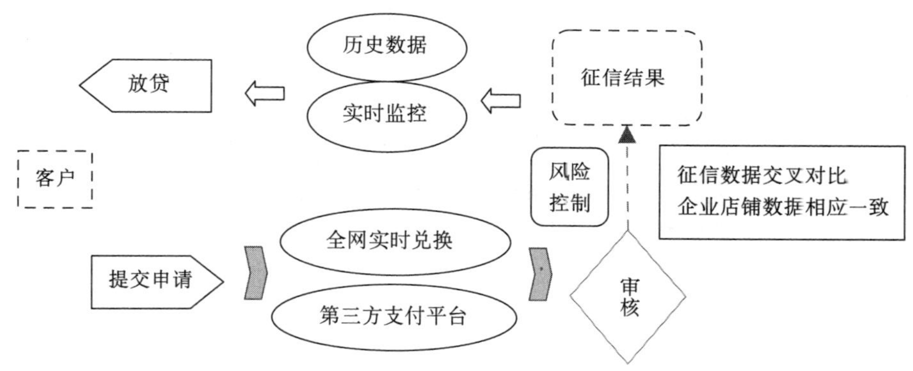

图7－9　在线支付平台征信流程

资料来源：对相关的第三方支付平台公开资料进行梳理与提炼。

电商平台天猫商城，由于中间经历了支付宝担保这一流程，从消费者付款购买商品到第三方卖家实际收到货款，一般会有若干天时间，形成对第三方卖家资金的占用。当第三方商家需要融资时，可以根据符合条件的已发货订单，向天猫申请贷款，此时天猫会根据卖家的订单以及整个店铺的综合情况，自动进行贷款审批，由阿里巴巴旗下的阿里小微金融集团提供资金，然后将资金直接打入卖家在天猫商城的资金账号中。当消费者确认收货后，系统会自动先从货款中将贷款的资金及利息扣除，剩下的货款再打入卖家在天猫中的资金账户。

（4）网商小微融资

阿里小额贷款是阿里金融为阿里巴巴会员提供的一款纯信用贷款产品（简称“阿里信用贷款”），无抵押、无担保，在阿里巴巴B2B业务、淘宝和天猫三个平台上分别提供订单贷款、信用贷款等服务，通常在100万元以内，而对天猫的高端商户，则可通过线下审核获得最高1000万元的贷款。网商向阿里巴巴小额信贷公司提出网商申请后，阿里巴巴小额信贷公司调取阿里后台的企业经营数据，通过精准分析加现金流的风险管理最终得出该网商的信用评估，决定是否对其授信放款，网商在接到贷款后在一定期限内向阿里巴巴小额信贷公司还款。网商小微融资整个流程如图 7－10 所示。

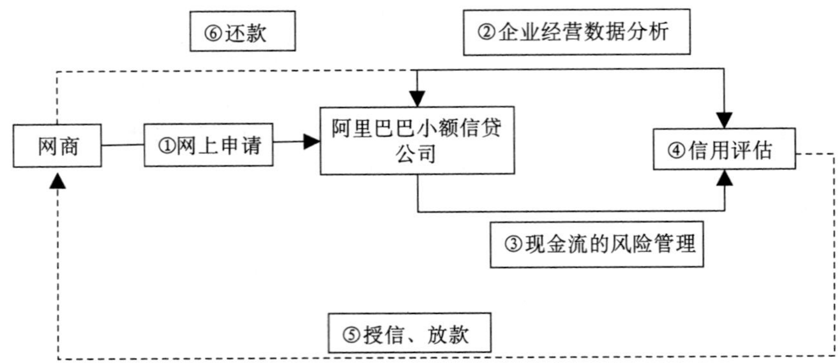

图 7－10　阿里巴巴网商小微融资流程

资料来源：根据阿里巴巴网商小额信贷的公开案例与资料搜集整理。

第 8 章　宁波跨境电商金融支持的发展现状

8.1　宁波跨境电商金融支持的现状分析

8.1.1　跨境电商金融支持的进口模式已经成熟

2013 年 9 月，海关总署正式发文批复同意宁波跨境贸易电子商务实施方案。2015 年 8 月，宁波空港跨境电子商务“跨境直购”业务（即“一般进口”模式）正式上线。宁波保税区成为宁波市唯一的进口跨境贸易电子商务试点区域，已经实现了以“保税备货”为主，“保税集货”和“一般进口”为辅的跨境电商金融支持的进口模式全覆盖。据宁波海关统计数据，宁波保税区该区跨境电商进口业务试点自 2013 年 11 月启动实单运作以来，业务量突飞猛进，截至 2017 年 8 月 31 日 15 时，海关累计审核通过宁波保税区跨境电商进口申报单 5281 万单，交易额成功突破 100 亿元大关，占全市跨境进口总额的 79.3%，居全国试点城市前列，区辖内获批入驻跨境电商试点企业已达 518 家。

8.1.2　跨境电商金融支持的出口模式仍在探索中

宁波跨境电子商务综合试验区基本形成以宁波保税区为主，栎社保税物流中心、机场物流园区、海曙跨境电商产业园、江北电商城等为辅的“一中心、多区域”发展格局。但由于宁波跨境电商以中小企业为主，其具有虚拟性、分散性、小微性特征，跨境电商企业总体上缺乏有效的抵押资产，融资约束成为制约产业成长的主要瓶颈，迫切需要发展电商金融。宁波也在积极推进跨境电商出口金融支持业务，2015 年 5 月，宁波市跨境贸易电子商务出口业务试点工作启动，截至 2015 年 9 月底，宁波全市出口跨境电商累计出口额突破 1.3 亿美元，其中 9 月份贸易额达 1.2 亿美元。根据《中国（宁波）

跨境电子商务综合试验区实施方案》，在风险可控的前提下，探索投贷结合、动产质押、订单授信、大数据信用融资等业务模式，拓展跨境电商融资渠道。同时，鼓励第三方支付机构通过银行为中小电商办理跨境外汇支付和结售汇业务，完善第三方支付机构跨境支付服务，实现各类跨境电商进出口交易形态全覆盖。

8.1.3 跨境电商质量保证保险试点

宁波进口跨境电商试点商品已从母婴产品为主，逐步涵盖日用品、护肤美妆、轻奢品、保健品、电子产品等商品门类。在跨境电商平台上商品的金融服务保险方面，宁波国际物流与中国人民财产保险公司合作，要求跨境电商企业将全部品类进口产品进行投保，探索建立电商平台的经营者赔偿先付制度，推出跨境购进口商品质量保证保险，解决消费者海淘维权难、退货难、产品责任追溯难等问题。2015 年 8 月 1 日宁波市发布跨境购平台全新升级的“正品保障体系”，通过防伪溯源信息数据的延伸升级以及产品质量保证保险的全品类覆盖来保障跨境进口商品的正品安全，标志着宁波成为全国第一个将全品类质量保险纳入正品保障体系的试点城市。

跨境电商金融支持的发展并不是一帆风顺的。2014 年年底一些城市出现过的海淘商品质量问题，让刚刚起步的跨境电商蒙上了一层阴影。与同为试点城市的广州、深圳、郑州等地相比，宁波跨境电商发展的不足主要有以下几个方面：跨境进口电商以保税备货模式为主和以母婴为主的商品结构特征，使得对仓储的需求不断攀升，导致仓储资源日益紧张且成本不断上涨，成为跨境电商发展的刚性制约；宁波跨境电商以中小企业为主，聚美（聚美优品是一家化妆品限时特卖商城，其前身为团美网）、网易（网易公司，NASDAQ：NTES）等大型电商企业进驻宁波，尚未大规模地推进跨境电子商务，主要制约因素也是仓库问题；宁波外贸企业转型发展跨境电商意识依然不够强，仍习惯于用传统方式出口，而且跨境电商大多处于亏损状态。

8.2 宁波跨境电商金融支持的调研分析

8.2.1 基于电商平台的独立的支付系统

考拉海购（网易考拉海购是网易旗下以跨境业务为主的综合型电商，于 2015 年 1 月 9 日公测）是网易公司推出的跨境电商平台，主要针对海淘市场，采用网易自营、海外直采方式为中国消费者提供优质海外商品。经过调研，我们了解到，依托宁波跨境购平台的物流和信息流，网易与宁波市政府将共同发起设立一个专门的金融服务主体，有效形成资金流的集聚和沉淀，为宁波跨境购平台的电商企业提供更加便捷高效、成本较低的融资和结算产品，同时，使网易金融业务得到拓展、效益提高。调研中，考拉海购负责人谈到了考拉海购的优势：网易拥有独立的支付系统—网易宝（“网易宝”是网易公司为方便用户进行网上交易推出的安全、稳定、快捷的在线支付平台）以及完整的供应链金融服务。对于很多海外企业来说，海外支付的手续费基本上是 1.5%—2%。网易宝对海外商家的收取的手续费只有 0.5%。在访谈考拉网易的客户时，客户提到：“通过跨境电商可以更快速、更便宜地买海外生鲜，而且在未来，我们可以通过手机扫描二维码，了解商品的进货源头并且辨别真伪，消费得更安心。”通过对保税区网易考拉海购访谈，网易正在宁波保税区建立跨境电商基地，设立独立公司，搭建平台发展跨境电商业务。

8.2.2　O2O 在线支付创新金融服务

宁波涌现了大量的 O2O 线下体验、线上支付模式的电商。比如面向终端消费者的有永裕在线[①]、宁波同城购[②]、食来运转（http：//ysyg. ziwaixian. net/zy -）、有车有房[③]、淘宁波精品购物商城（http：//bbs. tianya. cn/post - 768 - 434609 - 1. shtml）等，面向生产经营性行业的有搜布[④]、金融大道网[⑤]、我要印[⑥]和我的耗材网[⑦]等。与传统电子商务模式相比，O2O 模式有着明显的优势，例如无需压货、零库存、成本更低；客户可以亲身体验，减少购物顾虑；传统服务业与电商结合，实现线上与线下同时销售，增加营业额；售后服务有保证，能够解决后顾之忧。

---

① 2015 年 5 月 19 日，永裕在线是宁波地区首家城市电商物流平台和城市实体终端网络相结合的进口食品直销平台。

② 2014 年 8 月 1 日上线，是由宁波市贸易局创建的宁波本地同城网购平台。

③ 宁波有车有房网络科技有限公司，是宁波首家结合房车结合的 O2O 众销平台，2014 年 7 月 10 日创立。

④ 面向生产经营性行业的有搜布，即宁波搜布信息科技有限公司，https：//www. isoubu. com。

⑤ 即浙江大道网络科技有限公司坐落于全球第四大港城中国宁波，是从事大型电子商务网站的设计、开发、运维的科技企业。

⑥ 即宁波我要印电子商务有限公司（https：//shwdhc. cn. china. cn）主营产品包括树脂版、杭华油墨、牡丹油墨、东洋油墨等，于 2009 年 4 月 29 日在宁波市鄞州区市场监督管理局登记成立。

⑦ 即 http：//www. wdhc. cn，全称：我的耗材印刷物资批发有限公司（宁波总部），是一家主营油墨、橡皮布、PS 版、润版液、感光胶、刮条、网纱、溶剂等的现代化公司。

通过调研九龙国际①，发现O2O在线支付创新金融服务有以下优势：缩短了消费者的决策时间，把线上的消费者带到现实的商店中去，通过在线支付购买线上的商品和服务，再到线下去享受服务；打通了大众消费渠道，形成品牌店扩大销售规模；更多的商品展示与竞争，可以让客户享受实惠；购买时间更短、售后服务更方便；销售渠道、环节缩短、形式多样化，如B2B、B2C、B2C、C2B模式均可销售；采购商、电商、实体店、客户受益；创造就业、税收，受到地方政府欢迎；跨境产品体验店销售带来实体店人流增加，销售增加，品牌提升。

8.2.3 保税仓供应链金融一体化服务

宁波银亿股份开展的跨境电商业务包括，跨境B2B业务、电商B2C业务、保税仓储业、保税仓金融服务等；利用物联网及信息化技术、可视化监控系统、全球定位车辆定位系统（Global Positioning System，简称：GPS）、射频识别技术（Radio Frequency Identification，简称：RFID，又称无线射频识）系统、数据传输系统（System Applications and Products，简称：SAP，是SAP公司的产品——企业管理解决方案的软件名称），为大宗商品和跨境商品进口分拨提供物流供应链服务、供应链金融服务。银亿股份开展保税仓储供应链金融业务，借助自有保税仓储平台，联合金融机构，为保税区内中小跨境电商提供融资服务，致力通过供应链金融配套功能的优化完善，促进保税区跨境电商产业全面发展。

通过对银亿股份调研，发现银亿股份借助保税区全方位的优质高效服务，进军跨境电商及其配套金融服务领域，不断优化与探索符合银亿股份发展战略的投资与管理模式，实现产业的战略转型与升级。银亿股份保税金融服务解决宁波保税区现有跨境电商仓位严重供不应求，且无法为中小电商提供金融支持服务等困境，实现优势互补和资源共享。银亿股份与宁波保税区管理委员会签署《战略合作框架协议》，以加强和深化在跨境电商、保税仓储、保税金融业务等领域的全面合作，解决宁波保税区现有跨境电商保税仓仓位严重供不应求，且无法为中小电商提供金融支持服务等困境，实现优势互补和资源共享，投资规模10亿元左右，其中包括：（1）投资开展跨境电商业务，包括跨境电商B2C业务、B2B业务、跨境商品仓储业务等；（2）打造国内一流的综合性物流中心，为大宗商品和跨境商品进口分拨提供物流供应链服务；

---

① 即浙江九龙国际物流有限公司，其主营产品包括国际货运代理、报关报检、进口清关等，O2O创新金融服务。

(3) 开展保税仓储供应链金融业务，借助自有保税仓储平台，联合金融机构，为区内中小跨境电商提供融资服务；(4) 在宁波天一广场商圈，成立进口商品直销中心和跨境电商 O2O 一体化运作展示销售平台。

8.2.4　基于信用证建立跨境平台服务与增值项目

成立于 2004 年的凯越国贸①充分运用信息技术的成果，将专业化与平台化的优质服务推向市场，通过供应链整合与外贸服务产品创新来带动企业转型升级发展。宁波小树国际贸易有限公司（NINGBOMINITREECO.，LTD）成立于 2012 年 7 月 1 日，注册资本 2000 万元人民币，是一家专业的进出口供应链服务公司，是凯越集团重要成员企业之一。"小树外贸通"能够正确解读信用证给客户提供相对应的银行、中信保等诸多相关领域的专业处理建议。经过调研，笔者了解到"小树外贸通"就是通过高度信息化的平台服务进行采购，在这个平台中不仅有数十万种商品的展示中心可供共享，还有宁波、义乌两地的仓库共享、高效专业的商检服务、世界各类大型展会摊位申请、小额融资服务团队全程指导等特色服务，极具市场吸引力与竞争力。在我们调研时，某企业负责人谈到与"小树外贸通"合作的收获时说："国际市场上的信息我们能够及时了解，政府部门出台的一些优惠政策、出口补贴我们也可以享受到。比如出口信用保险，与"小树外贸通"合作后，人们就可以享受更低的保险费率。"在访谈小树外贸通的负责人时，他说："小树外贸通"根据宁波进出口贸易操作的特点和流程，建立了跨境平台服务与增值项目，并与银行、信保、海关、商检等金融机构和监管机关对接，实现平台操作服务一体化、便利化。"

8.2.5　跨境电商开启移动端支付

舶品家是宁波舶品之家电子商务有限公司与宁波保税区海关共同签署的宁波跨境电子商务服务试点项目，从科学先进的经营理念到全新技术研发的应用，舶品家用最有效的方式方法，帮助母婴实体门店开创了零运营成本、零仓储费、零物流费、零关税和零增值税的独特经营模式。经过调研发现舶品家模式三要素：第一，做好供应链管理工作，更多的商品有利于客户的更好的体验；第二，线下 + 线上做好无缝隙技术支持，如舶品家推出的自助终端免税机功能的完善和拓展；第三，渠道扩张阶段。2015 年登录中国孕婴童

---

① 宁波凯越国贸集团创立于 2004 年，在宁波、义乌和上海设立运营中心，并在广州、汕头设有办公室，经营业务主要是为西方零售商在中国的硬产品采购业务服务。

展、童装展（CBME）、上海婴童展，舶品家重点展出了研发一年多的“手机客户端”“自助终端免税机”“舶品家APP”及“舶品家推广商APP”应用软件两项设计发明。在访谈中得知舶品家所倡导的跨境母婴O2O模式，在连接线上线下互动，线上带动线下销售将会起到不可替代的关键作用。支持舶品家的商家也提到全新的“B2C + O2O”模式通过“PC + 手机APP”让消费者购买更加便利，达到“价格真的很便宜”“不用库存我们也不担心卖不掉货了”“网上同样的价格，我们能够提供售前售后服务，客户也能在网上下单，非常方便”等效果。

8.2.6　大道商诚网的贸易融资平台

大道商诚由浙江大道网络科技有限公司独立开发运营的综合性电子商务平台，包括金融大道、贸易大道、资讯大道，内含金融服务、电子商务、科技众包、信用服务、资讯服务等服务内容。大道商诚网具有贸易订单管理系统、融资系统、资信调查和信用评估系统、对接了国际物流操作系统。对金融机构调研得知，通过浙江大道的金融通、订易通等金融产品为中小企业提供资金、保险（即放心保）、投资等服务，为中小企业金融服务开辟一条全新的道路。2015年上半年，某公司一直在与伊尔萨斯进出口有限公司合作的一个美国客户欲增加与该企业的合作订单，采购另一种新产品，但该客户提出赊销60天后结算的方式进行交易。笔者调研发现，该公司通过外经贸融资平台找到大道保理公司，并顺利通过浙江大道的信用评估并取得了银行授信，获得账期内20万美金的融资额度，部分缓解资金紧张的困难，该公司负责人表示自从与大道接触以来，学习了很多企业单据规范管理方面的内容，对企业业务规范性起到了很大的作用。

8.2.7　风险投资跨境电商并快速发展

作为国内第一家进口母婴限时特卖的电商平台，蜜芽宝贝①在2014年8

① 即从一般意义上讲，过桥贷款是一种短期贷款（short—term loan），其是一种过渡性的贷款。过桥贷款是使购买时机直接资本化的一种有效工具，回收速度快是过桥贷款的最大优点。过桥贷款的期限较短，最长不超过一年，利率相对较高，以一些抵押品诸如房地产或存货来作抵押。因此，过桥贷款也称为“过桥融资”（bridge financing）、“过渡期融资”（interim financing）、“缺口融资”（gap financing）或“回转贷款”（swing loan）。过桥贷款为并购交易双方“搭桥铺路”而提供的款项，可以理解为银行和其他金融机构向借方提供的一项临时或短期借款。它的形式可以是定期贷款，也可以是循环信用证，只是在时限方面更短暂些。所以它只能是一种短期融资，在并购交易中起着“桥梁”的作用。

月与宁波保税区海关、宁波国际物流发展公司在宁波签署了三方协议，在宁波保税区开展跨境电商业务。蜜芽宝贝是中国首家进口母婴品牌限时特卖商城，销售渠道包括官方网站、无线应用协议（Wireless Application Protocol，简称 WAP）为和手机客户端。作为国内第一家进口母婴限时特卖的电商平台，2014 年 9 月蜜芽宝贝在广州保税仓的跨境业务也正式开始。有国家海关的参与和监督，让妈妈们的购物过程非常安心。蜜芽宝贝跨境电商业务数据反馈表明，绝大多数妈妈们信任跨境电商模式，购买频率和购买信心有显著提升。经过调研发现，母婴电商的优势在于，通过压缩渠道费用、降低成本，最终让利给消费者，从而扩大市场份额。

2014 年 3 月，蜜芽正式上线，彼时公司里只有我和另外 7 个员工。当月 GMV1200 万元，比预计多出一倍还多。蜜芽每次融资，公司的定位都会发生变化，A 轮是纯粹的母婴电商；C 轮是面向中国中产阶级的快消电商，D 轮后的目标是做中国最大的婴童人群服务公司，涵盖线上线下。

其青年导师徐小平给了刘楠 100 万元过桥贷款[①]，并引见了陈科屹。2013 年 11 月，蜜芽拿到了真格基金和险峰华兴的 800 万元 A 轮投资。

2014 年 7 月，蜜芽拿到了由红杉资本领投、真格基金和华兴险峰跟投的 2000 万美元 B 轮融资，公司估值达到 1 亿美元。

2014 年 12 月 15 日母婴电商蜜芽宝贝对外宣布完成 6000 万美元的 C 轮融资，其领投方为 H 基金（H Capital），B 轮投资人红杉资本和真格基金继续跟投。

2015 年 9 月，完成 1.5 亿美元 D 轮融资，百度领投，红衫资本、H capital 等跟投。到 2016 年 6 月底，蜜芽月度交易额已经超过 4 亿元。

在调研中还发现，敦煌网是一个新兴的 B2B 平台，它是一个聚集中国众多中小供给商的产品，为国外众多的中小采购商有效提供采购服务的全天候国际网上 B2B 批发交易平台。敦煌网 2015 年 9 月 1 日宣布完成数亿元融资，两家注资机构为华创资本和 华盈创投基金（TDF Capital，TDF Management II，LLC 管理），这是敦煌网成立 10 年以来完成的第四轮融资。前三轮融资分别为：2006 年由凯鹏华盈（Kleiner Perkins Caufield & Byers，简称 KPCB，成立于 1972 年，是美国最大的风险基金）提供的首轮 200 万美元的融资；2007 年集富亚洲投资公司（JAFCO Asia）1000 万美元的注资和 2010 年华平投资集团（Warburg Pincus）近两亿元人民币的投资。面对一个

---

① 即 MIYABAOBEI，网站域名：http://www.miyabaobei.com，全称宁波蜜芽宝贝国际贸易有限公司，于 2014 年 7 月 4 日在宁波市市场监督管理局保税区出口加工区分局登记成立。

巨大艰难的市场，很多人会死在半路，关键是你要找到正确的路径。敦煌另辟蹊径的阶段性胜利，却不能阻止新的模仿者进入，或者行业大佬们随时转型杀入蓝海。

8.2.8　本土化的跨境电商平台支付创新

世贸通隶属于宁波世贸通网络科技股份有限公司，其外贸服务平台功能可大致划分为12大模块，其中提供给客户的前台功能包括在线下单服务、查询统计分析、资讯服务、信用评估服务、B2B商贸服务、无限通讯服务。平台内部使用的后台功能模块包括业务操作管理、客户关系管理、员工管理、系统对接模块、协同办公系统、用户权限管理。各功能模块又可细分为若干子功能，提供信息、物流、通关、金融四大项，具体涵盖供求、政策、运输、仓储、保险、口岸、单证、报检、报关、外汇、核销、退税、融资等外贸操作。进出口进程跟踪：平台利用先进的物联网理念，将货物、资金、单据等流向全面结合，通过前后台信息的交换与处理，真正实现"世贸通供应链管理体系"。

调查中发现，宁波北仑金冠童车有限公司是专业从事童车类产品的开发设计、生产和销售。有专业的开发设计团队、专业的生产管理、质检等技术人员，并有多年的OEM经验，对市场反应迅速。目前有儿童三轮车、学步车、扭扭车、伞车、推车等一系列产品，具有一定的年出口规模。在以往的按出口额收取一定比例的费用的传统外贸代理服务中，每年的服务费是一笔不小的支出。

宁波北仑金冠童车有限公司成为世贸通的正式客户之后，世贸通平台按照出口报关美金，1美金收取人民币5分的服务费用，与以往市场收费人民币7分相比，收费水平下降了28.5%，而且宁波北仑金冠童车有限公司只需要一个文员与世贸通客服对接，节省了人力资源的支出。这些钱直接再次投入设计研发，使得企业的产品更具竞争力，同时成本的降低，企业的报价有更大的选择余地，大幅提升了企业的业务能力。

随着世贸通客户群的壮大，使得世贸通平台对于各种服务信息有了更加强大的集成处理能力，凭借良好的商业信誉和经营业绩，与众多银行结成了战略合作伙伴关系，拥有充足的银行授信额度，在严格、规范的风控管理原则下，世贸通将来可为战略客户提供完善的资金配套服务。同时，世贸通整合的大量客服，赋予世贸通在仓储、运输等其他对接的服务收费环节上强大的议价能力，使得世贸通与客户可以同时享受这些服务的利润返点，保证世贸通的服务收费只会向更低的价格定向。

8.2.9　跨境电商在新三板等资本市场融资

2015 年 8 月 29 日，宁波淘淘羊股份有限公司宣布与安信证券正式签约，根据全国中小企业股转系统公告显示于 2017 年 2 月 24 日挂牌，证券简称：淘淘羊，证券代码：871014，总股本为 2250.00 万股，成为挂牌新三板的跨境进口电商企业。淘淘羊公司位于宁波，于 2014 年成立，其自身品牌定位为跨境母婴电商，淘淘羊采取的是区内 B2B，区外 B2C + 分享，与自营、入驻相结合的模式，依托天猫、京东等第三方平台，迅速增大运营现金流，并利用自己移动社区化手机端和官网来沉淀会员粉丝。

经过调研，发现宁波淘淘羊计划挂牌新三板：主营跨境电子商务贸易。访谈中淘淘羊负责人表示，通过本轮融资，淘淘羊将借助互联网 + 金融风口，在完善业务模式，改善仓储物流，提升购物体验等方面重点投入，并将在欧洲、美国、澳洲、韩国和日本等地海外布局源头直采仓库，打造中国最大的阳光海淘母婴特卖平台。一位客户这样说道："这是一家由国家发展和改革委员会、海关总署批准为首批跨境电子商务企业，所有的进口商品都是国家检验检疫部门和海关的共同监督之下从保税区发货，所以我很放心。"

8.2.10　跨境电商急需资金来扩大仓储

宁波丫丫趣购电子商务有限公司是一家集开发、采购、销售、售后为一体、以电子商务为经营模式的综合型国际贸易企业。2014 年 2 月成立的丫丫趣购，定位于一站式跨境母婴特卖 O2O 平台的搭建和线下 O2O 体验店的创办，是宁波外贸新常态下成功转型企业的典型。截至 2015 年 6 月份，丫丫趣购已完成 1.5 亿元的销售业绩，平台会员数达到 60 万人，日均流量 17 万次。2015 年以来，来自全国各地的跨境购订单持续大幅度增长，仓储和发货速度成为丫丫趣购业务增长的主要瓶颈，为了应对可能出现的"爆仓"现象，丫丫趣购通过租赁改建的跨境自营仓共 5 层，面积达 5000 多平方米，其中 4 层、5 层为一般货品存放区，3 层为食品、化妆品存放区，2 层为自动分拣区，1 层为包装、发货以及查验区。

在调研中了解到由宁波丫丫趣购电子商务有限公司投资的跨境保税仓在宁波保税区开仓，2015 年要开出 100 家线下体验店，逐步形成线上线下相结合的跨境电商 O2O 模式。调研发现，站在互联网和电子商务的风口，跨境电商竞争会很激烈，既要依托现有优势和基础加快发展跨境电商，又要培育和打造一批行业龙头企业。

8.3 宁波跨境电商金融支持的运行模式

8.3.1 个性化定制融资

传统金融产品模式无法满足跨境电商的商家个性化的融资需求，针对跨境电商产业流程中融资难题，瞄准商家的具体情况，订制符合小微企业需求的产品，持续改进交易模式，建立专门的客户服务队伍，为商家提供个性化定制融资服务，将是跨境电商产业融资的一个趋势。

跨境电商企业只需向商业银行展示后台部分经营数据，只要经营数据符合条件的即可在该行得到融资，为不同的电商企业提供个性化融资服务。对于国内电商，用第三方阿里巴巴现有评级融资额度作为基数，进行一定比例放大，授信担保；对于宁波保税区进口类电商，以电商平台或平台外可核实的交易数据流水量放贷；对于出口类电商，根据平均年销售规模、备货频次、应收账款回笼时间进行融资需求额度测算，进而提供相应额度的金融服务（图 8－1）。在与平台对接并建立有用数据的风控体系后，还可以不需客户展示，直接取得客户经营数据。

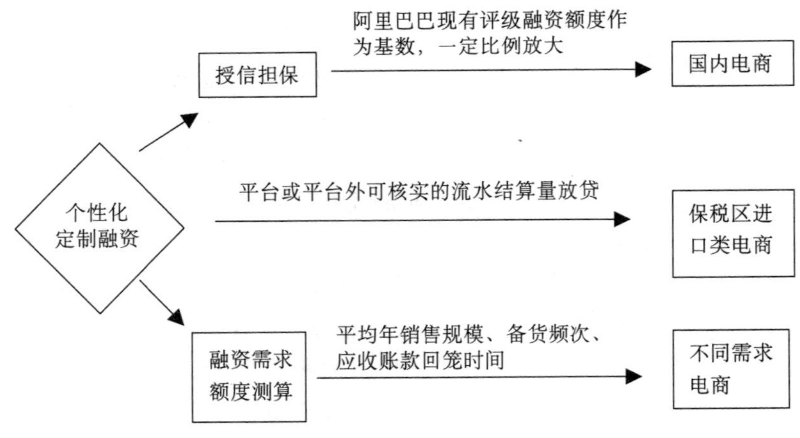

图 8－1 个性化定制融资模式

资料来源：根据宁波市电商平台调研资料整理总结。

8.3.2 跨境电商 O2O 在线支付服务

O2O 是一种衍生的电子商务模式，它缩短了消费者的决策时间，核心就是把线上的消费者带到现实的商店中去，通过在线支付购买线上的商品和服务，再到线下去享受服务（图 8－2）。O2O 创新的跨境贸易，核心竞争力是“O2O 渠道＋物流＋融资”。“线下体验”体现在跨境电商 O2O 平台的商品在体验店设立专柜进行销售；“线上支付”的优势体现于通过在每个区设立保税仓储，并和电子商务、海关、国税、外管、物流、快递等相连接，使整个在线支付服务流程可以在 10 分钟以内快速完成。

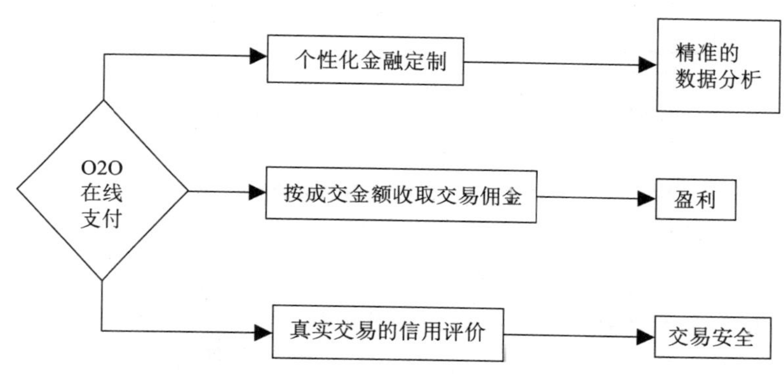

图 8－2　跨境电商 O2O 在线支付

资料来源：根据宁波市电商平台调研资料整理总结。

跨境电商 O2O 在线支付有三个明显的优势：第一，能够更容易获取真实的交易数据，实现个性化金融产品与服务定制。消费者在线下体验店购买，响应性高，通过精准的数据分析，制定针对消费者相应的金融服务；第二，按成交金额收取交易佣金，是 O2O 在线支付的一个重要盈利渠道；第三，支付风险低，通过开展线下提货、在线支付产生的真实交易信用评价，确保跨境电商 O2O 的安全性。

8.3.3　海外买家信用融资

海外买家在经过专业机构的评估后获得授信额度，并可在指定的供应商范围内获得赊销支持；而中国出口商则可以提前获得货款，或者在采购原材料时就得到无抵押无担保的融资支持，从而形成一个以良好信用为基础的外贸诚信生态圈，推动更多买家向中国供应商下单，从而助力出口业务的扩张。其流程如图所示（图 8－3）。

GTR 信用评估体系是一套以信用为基础，以大数据为支撑，系统化与标准化的信用数据评估体系。大道商诚网以独特的大道信用评估体系即 GTR 信用评估体系，以 15 个数据指标确认贸易的真实性，并以买卖双方的诚信经营

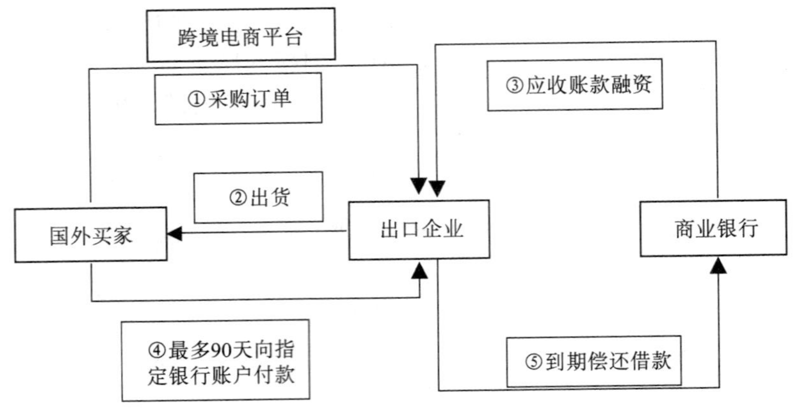

图 8－3　买家信用融资流程

资料来源：根据宁波市电商平台调研资料整理总结。

记录、资信状况为基本评价要素，降低买卖双方交易成本，控制风险成本，创造信用价值和云计算技术为工具，创新应用“云保理”模式，搭建“云保理”融资平台，联合保险公司、商业银行、商业保理机构、民间资本、担保公司等共同面向出口企业推出覆盖整个出口供应链、全程在线操作、无抵押无担保的信用贸易融资服务。

8.3.4　出口企业订单融资

订单融资是指电商平台凭出口商提供的有效贸易订单，以该订单项下的预期收汇款项作为还款来源，向出口商提供的用于该订单项下货物出口发运前原材料采购、组织生产、货物运输等资金支付。宁波内外贸企业及商贸流通企业发达，是保持市场繁荣、吸纳创业就业、便利居民生活的主要力量，已成为区域经济的基础性产业，但宁波的外贸企业往往由于缺乏抵质押物和规范的财务报表等，融资需求满足率相对较低。作为宁波第一家一站式外贸服务平台，世贸通通过“互联网＋外贸”的模式，主要是把外贸代理环节搬上网，为出口企业提供服务。交通银行宁波分行与宁波世贸通国际贸易有限公司联合推出订单融资服务——“天一易贸通”，使中小微外贸企业无须抵押即可获得贷款，最高额度达 300 万元（图 8－4）。“天一易贸通”的金融产品旨在为中小微外贸企业及商贸流通企业提供快捷的融资服务，推进小微企业持续健康发展。

宁波市还有众多的外贸企业也开始对接打造互联网金融的新型外贸电商平台，如，宁波宁兴国贸实业有限公司（简称：宁兴国贸）旗下的“宁兴云”外贸服务平台将“服务外包”的理念应用到国际贸易领域，专为外贸企

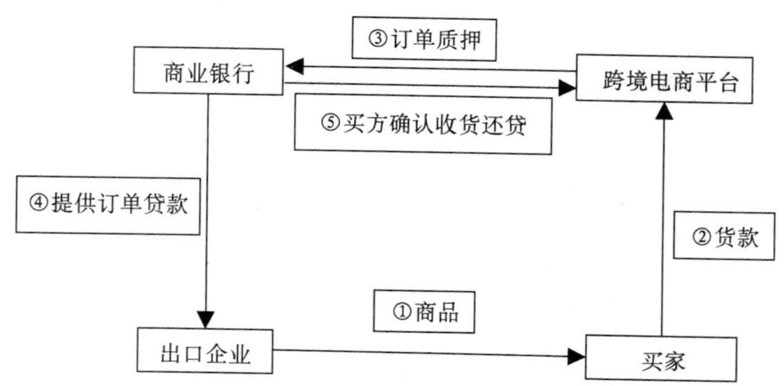

图 8－4　宁波出口企业天一易贸通订单融资流程

资料来源：根据宁波市电商平台调研资料整理总结。

业提供融资、通关、退税以及物流、保险等一站式进出口服务，同时为国外客商及外商办事处提供国内采购服务。凯越国贸旗下的“小树外贸通”平台也在专业致力于外贸服务的同时，为凯越集团内部及关联方提供融资服务。

8.3.5　保税区“助保贷”金融支持

跨境电商是要在虚拟空间里，让隔洋相望的供应商、经销商与消费者各取所需，蕴涵着对传统商品质量安全检验监管模式的挑战。宁波保税区在解决电商海量货物的快速流通和海量顾客的便捷购买矛盾的办法是，先备货，后卖货。即利用保税区“境内关外”的政策优势，跨境电商企业在国外统一提前采购商品，备货到保税区指定的跨境仓内。消费者下单后，电商企业再办理海关通关手续，以个人物品形式申报出保税区，并代缴行邮税，海关审核通过后，商品通过快递包裹配送到消费者手中。保税区创新推出的宁波首个针对跨境电商企业的专业融资产品“助保贷—跨境通”（图 8－5），为跨境电商企业提供资金支持，纳入“跨境购”电商平台的“卖家”都经过平台认证。消费者下单后，平台提供商品追溯二维码，手机扫描后，可以看到商品进口的详细信息，确保商品的安全、高质。电商行业经营大多采用“备货模式”，即需要先行向上游企业购买货物，再经过电商平台销售，因此备货资金是客户融资的最大用途。

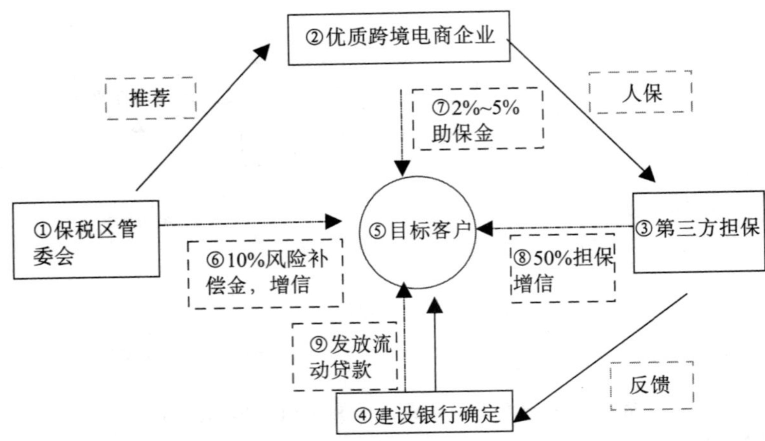

图 8－5　宁波市保税区“助保贷”

资料来源：根据宁波市电商平台调研资料整理总结。

第9章　跨境电商平台与金融的融合

9.1　宁波跨境电商平台金融的资金需求及困境

9.1.1　宁波的跨境电商平台体系已经形成

宁波海关对外发布：2017年宁波海关共审核通过跨境电子商务进口申报单4592.96万票，销售额80.11亿元，同比分别增长60.48%、48.85%。全年共服务消费者逾千万人次，最畅销的商品为婴儿奶粉、纸尿裤、化妆品，销售额来源国家分布日本、德国、澳大利亚、韩国等。近年来，宁波跨境电商业务呈现高速增长态势，在各个促销节点都出现"井喷式"增长。2017年11月11日，宁波跨境电商进口零售交易量达到601万单，交易额达9.7亿元，同比分别增长8.6倍、7.8倍，量、值位居全国海关第一。

宁波蓬勃发展的跨境电商业务，吸引了一批国内外龙头电商和大型平台企业入驻。截至2017年年底，宁波跨境电商试点企业已近700家。不仅聚集了全球龙头电商平台亚马逊、美国第二大零售商好市多（Costco）以及阿里巴巴天猫国际、京东全球购、网易考拉、蜜芽宝贝等一批国内外电商巨头，还引进了菜鸟网络科技有限公司（简称：菜鸟网络）、嘉里大通（嘉里大通隶属于郭氏集团旗下的嘉里物流集团）、百世物流科技（中国）有限公司（简称：百世物流）、顺丰控股（集团）股份有限公司（简称：顺丰速运）、海航云商投资有限公司（简称：海航云商）等一批国内外知名物流企业，一个现代化跨境仓储物流基地正在宁波成形。

宁波已经形成了以保税区进口跨境电商为主阵地，宁波栎社空港保税物流中心（B）型、宁波栎社机场物流园区、宁波海曙区出口跨境贸易电子商务产业园区、宁波电商城江北园区为辅，以宁波保税区跨境购的线上交易平台和宁波国际会展中心的进口商品交易中心的线下体验馆有机结合的多区域跨境电商产业集聚发展的格局，实现电子商务与特色产业的融合发展。

9.1.2 宁波市跨境电商的资金需求

宁波跨境电商的资金需求表现在以下几个方面：

（1）跨境电商平台的支付资金需求

随着宁波以平台式为主的 B2B、B2C、C2C、B2B2C 等商业模式[①]逐渐成熟以及搜索引擎、门户技术等技术驱力量的不断发展，跨境电商平台逐渐由以往机械逻辑的产业时代向生态系统时代演进。在这一阶段，电子商务的金融服务需求基本集中在资金支付及其延伸的支付创新服务上，需要足量的支付机构、多样化的支付方式满足电商发展的海量交易资金需求。

（2）线上线下融合服务的资金需求

宁波跨境 O2O 包括三个部分：线下商场展示、在线商城和线下体验馆。一方面，跨境电商方便了人们自由选择线上或线下的购买渠道，选择体验馆对商品进行实体体验带来全新的购物体验；另一方面，这些新的渠道、体验也伴随着巨大的资金需求，需要相应的金融服务支撑。新型的线上线下 O2O 业务模式逐步发展起来，能够分享地理信息、商家信息以及物流信息的共享平台，逐步深化了互联网新技术服务的应用，从而出现线上线下一体化的团购服务、展示服务、分享式导购服务、电商管家服务、代理服务等。这种协同作业平台的涌现，将从支付、资金结算、交易对账等资金流的各个环节，带来多样化的金融服务需求。这一阶段，电商需要不断的资金支付创新服务、多层级的结算服务、线上线下的统一支付、多方电子对账的创新服务，以及零售和小微企业的融资创新服务，才能协同物流信息共享平台、信息流及技术服务共同前进。

（3）供应链协同运作的资金需求

随着社会化物流平台的不断进步、供应链生产信息及个性化需求信息的

---

① 即 B2B 的定义：企业跟企业之间的电子商务运作方式。B2C 的定义：企业跟消费者之间的电子商务运作方式。

李克强总理在 2015 年政府工作报告中首次提出“互联网 +”概念后立即火爆全国。中国电商企业进行第二轮商业升级，各行各业都在以此为标配，构建“互联网 +”的 B2B2C 的新体系。

B2B2C 是一种新的网络通信销售方式，是英文“business to business to Customer”的简称。第一个 B 指广义的卖方（即成品、半成品、材料提供商等）；第二个 B 指交易平台，即提供卖方与买方的联系平台，同时提供优质的附加服务；C 即指买方。卖方不仅仅是公司，可以包括个人，即一种逻辑上的买卖关系中的卖方。平台绝非简单的中介，而是提供高附加值服务的渠道机构，拥有客户管理、信息反馈、数据库管理、决策支持等功能的服务平台。买方同样是逻辑上的关系，可以是内部也可以是外部的。B2B2C 定义包括了现存的 B2C 和 C2C 平台的商业模式，更加综合化，可以提供更优质的服务。

对称共享，云计算技术服务能力的增强，企业将更需要供应链的金融创新服务以及更深层次的信息资产类等创新金融产品和服务。从消费者到跨境电商平台到供货商，从整个供应链的角度来降低跨境电商的成本，提高跨境电商的利润，将需要把最合适的金融产品放到最需要及时服务的供应链链条当中，而这需要金融服务强有力的支持。

9.1.3 宁波市跨境电商的融资困境

(1) 金融机构对跨境电商支持不够

鉴于跨境电商行业小批量、多批次、规模小的特点，商业银行通常不会把其列为优先投资的对象。跨境电商尚处于兴起阶段，并未形成一定规模，商业银行不积极，再加上对新型行业缺乏深入了解的畏难心理，造成了针对跨境电商行业合适的金融产品少，金融创新活动弱的现状。

(2) 资本市场门槛高，限制了跨境电商各样的直接融资能力

相比于国内电商产业，跨境电商产业对知识、专业要求程度更高，一定程度上限制了跨境电商产业的融资能力。由于我国创业板市场规模小，尚未形成主、二板市场转换通道，风险投资的退出机制也不完善，风险投资退出的渠道有限且不够通畅，给风险投资的退出带来了一定的困难，这也制约了风险投资的发展。此外，知识产权的质押和评估、交易体系尚在起步阶段，以它为基础进行的贷款、技术转让等都受到不良影响。所以，政府应发挥“看得见的手”的作用，为其构建一个相对完善的投资环境，吸引、引导各个投资主体进行投资，尽可能地降低每一方的风险。

(3) 没有充分利用各种类型的资金，尤其是民间资本

民间资本依然是通过民间金融机构进入投资，来实现对跨境电商的支持。在民间金融机构进行投资时，承担主要风险的是投资者，而进行收益分配时，这些民间金融机构却将大部分利润收入囊中，风险承担与利益分配不对称。民间资本追逐更大的利润回报率，对于跨境电商这样的新型产业望而却步，民间资本向跨境电商产业的流动并不通畅。

(4) 支持电子商务发展的金融政策法规还不健全

电子商务作为新兴产业，对其投资风险大，导致很多金融机构都不愿意为其提供资金支持，这就需要政府的引导。此外，由于缺乏有效的激励机制，很多电子商务企业创新积极性不高，甚至有些创新技术或成果，因为没有及时应用，而逐步被市场淘汰。

9.2 宁波市跨境电商平台金融运作流程

9.2.1 宁波跨境电商企业平台金融服务及其运作

表9-1是宁波主要提供跨境电商金融平台服务：大道商城网为出口企业提供无抵押、无担保的融资服务和信用评价服务；世贸通提供退税融资、信用证押汇、进口开证、进口货物小额融资等金融服务；宁兴云外贸服务平台提供出口订单、生产运营、备货融资等金融服务；凯越国贸供应链金融服务。

表9-1　宁波主要的跨境电商平台金融服务

跨境电商平台	特点	金融运作	金融产品
大道商城网	整合资源，为出口企业提供信用贸易融资、信用风险管理、海外市场拓展的一站式供应链管理解决方案	无抵押无担保融资服务及其他金融服务、资信调查服务、信用评价服务和其他电子商务增值服务	“金融通”
世贸通	利用先进的互联网技术，将电子商务与服务外包的理念灵活运用于外贸服务行业，为中小外贸企业提供信息、物流、通关、金融等一体化、全程化、透明化的专业服务	退税融资、信用证押汇融资、出口信保融资、进口开证融资、进口货物抵押小额融资	“天一易贸通”
宁兴云外贸服务平台	集融资、营销、进出口代理于一体的综合外贸平台	出口订单融资、生产、备货融资，流动资金零压力	证融宝、赊融宝、易融宝、外汇宝
凯越国贸	组建专门的信息技术部门，建立起了CRM客户管理系统，为每一个客户设计一条专门的供应链，帮助客户通过大量的数据分析市场需求，预知市场的各种变化，提醒客户需要生产什么或者购买什么	通关、出口退税、信保、外汇、融资、物流等多元化的专业服务	“小树外贸通”

资料来源：根据宁波市电商平台调研资料整理总结。

9.2.2 保税区跨境进口电商平台的金融支持

宁波保税区正在全力打造跨境进口贸易电子商务基地，为国内消费者提供商品导购、商品查询、实名身份认证、人员注册、税单查询、物流查询、商品防伪溯源查询等跨境综合服务，通过搭建与海关、国检等执法部门相对接的跨境贸易电商服务信息系统，为进口电商企业缩短通关时间、降低物流成本、提升利润空间，并解决“海淘”带来的灰色通关问题。高品质、高保障的服务特点为海外中高端品牌进入中国市场铺平了一条全新的互联网道路，降低了传统模式下海外品牌进入中国市场的诸多问题。

利用宁波保税区跨境进口贸易电子商务服务试点的功能政策优势以及宁波保税区丰富的保税、仓储资源，为企业提供货物代理进口、报关报检、报税仓储物流、电商代理运营、电商营销、供应链融资等一站式服务，帮助企业节省中间环节成本。同时，为海外高质商品迅速进入中国市场提供便捷通道。通过保税区综合服务平台，海外的商品以批量的运输方式入境，在宁波电子口岸形成入境备案清单，并在保税区内保税存储，一旦消费者在天猫国际，全球速卖通、亚马逊等平台下单后，商品直接以快递方式从保税区寄出，到达最终消费者手中，电商企业向海关申报并缴纳行邮税。保税区的跨境电商平台的金融服务运行流程，如图9-1所示。

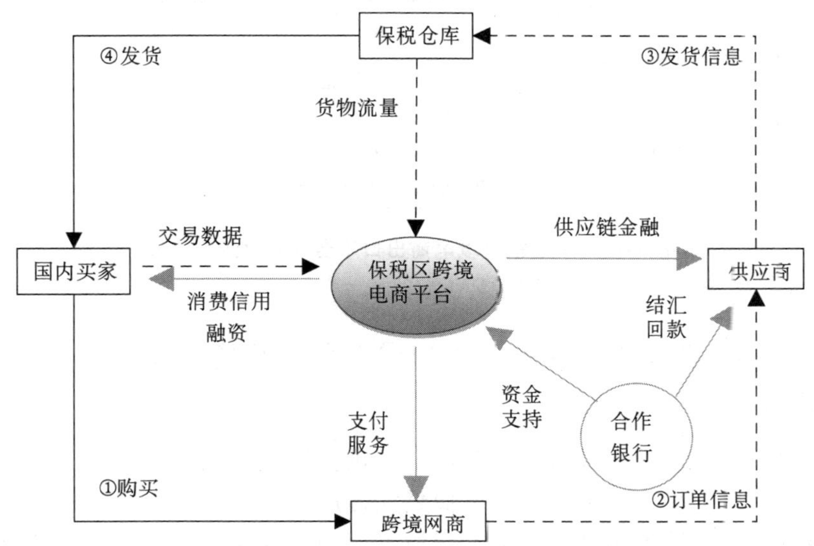

图9-1　宁波市保税区跨境电商平台的金融运行流程

资料来源：宁波市保税区资料整理。

9.2.3　跨境电商出口宁波市保税区跨境电商平台金融运作流程

宁波广大中小出口企业同全国许多传统外贸企业一样，很大成分的利润被进出口中间渠道商赚走了。跨境出口电商平台恰恰缩短了供应链的中间环节，使中国企业直接对接海外企业或商人，但是，跨境电商出口面临通关难、结汇难、退税难等短板，但跨境出口电商仍然是一极有潜力的处女地。

2015 年 5 月宁波市跨境贸易电子商务出口业务试点工作正式启动。为帮助广大外贸企业逆势突围，抢抓试点商机，跨境电商出口平台需要协调宁波市口岸各部门，积极做好企业备案、商品备案、网上交易、清单申报、汇总报关等流程，图 9－2 是宁波跨境电商出口平台的金融运行流程。

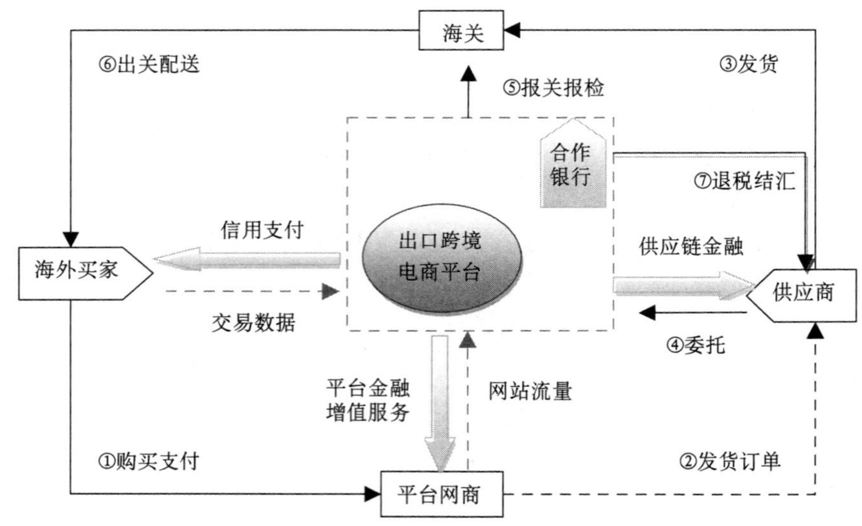

图 9－2　宁波市跨境电商出口平台的金融运行流程

资料来源：根据宁波各出口电商平台资料整理。

9.2.4　跨境电商企业或上游企业的跨境电商平台供应链金融运作流程

跨境电商将成为一种常态，跨境电商供应链线上线下、国内国外市场均将进一步优化、融合，结合跨境电商供应链的现状，将创新型的跨境金融服务与现代互联网技术相结合，推动跨境电商的健康发展。跨境电商供应链金融平台汇聚了众多的采购商、供应商、银行、保险公司、仓储、包装、配送服务提供商等，形成一个全球性的网上贸易市场，为企业拓展销售渠道、建立自主品牌、资源整合等提供良好的平台支持，如图 9－3。

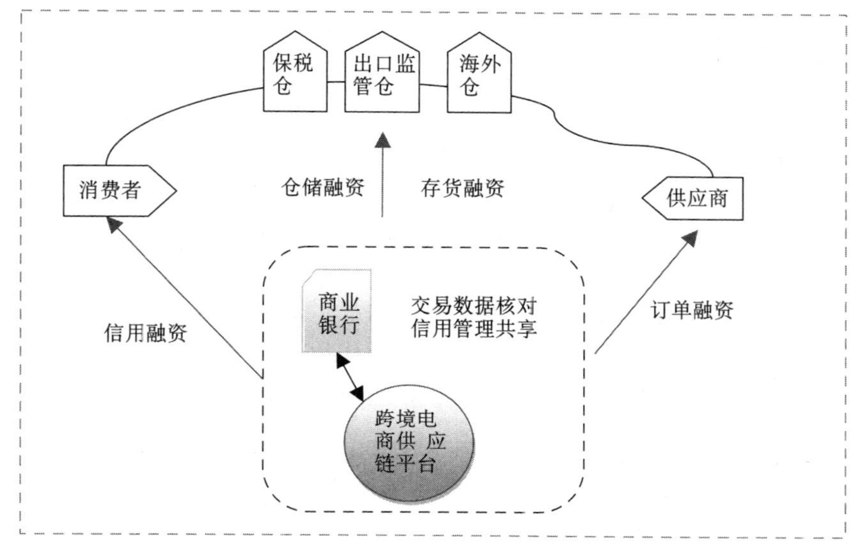

图9－3　跨境电商供应链金融运行流程

资料来源：根据宁波跨境电商平台供应链金融的资料整理。

9.3　打造宁波市跨境电商金融平台的路径设计

9.3.1　推进跨境O2O规模化发展，创新移动金融

O2O，即“商业＋金融”，金融作为除跨境电商之外另一个利润增长点，创新的重点，因为这种模式存在两大竞争优势：（1）实体企业有客户群体；（2）线上与线下结合。跨境O2O包括三个部分，线下大型商场、线下体验馆以及在线商城，而跨境O2O在线商城融合了产品溯源、电子口岸、跨境支付。人们可自由选择线上或线下的购买渠道，亦可选择体验馆对商品进行实体体验。这种“三位一体”的创新模式，给人们带来了全新的购物体验，是“互联网＋”时代电商发展的趋势。

保税区应与跨境O2O合作，积极拓展业务。因为保税区的进口商品在入关的时候都是免税的，价格要比一般进口商品的价格便宜。以某两罐装奶粉为例，消费者买到手的价格是440元，商品品质却无从管控；而在创新O2O模式中，消费者的到手价为399元。通过从海量线下商户中筛选出优质的商户，与提供门店服务，消费者就近在商户门店浏览商品，并通过门店内的定制终端或手机APP下单，即可享受国际专有物流快递的送货上门服务，所有

商品均为海外直供。

2013 年宁波市筹建城市移动金融公共服务平台，在全国率先实现地方平台与 MTPS 的互联互通。2014 年中国人民银行宁波市中心支行积极指导辖内 5 家商业银行开发基于金融安全芯片的移动金融应用。根据宁波市人民政府办公厅关于印发宁波市移动电子商务金融科技服务创新试点工作实施方案的通知（甬政办发〔2015〕122 号），建设运营宁波市移动金融公共服务平台，以安全支付为前提，构建基于智能安全芯片、符合中国金融移动支付标准的可信交易环境，为移动电子商务健康快速发展提供有力支撑。所以，应继续发展与完善宁波市移动金融公共服务平台跨行移动支付平台项目，将移动金融公共服务嵌入到跨境电商平台，获得跨境电商的支付收入。

9.3.2 针对性地进行三大区域的跨境电商支付平台创新建设

跨境电商拓展了支付领域的空间，尤其是 2013 年 10 月 11 日外汇管理局下发的“关于开展跨境电子商务外汇支付业务试点的批复”（汇发［2015］7 号），以支付宝、银联国际、快钱支付和财付通为代表的第三方支付与境内外的银行、电子商务网站、物流平台等对接，不仅为境内消费者海外购物付款带来了便利和优惠，还方便了小额电商向国外消费者卖出商品。应利用宁波保税区跨境进口贸易电子商务服务试点的功能政策优势，完善与发展“跨境购”和“保税通”两大综合服务平台。基于中国（宁波）跨境贸易电子商务产业园区，尝试保税备货模式，这样电商在提前集中采购海外商品时，可以用人民币支付，同时，消费者在网上下单后通过网银、第三方支付等工具支付人民币。依托梅山保税物流园区，借鉴电商平台天猫商城、自营 B2C 平台京东商城和杭州市东方电子商务园的银货通在线等，依靠应收账款融资和存货质押融资业务为核心，打造跨境电商供应链物流金融中心，引导跨境电商企业提供供应链金融服务“一站式”服务。

9.3.3 与金融服务机构合作解决跨境电商平台客户的融资担保

电商平台贷款模式主要与银行、网贷公司等的合作模式，如北京慧聪国际资讯有限公司（简称：慧聪网）、浙江网盛生意宝股份有限公司（简称：生意宝，原浙江网盛科技股份有限公司）、敦煌网等，以担保公司为平台的客户贷款进行担保。另外，还有以自有资金成立小额贷款公司直接对平台内客户放贷，如阿里巴巴，既解决了客户融资问题，又盘活了闲置资金。无论是纯信用贷款还是供应链融资，都要求网商保持良好的信用资质和交易记录，这是风险控制的基础，是所有融资业务的核心。同时，随着金融市场的逐渐开放和利率市场化的推进，电商平台能够与越来越多的与非银行金融机构合作。

根据宁波市跨境电商发展的特点，跨境电商平台上的商户大部分是从事销售或流通领域的，这一领域是产业链条中最稳定的一环。若电商信贷服务延伸到整个产业链，打通上下游产业，这样能很好地促进跨境电商的发展。借鉴 PayPal 在英国与金融服务公司 United Kapital 合作的经验，搭建跨境电商的融资平台，将金融机构业务融入跨境电商的产业链条，会成为跨境电商的一个重要赢利点。

9.3.4 为跨境电商提供个性化定制融资方案

互联网金融的核心是数据，应该立足平台内部数据进行大数据处理，为建立自营风险模型积累可参考数据。在自有风控能力建设上大力投入，逐步涉足项目风控审核的核心环节，在未来将风险控制在自己的手中。融资方的跨境贸易商品货真价实，作为一家互联网金融服务平台，投资方的资金通过平台散发给融资方，多了一层防护措施。海外供应商往往要求见提单付清尾款，而由于航运周期及资金量限制，下游销售客户不能在短时间内备好充足货款，传统金融又无法满足这种个性化的融资需求，跨境电商迫切需要金融配套服务，铜掌柜是杭州铜米互联网金融服务有限公司旗下运营的互联网金融信息服务平台，它是在 P2P 平台上通过解决物权抵押的方法提供融资方案。

2015 年 6 月国务院常务会议决定，放开市场准入，将原在 16 个城市开展的消费金融公司试点扩大至全国。审批权下放到省级部门，鼓励符合条件的民间资本、国内外银行业机构和互联网 + 企业发起设立消费金融公司。借鉴 PayPal Credit、PayPal Working Capital、Amazon Lending、“商通贷”①、京东白条、花呗、趣分期、分期乐、闪白条等做法，尝试创新差异化的金融服务，向消费者提供无抵押、无担保小额信贷。如，邮储银行宁波分行的个性化定制融资做法，建立以大数据为基础的风险控制体系，实现绿色信贷。

9.3.5 搭建大数据金融服务平台，开展跨境电商信用融资

通过大数据，可以很好地通过对个体或者群体的大量信用行为进行收集、整理、分析、糅合，借鉴阿里小贷等的“封闭流程 + 大数据”的模式，利用现有的宁波中小微企业网上融资平台、宁波市外经贸企业网上融资平台等信息与数据，凭借电子化系统对贷款人的信用状况进行核定，发放无抵押的信

---

① 即商通贷是宜信旗下面向电商卖家的在线融资平台，通过综合评估店铺交易流水数据，为中小卖家提供实时借款服务，旨在快速、便捷、灵活地帮助中小电商解决资金问题。

用贷款及应收账款抵押贷款，与银行信贷形成了非常好的互补。

形成独特的信用贸易融资模式。如大道商诚网以独特的 GTR 信用评估体系和云计算技术为工具，搭建“云保理”融资平台，全程在线操作、无抵押无担保的信用贸易融资系列金融服务。

利用信用卡等授信方式对跨境电商进行授信，如日本乐天信用卡积分模式、亚马逊推出的免费移动支付应用和信用读卡器和点名时间、保税区的“助保贷 - 跨境通”、“备货模式”等。

9.4 宁波跨境电商金融支持的对策建议

9.4.1 发展跨境电商的金融支持体系

跨境电商的金融支持体系应稳中有变、网络金融全力支持、信贷支持加大力度、资本市场降低门槛、民资与外资不应忽视，探索电子商务发展的金融支持体系。跨境电子商务作为新兴产业，处于发展初始阶段，具有鲜明的高投入、高风险、高收益的特征，但资金来源极其有限。首先，要加快网络支付平台的建设，为客户提供更便捷的网络支付服务，网上支付平台是跨境电商金融支持的关键环节，其中，移动支付作为一种新的支付方式，更具便捷、低廉和安全等优点，其发展前景巨大，应该进一步推广。其次，商业银行应创新贷款品种，采用“互联网 +”灵活的还款方式，设计灵活的利率机制，将使得这一市场对新兴产业的发展起到重要的推进作用。再次，资本市场是电商长期融资需求的直接金融市场，效率会相对高一些，发生的费用会相对小一些；还要加大力度引导、鼓励风险投资和天使投资对电子商务业的投资融资。最后，充分吸引并利用民间资本与海外资金进入跨境电子商务产业。总之，要以网络金融支持为基础，国家金融政策支持为辅，不断加强信贷创新，降标资本市场上市门槛，同时，重视和合理利用民资与外资，促进电子商务健康快速发展。

9.4.2 发展特色鲜明的第三方支付平台

2007 年银联成为国内首家开展跨境支付业务的第三方支付公司，但 2012 年世界贸易组织认定银联存在垄断行为。国家为了更好地发展第三方支付市场，终于确定允许其他第三方支付公司进入跨境支付服务领域。2013 年 10 月正式下发了《关于开展跨境电子商务外汇支付业务试点的批复》（汇综发［2013］5 号），批准 17 家第三方支付机构开展跨境电子商务外汇支付业务试

年时，在中国品牌商的所有数字广告支出中，智能机将占据近 82%。

移动端电商平台以手机客户端为载体，在对接海关等部门的通关系统基础上，整合多个跨境电商购物平台打造而成的手机购物平台。该平台可以实现 B2C 跨境贸易通关的阳光化与便利化，有助于电商企业进一步缩短通关时间、降低物流成本、提升利润空间。同时，该平台还在后台形成了闭合的信息链，确保了海关监管到位。

消费者只需在各大应用商城下载安装手机客户端，进入跨境电商平台，就可开始挑选、购买进口商品了，而下单支付后分拣、出仓、物流都在后台自动进行。这意味着，购买进口商品时，挑选、下单、支付等所有环节，消费者轻点手机即可完成，而且花钱更少、收货更快、品质更有保证、服务更加贴心。移动跨境电商平台在降低准入门槛、平台推广方面具有很大优势，是未来跨境电商发展的一个趋势。

9.4.6 建设电商信用征信机构

互联网技术促进电商发展，电商小微企业资金需求催生互联网金融，互联网信贷增长依赖电商金融征信的健全发展。与大多数小微企业一样，众多从事跨境电子商务的小微企业存在规模小、信息不透明、缺少有效的可抵押资产的问题，往往难以获得金融机构传统信贷模式的支持，各传统金融机构也很少有适合小微企业需求的融资产品推出，小微企业的经营财务、资信资产等相关信息不透明是其重要制约因素，这说明跨境电商平台金融征信已经成为跨境电商平台金融发展的短板。

进行网络诚信体系建设，可以通过设立电商征信机构，实现电商征信信息的有偿共享与最大化使用，为金融机构发放贷款提供有效的征信服务，发挥改善整个电商小微企业融资需求的最大作用。随着更多的商业化、专业性的征信机构出现，征信机构从不同渠道收集中小微企业的信用信息，将给金融机构发放贷款提供更为充分、全面的参考依据。

随着互联网技术的发展，大数据技术逐渐渗透到多个行业，基于大数据的征信业务具有来源广、信息维度多、成本低等突出特点，一些专门从互联网采集信用信息的大数据公司已经参与到征信领域，但也要注意数据的采集范围、使用原则和信息安全。通过设立电商征信机构，促进各类征信企业的规范和有序竞争，形成互为补充、依法经营、公平竞争和征信市场格局，推动企业征信市场的健康发展，满足社会多层次、全方位、专业化的征信服务需求。

9.4.7 政策支持跨境电商金融发展

跨境电商行业仍处于发展初期，需要政策层面的金融支持和适度监管，合理的政策环境决定了行业发展的速度。目前，宁波地区约有 3 万多家外贸公司，在这其中约有 7000 多家贸易公司与阿里巴巴、环球资源、特瑞德克（TradeKey，沙特阿拉伯公司，全球运营中心位于巴基斯坦，服务器在美国）、中国制造网（Made In China）等跨境电商平台合作，而其中与阿里巴巴合作的贸易公司就有约 6000 多家，占 85.71%。据宁波市商务委员会数据，2017 年宁波世贸通国际贸易有限公司旗下的世贸通平台作为全国仅有的 4 家也是长三角地区唯一的一家外贸综合服务平台，经过五年的发展，已经具备了非常完善的流程梳理能力，形成了金融、保险、物流、海外仓等多方面的资源整合优势，该平台已拥有中小企业客户 5000 余家，规模突破 10 亿美元。借鉴杭州跨境电子商务综合试验区的成功经验，建立金融服务体系，在跨境电商产业发展专项资金中安排一定金额支持，充分利用现代物流业扶持资金和交通物流扶持资金杠杆作用，加强对跨境电商物流企业建设项目、先进技术、创新模式等方面资金扶持，鼓励跨境电商做大做强，鼓励跨境电商企业集聚发展，提高集约化水平。对快递企业入驻园区、建设企业总部或快递处理分拨中心等，在提供用地、融资信贷、信息服务等基础配套建设等方面给予支持，促进快递产业的集中布局。

各级地方政府应增加财政投入支持发展在线供应链金融，政府相关部门应对在线供应链金融的技术、法规、商业模式、客户习惯等方面进行规范化和制度化，从主制造商、主物流商、主交易商、主流通商、主服务商、主金融商、主保理商等多个维度探讨在线供应链金融。

主要参考文献

[1] Lee M. K. O. , Turban E. A trust model for consumer internet shopping. *International Journal of Electronic Commerce*, 2002, 6 (1): 75 -91.

[2] Jing Zhao, ShanWang, Wilfred V. , Huang. A study of B2B e - market in

China: E - commerce process perspective. *Information & Management*, 2008, 45 (4): 242 - 248.

[3] S Srinivasan. Role of trust in e - business success. *Information Management & Computer Security*, 2004, 12 (1): 66 - 72.

[4] Nuray T. The impact of E - commerce on international trade and employment. *Procedia Social and Behavioral Sciences*, 2011 (24): 745 - 753.

[5] Hilbert M, Lopez P. The world's technological capacity to store, communicate and compute information. *Science*, 2011, 332 (6025): 60 - 75.

[6] Thulani, Dube, Tofara, Chitura, Langton, Runyowa. Electronic commerce benefits and adoption barriers in small and medium enterprises in Gweru, Zimbabwe. *Journal of Internet Banking and Commerce*, 2010, 15 (1): 56 - 70.

[7] Badrul Sarwar, George Karypis, Joseph Konstan, John Riedl. Application of dimensionality reduction in recommender systems - a case study. *WebKDD - 2000 Workshop*, 2000.

[8] H C Moon, S R Shing, D Y Kim. Issues in the international standards of electronic documents for global E - Trade. *Proceedings of the International Conference on Social Science, Economics and Art*, Kuala Lumpur, 2011.

[9] Asosheh A, Romer S N, Khodkari H. A Model of a Localized Cross - border E - commerce. *I - Business*, 2012 (4): 136 - 145.

[10] AliGhorbani, Mohammad Bakhtazmay Bonab. Globalization and the role of E - commerce in its expansion. *Journal of Basic and Applied Scientific Research*, 2013 (3): 78 - 82.

[11] Harish Patil, Rajiv Divekar. Inventory management challenges for B2C E - commerce retailers. *Procedia Economics and Finance*, 2014 (11): 561 - 571.

[12] Bertin Martens, Geomina Turlea. The drivers and impediments for online cross - border trade in goods in the EU. *Institute for Prospective Technological Studies Digital Economy Working Paper* (2012).

[13] Chong, Sandy. Success in electronic commerce implementation: A cross - country study of small and medium - sized enterprises. *Journal of Enterprise Information Management*, 2008, 21 (5): 468 - 492.

[14] 来有为、王开前、李广乾："我国跨境电子商务的发展形态和发展状况"，《中国经济时报》，2014年6月17日。

[15] 宋新伟："跨境电商人民币结算政策管理框架研究"，《时代金融》2015年第3期。

［16］何莉娟：“电子商务环境下的我国中小企业信用评估体系构建”，西南财经大学学位论文，2012 年。

［17］黄倚嘉：“以电商平台为核心的互联网金融行业发展研究”，首都经济贸易大学学位论文，2014 年。

［18］韦继强：“我国跨境电子商务及支付业务管理体系构建”，《中国经贸》2013 年第 2 期。

［19］王雪梅、刘鸣：“C2C 电子商务信用体系模式探究”，《中国市场》2011 年第 15 期。

［20］里查德·狄乔治年（Richard T De George）著；翁绍军，马迅译：“国际商务中的诚信竞争”，上海社会科学院出版社 2001 年版。

［21］许金声：“电商产业链投资价值凸显”，《资本市场》2011 年第 10 期。

［22］贾珊：“X 跨境电子商务公司的发展战略研究”，北京交通大学学位论文，2015 年。

［23］甘丽新、涂伟：“大数据时代电子商务的机遇与挑战探讨”，《科技广场》2013 年第 3 期。

［24］王惠敏：“大数据背景下电子商务的价值创造与模式创新”，《电子商务》2015 年第 7 期。

［25］张雪卫：“爱美购跨境电子商务平台的商业模式创新研究”，华东理工大学学位论文，2014 年。

［26］原达：“大数据时代 FJ 邮政电商策略研究——基于消费者行为的调查”，厦门大学学位论文，2014 年。

［27］李鹏飞、张攀：“大数据背景下电子商务与快递业联动发展策略研究”，《物流科技》2014 年第 6 期。

［28］秦洋：“大数据发展趋势下的中国电信运营商电子商务运营模式分析”，北京邮电大学学位论文，2014 年。

［29］严太华、王欣：“基于混合博弈下投资行为与中小企业融资难的问题研究”，《中国管理科学》2008 年第 4 期。

［30］刘珊：“电商大数据：淘宝数据王国的构建”，《中国电子商务》2012 年第 9 期。

［31］黄丹丹、王明宇、刘淑贞：“阿里大数据战略探析”，中国学术期刊电子出版社 2013 年版。

［32］王瑞红：“政策给力打造跨境电商完整产业链”，《时代金融》2015 年第 5 期。

[33] 丁汀、李雪梅："供应链金融解决中小企业融资的优势分析"，《物流技术》2009 年第 7 期。

[34] 张明、韩瑞珠：" 中小企业融通仓融资博弈分析"，《金融经济》2010 年第 1 期。

[35] 李子、杨坚争："跨境电子商务对进出口贸易影响的实证分析"，《中国发展》2014 年第 5 期。

[36] 胡一："基于大数据的电子商务个性化信息推荐服务模式研究"，吉林大学学位论文，2015 年。

[37] 陆一夫："亚马逊推小额信贷"，《新经济》2015 年第 7 期。

[38] 刘志超、陈 勇、姚志立：" 大数据时代的电子商务服务模式革新"，《科学管理研究》2014 年第 1 期。

[39] 张兴军："蚂蚁金服：'金融生态集大成者'"，《中国经济信息》2015 年第 3 期。

[40] BMedjahed. Business to business interactions: issues and enabling technologies. *The International Journal on Very Large Data Bases*, 2003, 12, (1): 59 - 85.

[41] 黄倚嘉："以电商平台为核心的互联网金融行业的发展研究"，首都经济贸易大学学位论文，2014 年。

[42] 甘丽新、涂伟："大数据时代电子商务的机遇与挑战探讨"，《科技广场》2013 年第 3 期。

[43] 黄海龙："基于以电商平台为核心的互联网金融研究"，《上海金融》2013 年第 8 期。

[44] 吴玉婷："连锁零售业电子商务大数据发展研究——以沃尔玛为案例"，云南大学学位论文，2015 年。

[45] 全石峰："云计算环境下大数据处理对电子商务发展的作用"，《电脑知识与技术》2013 年第 7 期。

[46] 杨群华："我国互联网金融的特殊风险及防范研究"，《金融科代》2013 年第 7 期。

[47] 黄永稳："我国中小企业利用跨境电子商务研究"，东北财经大学学位论文，2014 年。

[48] 郭菊娥、史金召、王智鑫："基于第三方 B2B 平台的线上供应链金融模式演进与风险管理研究"，《商业经济与管理》2014 年第 1 期。

[49] 林敏捷、钱瑛："基于双边市场跨境电商平台用户接受影响因素研究"，《中国市场》2015 年第 23 期。

[50] 马梅、朱晓明、周金黄、季家友、陈宇："支付革命互联网时代的第三方支付"，中信出版社 2014 年版。

[51] 谢平、邹传伟："互联网金融模式研究"，《金融研究》2012 年第 12 期。

[52] 宋滟泓、水寒："一场电商掀起的金融革命"，《IT 时代周刊》2013 年第 10 期。

第四部分

大数据金融促进城市经济发展

第 10 章　大数据金融嵌入城市经济发展的机理与路径

10.1　大数据金融嵌入城市经济发展的研究意义

10.1.1　大数据金融能够重构金融体系

党的十八届三中全会通过的《中共中央关于全面深化改革若干重大问题的决定》指出，加强金融基础设施建设，保障金融市场安全高效运行和整体稳定。大数据技术与理论的出现为大金融体系的构建带来了切实可行的机遇。2012 年联合国发布的《大数据促发展：挑战与机遇》白皮书指出，大数据对于各国政府来说是一个历史性的机遇，可以使用极为丰富的数据资源来对社会经济进行前所未有的实时分析，帮助政府更好地预测经济运行。所以，加强金融监管、防止发生系统性风险，需要借助大数据理念与技术的支持，构建稳定均衡的大金融体系。2015 年 8 月 31 日国务院关于印发《促进大数据发展行动纲要》的通知（国发〔2015〕50 号），提出推动大数据与云计算、物联网、移动互联网等新一代信息技术融合发展，探索大数据与传统产业协同发展的新业态、新模式，促进传统产业转型升级和新兴产业发展，培育新的经济增长点。金融业本身就是高度依赖信息技术的数据驱动行业，大数据能够解决金融领域海量数据的存储、查询优化及声音、影像等非结构化数据的处理，并导入客户社交网络、电子商务、终端媒体产生的数据，构建更全面、真实、科学的客户画像系统，大数据的深入应用，或将重构整个金融行业。

10.1.2　智慧城市建设急需数据融合

2014 年 3 月 16 日中共中央、国务院印发《国家新型城镇化规划（2014—2020)》和国家发展和改革委员会等 8 部委于 2014 年 8 月颁布的《关于促进智慧城市健康发展的指导意见》（发改高技〔2014〕1770 号）精神，提出了如何通过政府引导、市场化主导的方式推进智慧城市发展，实现以人为本和低碳、绿色、可持续的城市经济发展目标。按照2011年2月经国务院批准同意实施的《浙江省城镇体系规划（2011—2020年）》，全省城镇体系呈现出集群化、网络化发展的趋势，杭州、宁波、温州、金华—义乌四大都市圈初显雏形，全省从以县域经济为重点转变为以城市经济为重点，从区块经济带动转变为都市圈经济带动。作为人类文明汇集地的城市，正顺应这一趋势，以云计算、大数据的应用为基础，通过对城市各个系统进行数据采集、互联互通、优化选择等智能化改造，将海量的、无序的数据，转化为具有更强思辨决策能力、洞察发现能力和流程优化能力的信息资源，进入了智慧信息高度互联、智慧产业高端发展、智慧技术高度集成、智慧成果高度渗透、智慧服务高效便民的"智慧城市"的新时代，改变了城市的资金流、商流、物流和人流的流动方式。目前，浙江省自上而下、自下而上共同发展大数据，通过智慧应用系统和大数据的融合，如2015年1月由中国工程院和宁波市合作开展研究的《宁波城市大数据研究》项目已经启动，在大数据时代背景下，及早谋划大数据的应用和发展，改善民生和服务，加强政府对城市精细化的管理，促进宁波经济发展，推动宁波经济转型升级具有非常重要的意义，通过城市大数据金融的研究，大大深化浙江省智慧城市建设的步伐，也为全国智慧城市发展提供很好的借鉴。

10.1.3 大数据金融推动智慧城市金融产业集聚

智慧城市建设深入发展的方向是要开放发展，而开放发展的关键是大数据，要把数据打通，把各种数据融合在一起，实行共享；智慧城市的建设不仅要惠及民生，而且要促进经济的发展。国外发达国家，金融产业集聚已经比较成熟，已有若干世界著名的国际金融中心，如纽约、伦敦、东京三大全球性国际金融中心以及苏黎世、多伦多等区域性国际金融中心。中国从2008年开始就提出了建设成为上海国际金融中心的目标，已经有一些城市提出建设金融中心的目标，但金融中心建设任重道远，金融产业必须有序地逐步发展，即首要从金融产业集聚入手，在城市实现金融产业的集聚发展。随着金融服务业地位不断加强，金融机构与金融人才不断集聚于中心城市，金融产业集聚效应对区域或城市经济的作用越来越强。从产业角度上说，城市经济是生产要素的高度集聚过程中由集聚产业点向集聚产业区、集聚产业核心区发展的过程，是集聚经济。而大数据金融的共享、融合和集聚推动智慧城市建设。

10.1.4　国家高度重视智慧城市建设的信息安全保障工作

智慧城市建设涵盖水、电、气等城市基础设施、基础信息网络、政府办公、生产调度、应急指挥等各个领域，属于国家重要信息系统建设。智慧城市建设将对整个城市进行全面透彻感知，对城市各个节点进行宽带泛在互联（Ubiquitous Network）①，对城市管理、政府公共服务、市民生活等各种应用进行高度智能融合，能够极大提高政府管理和服务的能力，极大提升人民群众的物质和文化生活水平。但是，由于智慧城市建设涉及市民生活、城市管理、政府服务和决策等方方面面，其安全防护范围急剧扩大。一旦智慧城市某个节点或某个应用遭受攻击，轻则影响市民的正常生活，重则对整个城市的公共安全和政府决策造成严重危害和损失，极易造成严重的社会影响，甚至政治影响。2015 年 1 月 1 日全国首部《智慧城市系列标准》② 由深圳市智慧城市研究会、市智慧城市建设协会、中国智慧城市专家委员会、深圳智慧城市企业标准联盟牵头，以深圳企业为主体，联合有关机构共同编制，以智慧城市建设急需的共性标准为主，提出了信息互联互通和数据共享交换的规定和要求，对于有效消除“信息孤岛”和避免重复建设具有重要的作用。因此，建设安全可信保障系统已经成为智慧城市信息安全保障体系建设的基础和核心，非常重要和紧迫。

10.2　国内外研究现状及发展动态

从智慧城市建设投融资机制、城市金融产业集聚、大数据金融与城市经济发展等方面，分析国内外研究现状及发展动态。

10.2.1　智慧城市内涵的国内外研究动态

国外的智慧城市建设最早可以追溯到新加坡。新加坡 20 世纪 80 年代开始信息化规划和建设。1992 年，新加坡提出 IT2000—智慧岛计划，计划在 10

① 即泛在网络来源于拉丁语 Ubiquitous，从字面上看就是广泛存在的，无所不在的网络。也就是人置身于无所不在的网络之中，实现人在任何时间、地点，使用任何网络与任何人与物的信息交换，基于个人和社会的需求，利用现有网络技术和新的网络技术，为个人和社会提供泛在的，无所不含的信息服务和应用。

② 即 2015 年 11 月 15 日，全国首部地方团体标准《智慧城市系列标准》在深圳正式公布，该标准将于 2016 年 1 月 1 日在全国开始试行。按照国家标准委智慧城市总体组领导的建议，在全国选择试点城市、园区等项目开展先行先试。

年内建设覆盖全国的高速宽带多媒体网络，普及信息技术，在地区和全球范围内建立联系更为密切的电子社会，将新加坡建成智慧岛和全球性 IT 中心。2000 年，新加坡提出“信息通信 21 世纪计划”，计划到 2005 年成为网络时代的“一流经济体”。2006 年 6 月，新加坡公布“智慧国 2015（IN2015）”计划。当前全球各主要发达国家和新兴发展中国家都已投入智慧城市建设热潮当中，全球已有 1200 多个智慧城市的项目正在实施中。

智慧城市的概念最早源于 20 世纪 90 年代晚期的“新城市主义”（New Urbanism）和“精明增长”（Smart Growth）运动，目的在于解决“城市蔓延”（彼得·卡尔索普（Peter Calthorpe，1994）、布柴尔（Burchell，2004））带来的诸多问题，倡导为城市与区域规划制定新的政策，美国尔勒冈州波特兰市被广泛认为是典型的成功案例。2005 年后，智慧城市被一些技术服务公司所采用（思科（Cisco，2005））、美国国际商用机器公司（IBM，2009）、西门子（Siemens，2004），借助信息通讯技术整合包括建筑、交通、电力、教育、水资源分配及公共安全等方面的城市基础设施建设和运营服务，成为“智慧地球”的延伸。欧洲各国在智慧城市建设的过程中涌现了一些经典的成功案例。在亚洲除了早就开始进行智慧城市建设的新加坡、韩国等新兴的发展中国家外，中国、马来西亚、印度、阿拉伯联合酋长国等国家也已经开始进行本国智慧城市的建设。南非的德班市、开普敦市和澳大利亚的布里斯本市和伊普斯维奇市等城市也已加入全球智慧城市建设的热潮之中。索蒂里斯·基尔吉亚科斯（Sotiris Zygiaris，2013）研究得出，智慧城市规划者可以使用参考模型来定义智能城市的概念布局，并描述每一个六层中的智能创新特征，如巴塞罗那、爱丁堡、阿姆斯特丹等城市为例，检查以评估其整体的智慧城市参考模型。

从现有的研究成果来看，很多组织或学者都对智慧城市的含义进行过诠释，这其中既有西门子（Siemens）①、日立（HITACHI）②、国际商业机器公司或万国商业机器公司（International Business Machines Corporation，简称 IBM）、思科（CiscoF）③、美国国际城市管理协会（ICMA）④、城市和区域创新研究

① 西门子即 Siemens，德国西门子股份公司创立于 1847 年，是全球电子电气工程领域的领先企业。

② 日立即 HITACHI，是来自日本的全球 500 强综合跨国集团，1979 年便在北京成立了第一家日资企业的事务所）、国际商业机器公司或万国商业机器公司（International Business Machines Corporation，简称 IBM）。

③ 思科即 Cisco，NASDAQ 上市：CSCO，是全球科技领导厂商，自 1984 年起就专注于成就互联网等世界知名企业，也有全球智慧社区论坛（Intelligent Community Forum，简称 ICF）。

④ 美国国际城市管理协会（ICMA），1914 年总部位于华盛顿，旨在推进全球专业地方政府。

中心（The URBAN AND REGIONAL INNOVATION Research Unit，简称 URENIO）等政府与民间组织，还包括麻省理工学院（MIT）、维也纳理工大学（Vienna UT）等学术研究机构。弗斯特（Forrester）、鲁道夫（Rudolf Giffinge）、安德拉（Andera Caragliu）、多明格（J. Domingue）及卡拉格．李（Caraggliu）等分别从不同角度定义智慧城市，国内学者李德仁（2011）、许庆瑞（2012）、史璐（2011）、李重明（2011）、杨红艳（2012）、王世福（2012）、袁文蔚和郑磊（2012）分别从信息技术、城市规划、公共管理和技术创新等方面提出了对智慧城市概念的不同理解。中国智慧城市建设的类型多种多样，如深圳、上海、南京、广州、沈阳等地，陈观林等（2015）设计推进浙江省智慧城管建设的斯玛特（“SMARTER”）模型，并构建了推进智慧城管建设的运作体系，可为城市管理水平的进一步提升提供参者。

10.2.2 智慧城市建设投融资的国内外研究动态

在 20 世纪 70 年代之前，大多数国家都把城市基础设施视为具有自然垄断的社会福利性产品，都侧重于对城市基础设施实行国有化管理。20 世纪 70 年代末 80 年代初是私有化改革阶段，私有化改革最早从英国开始的．1979 年撒切尔夫人上台后，英国开始推行私有化政策。美国的私有化始于 1981 年，当时提出拍卖联邦政府的联合铁路货运公司。法国政府也进行了大规模的私有化，1986 年 3 月希拉克政府上台之后，制定了有关国有企业私有化的法规。以市场为基础的城市基础设施改革趋势始于 20 世纪 80 年代中后期，由于财政资金有限及国有企业在提供公共物品和服务方面低效，越来越多的政府开始转向私营部门寻找新的资金支持，并依靠私营企业提供公共物品。在 20 世纪 90 年代，吸引私人投资和依靠私营企业提供公共物品，减少对这些行业的政府管制几乎在所有国家得到推行。西方国家在城市基础设施市场化改革的具体实践中，采取了一系列的新举措，比如合同出租、公私合作、用者付费制等。

上海城市发展信息研究中心在分析、总结和探索上海投融资实践基础上撰写了“上海市政公用基础设施投融资战略研究报告”。该理论从建设项目能否建立收费机制、能否带来现金流入的角度，将市政基础设施项目划分为经营性和非经营性两类。1990 年以后，城市经营理论在我国城市兴起，认为城市是长期国家巨额投资的结果，实际上成为地方政府管理的最大的有形国有资产，政府可以利用市场经济手段，对构成城市空间和城市功能载体的土地、道路、桥梁等基础设施及其户外广告、路桥冠名权等无形资产进行集聚、重组和营运，实现城市有形资产和无形资产的效益最大化、最优化和保值增值。

葛建新（2003）对城市基础设施建设与地方公共部门负债进行研究，认为城市基础设施属于地方性公共产品，主要应该由地方政府提供，地方政府也不能为城市基础设施建设无限度举债，举债必须考虑自身的偿还能力。秦虹（2007）对城市建设融资进行了深入研究，系统地总结了城市建设投融资理论，融资渠道、融资改革等方面的内容。唐云飞（2010）对加强西部地区投融资平台建设进行了分析，指出西部地区经济欠发达、财力紧张，造成投融资平台融资需求大，融资方式单一，换款负担重的问题，并从公共服务的视角，提出了加强西部地区投融资平台建设的建议。丁博康（2010）就地方投融资平台的转型发展进行了分析，认为实现地方政府投融资平台市场化、规范化、科学化发展，是政府融资平台公司战略转型的主要方向，加快平台公司向产业经营实体公司转型，加快向投资控股型集团化企业转变。王修华、刘灿（2010）对地方融资平台治理的关键与对策进行了研究，认为动态分类处置、政府行为规范、风险收益平衡是治理的关键，提出了强化法人治理，推进政府信用向公司信用转变，加速市场化进程，推进“单一融资”向“多元化融资”转变的对策。曾伟、郑汉金（2012）基于政府信用，提出中小型城市基础设施投融资平台建设与发展的系统性地构想，并从金融深化以及方式创新层面提出了我国中小型城市基础设施投融资平台发展与创新模式的演化和发展思路。随着我国城市化进程的推进，城市基础设施建设资金匮乏的问题日益突出，在此情况下，吸引非国有资本投资基础设施建设领域就显得尤为重要（朱颐和、毛安敏，2014），提出采用有限合伙制私募股权投资基金这种新的投融资模式，还分析了应用这种投融资模式可能面临的问题，从而提出相应的对策。

10.2.3 智慧城市建设投资模式的国内外研究动态

（1）国外专家学者对于智慧城市建设投资模式的研究与实践述评

美国首先提出了全球信息基础设施（Global Information Infrastructure，简称 GII）和国家信息基础设施（National Information Infrastructure，简称 NII）计划。“国际信息基础设施”是在 1993 年 9 月 15 日美国政府发表的“国家信息基础设施行动动议”（The National Information Infrastructure：Agenda for Action），奥巴马政府出台了一系列扶持智能电网建设的政策以及投入 45 亿美元用于该建设中，除此以外，在相关设备的购入中美国政府也给予了强有力的支持并出台了一系列相关政策，如补贴并减免税收等，同时政府还投入资金支持与智能电网相关的科研项目。除政府之外，拥有核心技术的高新企业也积极参与并支持智能电网的建设，这些美国机构拥有强大的全球业务分部，拥有雄厚的资金和科技实力。

韩国智慧城市（首尔 U—City）的建设是政府独自投资建网的运营模式成功的典范，首尔作为韩国的首都，在全国智慧城市的建设中起着重要的示范作用，政府对首尔的智慧城市建设投入了较大的精力与支持力度，因此，政治环境优越。同时，首尔有充裕的资金支持。

斯德哥尔摩在智慧城市建设的过程中，主要采取的是与 IBM 公司合作的模式，斯德哥尔摩政府将智慧城市项目承包给 IBM，使其负责开发一个可以缓解交通拥堵，控制交通流量方案，并通过不同日期征收费用来实现这一目的。

马来西亚打造的“多媒体超级走廊”，依靠政府为主导，吸引投资者参与的模式，政府提供一系列的优惠政策，并赋予参与建设的企业以特殊荣誉，刺激各种企业和科研机构投入建设高新科技园区。

明天的城市居民，在现有技术的大背景下，要求数据智能城市（克劳斯—彼得·埃克特（Klaus－Peter Eckert）和拉杜·波佩斯库（ Radu Popescu－Zeletin，2014）。

（2）国内专家学者对智慧城市建设投资模式的研究与实践述评

上海市“十二五”规划中很重要的内容是智慧城市。智慧城市的运营模式是政府指导并进行部分投资，由运营商投资建网，这种模式为上海市节省巨大的建网投资，减轻了政府的财政负担以及资金运转压力。

南京于 2006 年提出构建智慧城市、发展智慧产业的初步设想。南京市采用政府指导并进行部分投资，由运营商投资建网的运营模式，在建设初期需要政府投入较大部分的资金，在建设后期则需要充分调动运营商的积极性，发挥运营商的实力优势。整体来讲，南京市在智能电网建设等领域进行牢牢控制，政府投入大量资金进行网络优化，保证了对于重要领域的有力的控制权。

武汉市不但是我国“863”计划中智慧城市建设首批城市之一，还是我国三网融合首批试点城市之一，具有政府指导并进行部分投资，运营商投资建网的模式。创建跨界协同发展基金，打造武汉国家创新中心城市，打造长沙和南昌国家级智慧城市，构建长江中游城市群水陆空铁三角，建设长江中游城市群自贸区，推进武汉、长沙和南昌三大中心城市国际化，是长江中游城市群建成世界级智慧城市群的重要保障（梁本凡，2015）。

综上所述，智慧城市的运营模式总体上有以下五种：政府独自投资建网，如美国纽约；政府投资，委托运营商建网，如新加坡；政府指导（部分投资），运营商投资建网运营，如中国广州；政府牵头，运营商建网的 BOT 模式（build - operate - transfer，即建设—经营—转让），如中国台北；运营商独立投资建网运营，如日本东京。

10.2.4 对于金融产业集聚推动城市经济发展的国内外研究动态

（1）产业集聚与区域或城市经济增长的相关研究

第一，国外产业集聚与区域或城市经济增长的相关研究：马歇尔在分析产业集聚的形成和外部经济的影响因素时，尽管没有直接研究产业集聚与区域经济增长之间的关系，但是，他提出的技术外溢中包含经济增长的内涵。胡佛（1990）直接研究了产业集聚与区域经济增长的关系，认为区域经济增长具有自我强化机制。产业集聚的外部性对同类企业和产业以及相关联的上下游企业与产业的吸引，会进一步强化集聚经济，促进整个区域的经济增长。20世纪50年代，佩鲁（F. Perroux，1998）的增长极理论认为，增长并非出现在所有地方，它以不同的强度出现在一些增长点或增长极上，然后通过不同的渠道向外扩散，并对整个经济产生不同的影响。法国经济学家布代维尔（J. R. Boudeville，1966）和拉塞（J. R. Lasuen，1973）认为，增长极的经济空间不仅包含了一定地理范围相联系的经济变量之间的结构关系，也包括经济现象的区位关系。布代维尔认为，增长极是位于城市内的一组产业，它影响着一定范围内的经济活动，从而进一步推动区域内的经济发展。即增长极是把推动性工业嵌入某一地区后，将形成集聚经济，产生增长中心，推动整个地域经济的增长。冈纳·缪尔达尔（Karl Gunnar Myrdal，1957）运用扩散（涓流）效应和回流（极化）效应，分析认为由于集聚经济的作用，优势地区因为会持续不断地吸引要素而加速增长，形成极化效应，区域经济发展水平的差异是累积循环因果效应的结果。当经济发展到一定水平时，由于出现地区或城市内低效率运转，资本、劳动力、技术等要素就会从发达地区又流向落后地区的现象，即产生扩散效应。英国当代经济学家、新剑桥学派尼古拉斯·卡尔多（Nicholas Kaldor，1978）的累积循环因果效应的数学模型表明，某个区域在某行业中具有优先发展优势，这种优势会进一步扩大，并最终导致区域间经济发展差异的扩大，也会导致某一产业在该地区的集聚与锁定。因此，累积循环因果效应模型解释了城市经济中普遍存在着规模报酬递增和同类产业集聚的现象。新经济地理学家克鲁格曼（Krugman，1991）的核心外围模型，分析地区间的一体化是如何导致产业在两个相同地区平均分布的均衡转变为集中到一个地区的均衡，模型假设是不完全竞争的市场结构和厂商的规模报酬递增。为了降低运输成本的同时利用规模报酬递增，厂商会在一些前后相联系的作用下形成空间集聚，而这种集聚又会在循环因果机制下自我强化。

由菲利普·马丁和奇安马可·奥塔维亚诺（Philippe Martin & Gianmarco I. P. Ottaviano，2001）综合了克鲁格曼的新经济地理理论和罗默的内生增长理论，建立了经济增长和经济活动的空间集聚间自我强化的模型，证明了区域经济活动的空间集聚由于降低了创新成本，从而刺激了经济增长。反过来，由于向心力使新企业倾向于选址于该地区，经济增长进一步推动了经济的空间集聚。还有较多学者从人力资本、资本流动、知识溢出等较多角度在理论上论证经济集聚与经济增长的关系。随着研究的深入与扩展，利用统计数据进行经验分析的学者逐渐增多，奥塔维亚诺和皮内利（Ottaviano & Finelli，2006）运用芬兰的面板数据研究，认为人口密度会促进收入增长；庞持思布劳纳希约姆和博格曼（Braunerhjelm & Borgman，2006）运用瑞典数据进行研究认为，集聚经济与劳动生产率呈现显著的正相关；博姆汉·马泰斯（Bmlhart Mathy，2008）利用欧洲各地面板数据研究表明经济集聚促进劳动生产率等。

同时，有较多学者进行了集聚经济与经济增长方面的研究。厄里芬（Elif Alkay）、杰弗里（Geoffrey J. D. Hewings（2012）探讨了集聚的决定因素，通过在伊斯坦布尔大都会地区寻求城市化经济模式和本地化经济的研究，认为集聚的决定因素是由 12 种不同的两阶段最小二乘回归估计，结果表明，城市化经济对在地理和特定行业的集聚水平影响很大。小冢（Akihiro Otsuka）和米卡（Mika Goto）（2015）提出了一种新的方法来衡量在日本的集聚经济，采用索洛剩余（Solow residual）衡量集聚经济和证实，在制造业和非制造业都存在集聚经济，并研究了社会间接资本对集聚经济有积极作用，集聚经济体对大城市地区的经济影响是强大的。

第二，国内产业集聚与区域或城市经济增长的相关研究：陈健生、李文宇（2012）以成都经济区为例，通过区位基尼系数度量了产业集聚状况，使用面板数据分析了区内本地市场效应的作用和影响规模，发现本地市场效应在成都经济区明显存在，并且对产业分布起到关键作用。李世杰、胡国柳和高健（2014）认为，新经济地理学分析框架将制度因素视为外生变量或既定条件，从根本上排斥了制度、政策与政府行为在产业集聚中的内生作用。孙祥栋、郑艳婷、张亮亮（2015）将城市的适度规模界定为城市单位生产成本最小时所对应的规模，利用中国地级市的面板数据，采用异方差稳健性估计的固定效应模型，测度了中国城市的适度规模。测算结果表明，在其他条件不变的情况下，城市的适度规模为 420 万人，这一结果也同时证实了目前中国的城市规模是普遍偏小的，人口往大城市迅速集中可以降低城市的生产成本，当前城市体系的发展趋势符合经济理性。

（2）金融产业集聚对产业结构升级影响的研究

金融产业集聚是指一国的金融监管部门、金融中介机构、跨国金融企业、国内金融企业等具有总部功能的机构在地域上向特定区域集中，并与其他国际性（跨国）机构、跨国公司、国内大型企业总部之间存在密切联系的特殊产业空间结构（梁颖等，2006）。

国外有关金融产业集聚研究主要集中于某一城市或地区金融产业集聚的案例分析和实证，缺乏对金融产业空间集聚计量和评价的统一标准体系，也没有建立对于整个金融类企业区位选择的模型分析。莱文（Levine，1997）提出，在改善交易和信息成本中，金融体系最主要的功能是在不确定的环境中，便利资源在时间和空间上的配置。传统理论的研究视现有的金融机构和组织为既定，金融要发挥其对经济发展的作用必须在现有的金融结构框架下进行，因此后来被概括为“机构观点”。波蒂厄斯（Porteous，1995）在分析距离对银行贷款监督成本影响时指出，如果市场潜力的空间分布不均匀，在不考虑价格竞争的情况下，将产生银行集聚。欣德博杰（Kinderberger，1974）分析了金融中心的集聚效应，这种集聚效应主要体现在跨地区支付效率的提高和金融资源跨地区配置效率的提高，银行和高度专业化的金融中介的集聚，形成了今天的金融服务中心。金融中心不仅可以平衡私人企业储蓄和投资以及将金融资本从存款人转向投资者，而且也影响支付和地区之间存款的转移，银行与金融服务中心充当了空间价值转移和交易的媒介与桥梁。克劳斯·施特格曼（Klaus P. Stegemann）、西格里登·格勒（Sigrid Dengler）、亚历山大·里德尔（Alexander Riedel）、托拜厄斯·韦伯（Tobias Weber）（2013）分析了全球集群融资捆绑项目由西门子公司从2009到2011的不对称税收竞争，其目的是总结所面临的战略挑战的解决方案以及其成功实施的关键基石，研究表明，在资本禀赋的差异可以提高经济的资本分配的效率。在沿海城市，特别是上海、北京、广州等三大城市，集中了大部分的海外金融机构。陈可（Ke Chen）、包述明（Shuming Bao）、麦勇（Yong Mai）、吕文（Wen Lv，2013）通过探讨中国城市海外金融机构的集聚与区位选择、外资金融机构，包括银行、保险公司的数据和其他金融服务企业，结果显示：外国企业的区位选择的城市经济，参与全球市场，电信基础设施的影响很大。但是，中国金融机构的市场进入与国内金融中心规模之间并没有显著的联系。

我国学者首先从宏观角度对我国的金融发展与实体经济结构升级的方面进行相关研究。杨琳等人（2002）对我国金融结构转变与实体经济结构升级的关联机制进行理论探讨和实证研究。傅进等人（2005）从资金形成机制、资金导向机制以及信用催化机制角度论述了金融影响产业结构调整的机理。此后，范方志等人（2003）把研究进一步深化，他们把我国分为东部、中部、西部 3 个区域，分别研究其金融发展对产业结构升级的影响。张文云等人（2004）选择对珠江三角洲经济发展、产业结构升级与金融支持的效应进行分析，得出在珠江三角洲调整产业结构的进程中，金融支持体系在有效聚集和高效配置金融资源方面发挥了关键作用的结论。黄解宇（2006）认为，金融具有金融集聚效益、金融扩散效应、金融溢出效应等，金融集聚通过金融功能促进实体经济增长，金融通过集聚与扩散过程影响实体经济。林江鹏和黄永明（2008）综述分析金融产业的集聚效应、外部规模经济效应、信息外溢效应、知识学习效应和网络效应，这些效应可以促进区域经济发展。陈文锋和平英（2008）对上海金融集聚与经济增长的关系研究认为，金融集聚是经济增长的格兰杰成因。施卫东（2010）分析金融集聚网络结构使集聚区内金融产业和相关企业同时受益的状况，以上海为例分析金融集聚对上海产业结构变动影响，得出上海金融发展对产业结构升级有促进作用。石沛等（2011）用莫兰指数（Moran 指数）和地理加权回归模型分析了我国金融集聚程度、产业结构空间分布特征及两者在地理空间上的关联性，表明我国金融集聚与产业结构空间分布特征相似，产业结构的调整在空间上带动金融集聚的发展，金融集聚对产业结构发挥反作用力。苏李等（2010）通过格兰杰因果关系检验（即 Granger 检验）发现，中国金融服务业不是在集聚而是扩散，运用协整与误差修正模型对东部、中西部的金融服务业地理集聚与经济增长的研究表明，东部地区的金融服务业与经济增长存在明显的相互促进关系，金融服务业促进当地经济长期增长。施卫东（2010）运用上海相关指标占全国数据的比重分析上海金融产业集聚的动态发展情况以及对上海金融机构将储蓄转化为投资的能力和金融体系提高储蓄方面的作用进行量化，并研究它们对上海产业结构变动的影响，得出上海金融发展对产业结构升级有促进作用的结论。古学彬（2012）以广佛肇经济圈数据为例，利用贷款集中度、金融总量区位熵和金融产值区位熵度量经济圈金融产业集聚度，并采用主成分分析法从纵向和横向比较广佛肇经济圈的金融竞争力。结果表明，经济圈金融产业集聚度与纵向比较的金融竞争力出现相反的变化趋势；而同一区域范围内经济圈金融集聚度的强弱基本与横向比较的金融竞争力成正比。李大垒（2014）以中心—外围模型和社会嵌入理论为理论分析基础，推导出金融产业集聚发展的影响因素，同时考虑中国不同地区的空间差异因素，对中国 35 个大中城市的面板数据进行了实证研究，结果表明：一个城市金融业占 GDP 的比重、职工平均工资、人均地区生产总值、工业产出水平、商业销售水平、财政支出水平、教育投入水平和位于东部地区等因素对该城市金融产业集聚式发展具有正向影响，而居民储蓄水平则呈现负向影响。栾贵勤、侯思茹（2015）以金融产业集聚自身特点及经济性质为研究视角，以安徽省银行、证券、保险业集聚为研究对象，采用区位熵来描述金融集聚程度，对安徽省金融产业集聚与区域经济增长的关系进行了实证检验并确立回归模型，研究得出金融产业集聚对区域经济增长有着显著地推动作用。

国内外学术界对金融集聚作用于产业结构调整过程的基本结论可简述为金融体系的发展影响着居民的储蓄、消费倾向及储蓄和投资的转化效率，进而影响全社会的资本形成，并通过增量资金和存量资金的配置调整，带动生产要素配置结构及技术结构的变动，最终决定了产业结构的变动。此外，金融发展也将对消费需求结构产生影响，间接地拉动产业结构变迁。

（3）大数据金融推动产业集聚进而实现产业结构升级

正规金融机构按新古典市场的基本原则要求农户和中小企业提供抵押品或担保，缺乏抵押品的农户和中小企业便遭遇到金融排斥，小企业因此无法提供公开的高信用等级进入网络借贷市场（阿格瓦尔和奥斯瓦尔德（Agrawal and Hauswald，2008））。迈克尔·格林伯格（Michael Greenberg）、凯伦·劳瑞（Karen Lowrie）、亨利·迈耶（K. Tyler Miller）、泰勒·米勒（Tyler Miller）、劳拉·索利塔里（Laura Solitare）等（2001）认为，电子或电子金融即："集群化发展，当一个活动的高风险，可以减少信息的连续交换。这是可能的，但昂贵的电话和电传通信，并涉及不确定性的许多金融功能，更好地进行面对面……曼哈顿中央金融区最大限度地减少通信成本……虽然在过去的十五年中，据估计通信成本下降了，但它们不可能是如此之低，以消除所有倾向于集群。"

互联网金融具有典型互联网特性和创业特性，地方政府可以加快建设互联网金融集聚区，利用其规模效益、创新效益和竞争效益助力互联网金融发展、推动金融经济转型升级，构建涵盖主体培育、要素集聚、产业链延伸、文化引领、保障支持五个子系统的互联网创业生态系统（黄震、杨益，2015）。保建云（2017）认为，大数据技术与互联网金融发展推动着区域性与全球性大数据金融生态系统形成，基于金融大数据和大数据金融生态系统的社会超群博弈是推动当代金融市场体系与金融交易演化的关键力量。大数据金融生态系统是在经济活动金融化、金融交易数据化、金融数据网络化、网络扩展全球化、全球经济金融一体化背景下演化和发展的。金融大数据与大数据金融生态系统分布具有显著的地理空间、物理空间与网络空间特征，同时表现出网络化、分散化与集中化特征。金融大数据与大数据金融生态系统推动着大国之间的货币与金融市场竞争并形成全球性大数据货币竞争，大数据时代的大国货币竞争表现出网络化、数字化与复杂化的特征，全球大数据金融治理机制表现出扁平化、网络化、虚拟化与动态化的特征，中国需要制定大数据金融战略以应对挑战。

10.2.5 对于大数据金融嵌入智慧城市建设的国内外研究动态

(1) 国外专家学者大数据金融嵌入智慧城市建设的研究

大数据金融是信息化的重要载体，分析大数据金融和城市经济发展之间的关系是解决区域经济发展中实际问题的迫切需要。加强政府的宏观引导和政策支持，加快信息化建设，以信息化带动工业化，加快区域经济结构调整的步伐，促进区域经济又好又快发展。因此，先必须对大数据金融发展的时序变化特征，空间布局特征等进行具体分析，帮助有关决策者深入认识大数据金融发的演化路径，更有针对性地完善相关政策。大数据金融对区域经济的积极影响，为国家或地区制定大数据金融相关发展政策提供新的思路，促进大数据金融和区域经济协调发展。

大数据的应用和技术是在互联网快速发展中诞生的，起点可追溯到 2000 年前后。当时互联网网页爆发式增长，每天新增约 700 万个网页，到 2000 年年底全球网页数达到 40 亿个，用户检索信息越来越不方便。谷歌等公司率先建立了覆盖数 10 亿个网页的索引库，开始提供较为精确的搜索服务，大大提升了人们使用互联网的效率，这是大数据应用的起点。最早提出“大数据”时代到来的是全球知名咨询公司麦肯锡。

智能数据意味着在大数据的选择性使潜在的积极潜力，提高控制和决策使用，也意味着大数据相关的风险识别和利用适当的技术，组织和政治措施来最小化（克劳斯 - 彼得 · 埃克特（Klaus - Peter Eckert）、拉杜 · 波佩斯库（Radu Popescu - Zeletin，2014）。姚永玲（Ari - Veikko Anttiroiko）、佩卡瓦 · 尔卡玛（Pekka Valkama）和斯蒂芬 · J. 贝利（Stephen J. Bailey）等（2014）认为，信息丰富了经济和社会的发展，在服务的生产和消费创新的搜索和数字技术的持续增长，这些环境变化影响城市政府，如“智慧城市”“智慧城市”和“知识城市”等概念，从服务的性质和新的服务经济背景下，构建一个整体的框架，通过数字技术越来越多地嵌入在社会创新。部分学者正在思考和关注智慧城市建设中可能出现的种种风险，纳菲德（Naphade M.，2011）认为，智慧城市建设需要技术、规划、管理和运营的创新，但世界各地城市转型面临着政治、社会经济和技术的障碍，集中表现在“实现系统的互操作性”“确保安全性和保密性”“泛在布控传感器和信息设备”以及“设计新的无缝隙人机交互模式”等方面。所以，智能城市的监测是一个关键的挑战。

(2) 国内专家学者大数据金融嵌入智慧城市建设的研究

白硕、熊昊（2013）大数据时代的特点金融行业对数据的使用由来已久，各类金融监管主体会向其所主管领域的金融机构索取大量的数据用于监管。刘英、罗明雄（2014）认为，大数据金融通过平台金融和供应链金融两种模式，重构金融体系，并促进其他行业的跨界整合。

浙江大学的潘纲教授在2013年美国电气电子工程师学会智慧城市（Smart Cities）专题中阐述了基于轨迹数据分析与挖掘的智慧城市技术体系框架。但智慧城市建设将面临“信息产业整体布局风险”“数据安全风险”“社会伦理风险”“信息安全主体法律问题”“核心技术安全风险”等风险要素。张云霞（2011）等人指出，智慧城市建设至少存在“城市信息资源共享不够”“可执行的智慧城市建设评估体系缺乏”“最终是否以民为本开展相关建设与投入”等风险要素。胡小明（2011）认为，智慧城市的规划其实就是城市整体的智慧建设规划，其风险主要来源于“复杂性问题与不确定性问题”。李德仁、姚远、邵振峰（2014）针对无所不在的传感器网对智慧城市的大数据进行了分析，面对智慧城市中大数据将带来的诸多问题和挑战，提出了应对大数据的策略和思路，重点论述了云计算与数据挖掘，并给出了云平台的基础框架，提出了建立智慧城市运营中心的建议。李传军（2015）通过剖析大数据与智慧城市之间的关系，探讨在大数据时代利用大数据技术推动智慧城市建设与促进智慧城市大数据技术发展的方式方法，我国要在信息时代占据技术与管理的制高点，这是必须要高度关注的问题。

10.2.6 研究评述

国外对金融集聚研究较早，大多学者较关注国际金融中心有关问题。从研究内容看，国外学者主要以金融中心和银行集中为研究对象，运用古典经济学相关理论对金融产业集聚进行分析。较多学者从规模经济、集聚经济、区位选择等多角度研究国际金融中心，尤其是从金融中心的形成动因方面进行研究。也有学者从金融地理和信息经济角度研究金融集聚与金融中心的发展，但都没有形成统一的理论框架体系。近几年我国学者对金融集聚的研究多数从区域金融角度入手，从城市金融角度研究的不多，而对金融产业集聚的研究，多是借鉴国外经验，研究城市金融产生的动因、形成机理以及如何建设等问题。虽然我国有学者关注并研究有关金融集聚与区域经济增长的关系问题，但他们的研究存在多方面的不足，涉及在城市经济发展中的作用，更是鲜见。特别是大数据金融对金融产业集聚创新，大数据金融嵌入城市经济发展的机理等有待深入研究。

10.2.7　发展趋势

智慧城市建设是城市经济发展的科学决策。近年来，“智慧城市”一词逐步取代“数字城市”，成为全国各地政府提升城市经营和科学管理的切入点和必然选择。据不完全统计，目前有超过 200 座城市提出了智慧城市建设的规划或设想，国家级智慧城市试点创建工作正在全国范围内如火如荼地开展。政府数据统一开放平台的建立将为大数据金融平台提供丰富的信息来源，便于大数据金融平台充分发挥在大数据算法和量化驱动风险管理方面的技术优势，从大量数据中挖掘有价值的信息，降低征信成本。

大数据成为智慧城市核心。智慧城市是城市信息化的高级范畴，成熟的智慧城市包含五个方面，分别是大数据、公共安全、公众民情采集与服务、政府管理、整体智慧城市的运转。作为智慧城市的基本保障，电信网、广播电视网、互联网“三网融合”的加快布局和大数据加速应用无疑将助力不少，而大数据进一步拓展信息技术产业发展空间，是智慧城市的智慧核心。智慧城市建设带来数据量爆炸式增长的同时，大数据支撑着智慧城市的建设和发展。大数据是智慧城市各个领域实现智慧化的关键支撑技术，从政府决策与服务，到城市产业发展规划布局，再到人们衣食住行的生活方式，直到城市的运营和管理方式，都将在大数据支撑下走向智慧化。当城市经济发展到中级、高级阶段后，经济基础已经比较雄厚，市场经济体系已经比较完善，因此，需要实施市场为主导的金融产业集聚，减少政府的干预，充分发挥市场配置资源的基础性作用，所以，大数据金融推动城市经济发展赋予全新的内容，研究具有十分重要的意义。

10.3　大数据金融能够促进城市经济发展的原理

伴随着互联网金融、云计算的发展，第三方支付信誉的提高，使得大数据在发展上得到了质的飞跃。金融机构建立线上平台模式，传统金融吸收互联网技术，电子商务融合社交网络，发展亮点不一而足，纷繁的大数据金融依靠互联网，在金融行业大展拳脚。相比传统金融业，具有操作公开透明、营运成本低以及操作更方便的优势，成了一种更新兴的金融模式。在基于城市经济的发展方面，大数据金融具有革命性推动作用，大数据金融主要通过金融集聚效应，开展平台金融模式和供应链金融模等方法来提高城市经济资源的合理配置，从而更好地服务城市经济的发展。

10.3.1 大数据金融通过金融功能和金融集聚促进城市经济发展

在如今这个“海量数据”的信息时代，大数据正遍布在人们生活中的方方面面，而研究和发展大数据金融也成为当下最热门的趋势。所谓大数据金融是指通过大量的非结构化的数据，利用云计算处理中心等手段对数据进行分析，在传统金融服务的基础上，开展在大数据金融创新方面的工作。作为作用对象的城市经济是以城市为主要载体，通过包括资本等在内的生产要素来支持区域中的先进产业和服务业的发展，实现区域经济资源的合理配置。而推进城市经济发展的过程就是将由节点经济向区域经济圈推进的过程。

大数据金融主要通过金融功能和金融集聚来促进城市经济发展。金融体系的主要功能具体包括：便利清算和支付、分散和降低风险、聚集和分配资源。而大数据金融正是在此基础上优化并丰富了金融功能来实现对城市经济的发展起到一个促进作用。大数据金融在强化金融系统的固有金融功能下，同时利用金融集聚产生外部规模经济、金融溢出、自我强化和网络倍增等效应，通过搭建平台金融模式和在线供应链金融的模式来共同促进城市经济的发展。金融集聚过后实现的网络倍增效应可以使得网络上的参与者有更多的交易机会，享受更低的成本。此外，金融机构的逐步区域中心化，使城市金融网络不断得到完善，并通过与其他产业网络之间的相互融合，与其他集聚效应一起共同作用来推动城市经济的发展（见图10-1）。

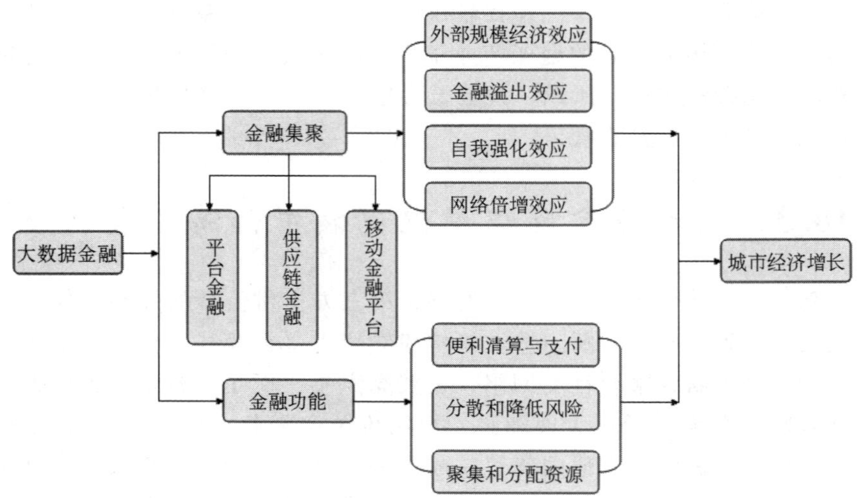

图10-1 大数据金融促进城市经济发展的作用机理

资料来源：借鉴相关资料自行绘制。

10.3.2　大数据金融通过区域内金融和信息产业集聚推动城市经济发展

大数据金融通过数据聚合、数据共享和价值增值推动城市金融产业模式的创新。大数据金融平台实现多个企业的数据共享和聚合，充分整合交易数据传输链条上各方的数据并进行有效分析，在保障数据安全和精准的前提下，提供了海量数据存储和处理的能力。吸引金融机构与金融业务集聚于一个地理位置优越以及经济与贸易发达的中心城市，在金融机构逐渐向中心城市转移过程中，金融集聚开始成长、成熟。从整个金融集聚区的经营成本看，金融网络与城市和其他网络的融合，减少了各金融机构信息交流和搜寻信息的成本。由于金融业务复杂性与各行业的相关性，金融机构所需要的人才是多方面。城市经济的发展离不开各行各业的人才，由于业务的需要，金融机构会不断增加工作职位来扩大自己的金融人力资源的蓄水池，从而为社会人员在选择工作的同时提供更多的选择机会，有利于推动城市经济发展。由此看来，大数据金融通过推动区域内金融和信息产业集聚来增加区域内产生更多的工作机会，加速城市结构调整与转型的进程，推动城市的发展建设。

10.3.3　金融集聚能带动城市经济发展

金融集聚具有能够带动城市经济发展的作用来源于金融集聚的特质形成的集聚效应，即外部规模经济、金融溢出、自我强化以及网络倍增效应等。对经济增长作用通过降低经营成本和利用金融集聚产生的不同效应之间的协作来使金融机构产生的经济效益达到加速增长的目的，进而推动城市经济持续平稳地增长。

(1) 外部规模经济效应

外部规模经济效应是指城市在发展金融时，在不同因素的共同影响下，各种优质资源和企业会朝着某个具有相对其他区域经济圈而言更具有经济发展优势的中心型区域靠拢，在其周围的各机构包括金融机构或非金融机构在内都会以此为中心进行分布并慢慢地形成一个具有代表性的区域性金融交易中心。因为区域内各金融机构具有距离近这一优势，有利于机构之间经常进行交流以及相互合作。对于一些需要交易者之间通过面对面进行的金融交易行为，金融集聚会大大地缩短交易时间，以此来降低交易成本，提高交易的效率，在金融机构之间逐步建立起一种竞争伴随着合作服务的有利关系。在关于城市的基础设施建设方面，大部分集聚区内的金融机构可以实现基础设施的共同享用，这不仅合理利用了资源，更在一定程度上降低了运营成本。

在融资成本方面，金融集聚区发通过开展不同的金融业务会不断吸引更多不同的投资者和借款者，从而使大量的流动资金转移到这个市场中。长久以来，不仅能为资本需求与供给双方提供融资和投资便利，并且最大限度地降低了融资成本，从而更好地促进了城市经济的发展。

(2) 金融知识与技术外溢效应

金融知识与技术溢出效应是指多个发展阶段不同和竞争力不同的金融机构能够互相借鉴和学习彼此之间的长处所在即“取长补短”。通过金融集聚区里金融知识和金融技术的传播与扩散，使该区容易产生一个类似的金融语言、金融技术知识等人文环境，具有隐性金融知识的金融环境与当地文化的结合，可以形成根植性于本地化特点的独特金融集聚区，从而使金融集聚具有明显的信息外溢和知识学习效应。金融集聚区能够促使专业劳动力不断向区域中心集中，同时还会吸引更多的金融机构或与之相关的企业或个人进入，从而实现进一步扩大金融集聚的规模。由此一来，周而复始地循环之后便不断产生了金融集聚的循环效应。这种由金融集聚所形成的循环效应也是城市经济发展过程中产业专业化发展所带来的结果，从而推动城市经济的快速发展。

(3) 自我强化效应

自我强化效应是指随着中心区域地不断扩展延伸以及集聚程度的不断的加深，金融机构会面临着来自众多同业者的竞争。在这种巨大压力下，金融机构通过自身拥有的生产要素与资源，建立属于自己的经营模式与目标，经营过程中通过利用优势与资源，内在的能力、经验和技能进行不断地自我强化，形成属于自己特有的核心竞争能力。另外，随着中心区域集聚的不断加强，区域内人们的社交也会变得频繁，社交网络也会不断发展，从而带动网络效益的增强作用。创新和金融集聚是离不开的，在金融集聚达到饱和度时，此时的金融中心也会开始从集聚点慢慢往集聚中心区移动，这将无形中加强中心区域经济的综合实力。

(4) 大数据金融能够优化金融功能

大数据金融通过优化金融在支付结算、资源配置、信息管理和风险管理等方面的功能来实现对经济的作用。金融功能可分为以下三大核心功能：

首先，第三方支付更加便利清算和支付的效率。金融体系能提供完成商品、服务和资产清算和结算的工具。在全球经济实现货币化的大背景下，积极打造一个具有适应性强、操作方便、交易成本低交易支付系统是相当必要的。大数据金融通过打造第三方交易支付系统来更快速、便捷的完成金融业务交易过程中的支付流程，如果缺乏这一系统，将会产生额外的交易成本和低效率经济。

其次，大数据能重新整合与分配金融资源。金融体系可以帮助金融机构或者个人获取更多的资金用以生产消费：一方面，充足的资源是经济发展的先决条件；另一方面，合理的资源配置效率对经济发展具有积极的促进作用。在如今这个不确定的市场环境中，单个投资者很难利用复杂的市场条件对某个公司做出准确的评估。金融系统能为投资者带来的最大价值在于它能提供各种投资服务，具体表现在可以合理分散流动性风险，帮助对项目进行合理评估。最重要的一点在于，它能为投资者提供一种风险共同承担的服务机制，降低风险提高社会资本的配置效率及成功率。

最后，大数据检测的灵敏性能及时化解金融。金融体系能够有效地对风险进行管理。通过把握中长期的投资资本在交易过程中存在的风险的未知性即可能存在的风险进行评估及重新定价，建立一种风险由多方共同承担的体制。由于在交易过程中，存在交易信息不完全对称。所以，金融系统的主要职责所在便是集中对存在的风险进行合理地转移和分散。如果不能找到一种对社会风险很好地进行转移或抵补的机制，社会经济的运行便不能顺利进行。

10.4　大数据金融促进城市经济发展的模式

大数据金融通过平台金融和供应链金融等模式，将传统金融的抵押贷款模式转化为了信用贷款模式，提高了金融效率，创新了传统金融业的金融模式，重构的金融体系促进了其他行业的跨界整合。大数据金融是指利用强大的数据收集、数据分析进而数据预测能力把精力更集中于优质客户，大大提升了相关产业链的产业集聚速率。从产业角度上说，城市经济是生产要素的高度集聚过程中由集聚产业点向集聚产业区、集聚产业核心区发展的过程，是集聚经济。而大数据金融的共享、融合和集聚与吻合了城市经济的发展，所以，大数据金融驱动着宁波城市经济的绿色转型。

10.4.1　平台金融模式

大数据金融风控平台，集数据、平台、应用“三位一体”，整合传统银行数据、政府数据以及外部公开数据，利用业界领先的大数据处理、分析与建模技术还原小微企业信用水平、行为特征与风险画像，并将面向在线信用贷款、交易融资、产业链融资、生命周期融资等众多金融场景开发应月产品。平台金融模式，主要是指企业根据在平台上凝聚形成的三流，即包括“资金流、信息流和物流”来形成一个主要通过依托于大数据来进行金融服务的平台。企业通过互联网平台上的数据积累，利用互联网技术为平台上的个人或者企业提供金融服务。与传统金融模式相比，传统金融模式主要的形式是抵押或担保，而平台金融模式则主要依托大数据并利用云计算处理中心来实现对用户交易数据信息和消费行为等大数据进行实时专业化分析处理，形成一个网络商户在电商平台中信用数据的累积库，进而根据信用等级的划分为个人或企业提供信用贷款等金融服务。

以阿里金融为平台金融模式的典型代表为例。阿里金融也称阿里小贷，主要为中小企业以及个人创业者根据具体情况提供其不同的小额信贷或其他业务。截至2016年年底，阿里旗下蚂蚁金服已向全球6亿户消费者提供普惠金融服务；为数千万小微企业提供综合金融服务，覆盖线上和线下；阿里巴巴交易市场移动端月度活跃用户超过4.5亿户。平台上巨大销售额中有近八成通过移动端实现，阿里已是全球最大的移动经济实体，具有鲜明的产业集聚效应。2016年9月，中国人民大学劳动人事学院“阿里零售平台带动就业问题研究”课题组利用投入—产出法对阿里平台的就业带动效果进行测量，结果显示：以2015年为例，阿里平台总体为社会创造3083万个就业机会，其中交易型就业1176万个支撑型就业418万个（其中电商物流203万个，电商服务业215万个）、带动（衍生型）就业1489万人，主要包括上下游制造业、批发业、金融、物流、服务商等行业和岗位。阿里金融主要通过以电商为平台，充分利用支付宝网上支付的这一优势，通过云计算处理中心和建立数据模型来分析处理积累的有关中小企业以及个人的信用信息而不断地在大数据金融领域大展身手。阿里金融通过网络商户在电商平台上长期形成的网络信用累积，利用金融风险控制模型来计算结果，根据结果的不同来确定是否发放贷款或确定发放的贷款种类，不仅能做到贷款批量快速高效。同时，以平台上的借贷交易为基础的大数据金融也可以准确地计算出企业或个人的违约率、信用评分等有效指标，进而有利于金融风险的合理控制。

10.4.2 供应链金融模式

18世纪前期属于供应链金融的萌发阶段，此时的供应链金融形式还处在简单的状态，主要以存货质押的贷款业务为主。最早应用此模式的是沙皇统治时期的俄国，当时为了缓解由于谷物市场行情惨淡而导致粮食价格水平下降引起的农民资金压力问题，银行推出谷物质押的贷款业务形式缓解了资金压力，从而规避了市场风险。20世纪末，物流与信息技术的飞速发展推动了供应链金融模式的发展。所谓供应链金融模式，是指供应链中的核心企业即供应链的主导者利用其在产业链中的重要位置，在大量交易所形成的大数据基础上，通过有效地整合供应链上下游的资源为供应链中其他参与者在融资方面提供便利的一种金融模式即“1 + N”的融资模式（图 10 - 2）。其中，“1 + N”的“1”是指供应链中的核心主导企业，“N”指的是与核心主导企业之间进行相互贸易往来的上下游的供应商、经售商等，供应链金融通过依托实体供应链，提高了整个供应链的资金运用效率。

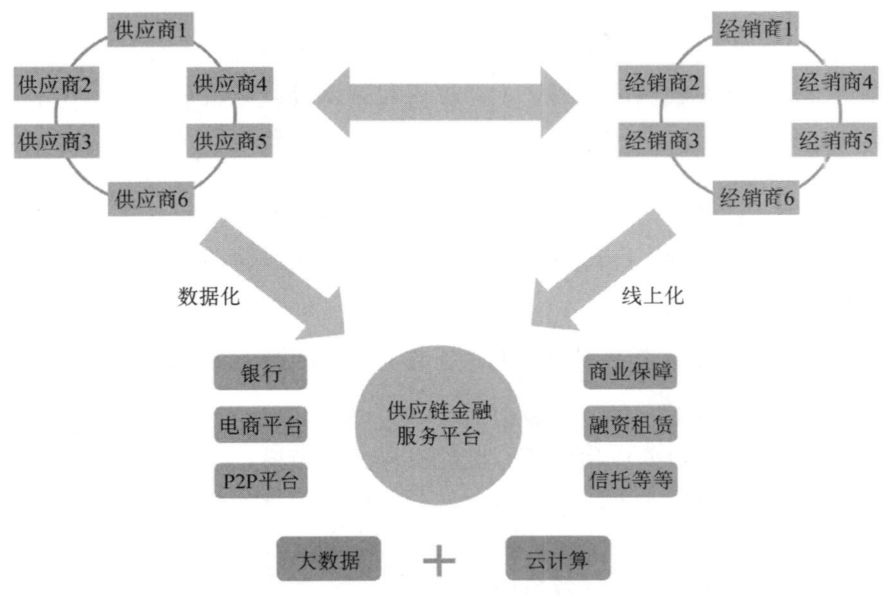

图 10 - 2　大数据金融背景下供应链金融的“N + 1 + N”模式

在大数据和云计算的发展下，核心企业的作用会逐渐弱化甚至消失，取而代之的就是一个供应链金融服务平台，使更多的运用场景得到构建，更多的底层数据能被收集。以此为基础构建的大数据与征信系统综合运用下，实现供应链金融对产业的全面渗透，实现不同产业链之间的数据分享。通过供应链金融这种新兴的金融创新模式，不仅能为整个产业链的健康发展提供了融资便利，而且通过主导企业的引领和参与，达到了资金流、信息流和物流三者的统一，均衡了供应链的资金配置，实现了外部规模经济效应的同时还合理地降低了风控成本，整体提高了金融资源配置的效率，从而提高了整个链条的竞争实力。最重要的一点是，该金融模式很好地缓解了中小微企业融资难的问题。同时，中小微企业作为宁波主要的经济支柱，在促进宁波城市经济发展、提供就业机会、提高 GDP 增长以及推动科技创新等方面作用显著，所以小微企业的蓬勃发展也将在一定程度上促进宁波城市经济的发展。

10.5 大数据金融促进宁波城市经济发展过程中存在的问题

目前宁波对于大数据金融具体应用还处在一个起步发展的阶段，还没有形成完全成熟的具有宁波本土台特色的大数据金融模式。大部分平台数据在挖掘过程中还存在较多的阻碍，主要原因包括基础设施落后、专业技术人才的匮乏、企业或个人不肯让渡自身数据、政府部门的数据难以实现完全整合等，这都将阻碍大数据公共平台建设进入决策视野。最重要的的一点在于是大数据金融的创新度比较高，大部分平台或者是一些已经初步掌握大数据资源的企业还不够清楚大数据的真正价值所在以及如何借助大数据来助力城市经济的发展。

10.5.1 大数据技术应用可能导致金融业竞争版图的重构

当前中国国内金融行业的数据尚未达到全面共享的状况。金融行业基础数据薄弱，开展大数据应用需要打破原有的数据通道，重新架构新的数据平台。尽管目前信息技术发展迅速、金融行业的整合现象频频发生。但目前除了像 BATJ（B 即百度、A 即阿里巴巴、T 即腾讯、J 即京东）这样的互联网龙头企业，能够实现全方位打造属于自己的数据生态体系以外，绝大部分公司目前还处在被孤立的边缘。虽然目前已经有不少银行和金融机构开始逐步关心自己大数据资产，但凭借其单个的微薄力量仍具有完全打通中国国内整个行业链条的能力。据易观数据显示，截至 2016 年 6 月底，央行征信中心覆盖人群 8.8 亿人，其中信贷记录人群仅为 3.8 亿人，还有不少有经济能力的人并没有个人的信贷和征信记录，而互联网金融企业对这一数据缺口，能够通过挖掘互联网行为利用大数据进行弥补，这也将导致我国金融业竞争版图的重构。

而据零壹财经数据显示，2015 年互联网消费金融市场火爆，交易规模约 1400 多亿元人民币，同比增长 444%。预计到 2017 年，市场交易规模将突破 9000 亿元人民币。到 2020 年，互联网消费金融可能占据非放贷消费金融 1/3 的份额，市场规模至少达到 4 万亿元左右。所以，伴随着现代信息技术的发展、金融监管政策的变化等客观因素的影响，在一定程度上降低了金融服务行业的门槛要求，为更多非金融机构进入金融服务链条增加了机会，例如阿里巴巴和腾讯。而传统金融机构如果只停留在原有的管理经营模式基础上，则自身的潜力将无法得到充分的施展，这反而会使其在行业竞争中处下风的不利位置。

10.5.2 大数据金融信息缺乏安全性

在如今的大数据时代，金融机构在原有的传统账务报表的基础之上，还新增加了大量如音频文件或影视图片等非结构化的数据，日常管理已经不能通过传统分析方法来适应大数据金融的发展，配套软件和硬件基础设施建设都有待加强升级。与此同时，金融大数据的信息安全问题也慢慢凸显出来，如果有某个环节处理不当就有可能造成严重的损失。最近几年以来，越来越多的国内金融机构开始在大数据安全防范方面不断地投入资金，随着业务链条在过程中不断被拉长、云计算处理模式的普遍运用以及自身系统由于不断升级而带来的复杂度提高等多方面因素的共同影响，都进一步加大了金融行业在大数据方面的安全隐患。

随着交易记录、个人购买偏好以及财务支出情况等方面的大量数据被广泛地收集，通过专业化分析之后，机构投资者能利用这些数据开展价格更低、更符合发展需要的金融服务，从而提高市场配置金融资源的能力。但与此同时，金融市场乃至整个社会管理的信息基础设施也将变得越来越一体化和外向型，这将对个人隐私、大数据安全和知识产权等构成更大风险。针对个人隐私来说，目前绝大部分大数据的隐私问题例如确认身份的方式等存在的风险已经很大程度上超出了可控的风险范围之外。根据近期对国外将近200万左右手机用户的数据信息进行的研究之后发现，只需要掌握核心的4项参照因素就能够快速地识别近95%用户的个人身份信息。

除此之外，目前金融业也正在面临着大数据的“用”和“不用”的抉择，因为这牵涉到一个重要的问题就是如何保护大数据的隐私问题。从社会的角度看，需要不断通过建立和完善相关法律对此实施安全保护。从商业利益的角度看，如果大数据隐私问题处理不得当，客户很可能不会为金融企业提供的产品与服务买单，这将直接影响企业的核心利益而不利于经济的发展。

10.5.3 大数据金融专业人才稀缺

信息化金融属于专业人才高度密集的技术型金融产业。当前，我国金融领域的人才资源已不能完全适应现代金融的发展需求，急需培养一批兼具熟悉金融业务、熟练掌握信息技术和管理等多种知识技能的复合型人才，特别是在大数据领域，对具有数据挖掘及分析能力的要求能加苛刻。但是，由于宁波市金融业的大数据应用目前依然是起步发展阶段，大数据应用各种行业标准和总体格局还没有完全成型，关于未来大数据的开发应用战略目标未完全确定。最重要的一点在于，能够理解大数据并能够利用大数据进行创新的专业人才比较稀缺。这些大大小小的问题都将使信息化金融发展在现代金融教育和人才培养方面有了新的机遇和挑战。

大数据人才是发展金融的中间力量，未来金融业的发展需一批精通信息化应用和金融业务知识的复合型专业人才，而这些人才具备的最重要的能力在于清楚如何对大数据进行解构和重构操作。因此，关注这种人才的培养，不仅关系到企业的经营发展问题，更是奠定行业发展的基础和关键之所在。

10.5.4 大数据金融行业监管体系薄弱

根据《宁波晚报》发布的相关报道，2015 年互联网金融平台相继曝出因资金链断裂对客户不能如期实行兑付而出现老板跑路等问题。年初，先是宁波京浙盛投资管理有限公司（简称：京浙贷）、宁波市甬发投资管理有限公司（简称：甬发贷）被曝出问题。8 月初，在红楼贷款理财公司（简称：红楼贷款）老板被曝出失联之后，紧接着不久又发生宁波唐尧网络科技有限公司（简称：唐人贷）和宁波祥晟财富投资有限公司（简称：祥晟财富）等网贷平台相继曝出问题最终导致倒闭的结局。11 月 1 日，宁波众银财富投资有限公司（简称众银财富）被曝出老板失联的消息，经核实，近 1500 多名投资者的投资款被卷走，总额达到约 3 亿多元人民币资金。在近乎一年里，宁波就发生了几十起的金融平台相继倒闭的事件，这主要是由于宁波对于此类平台的行业监管体系不够完善，没有对申请设立的公司进行一系列严格的审核验资，才会导致问题公司被相继爆出，极大程度地阻碍宁波发展城市经济的步伐。

此类公司之所以存在极高的突发风险的原因在于此其利用法律的漏洞，即通过开展中国银监会、中国工商行政管理局以及金融办公室三不管的金融业务来谋取暴力。“三不管”主要指民间理财公司开展的金融业务不在工商局管理领域即存在管理盲区，很难判定其发行的以理财产品为主的金融业务是否合法，加上非金融机构又不属于中国银监会所能监管的范畴之内。根据相关规定，地方金融办公室也不具备相应的审批与监管资格。一旦出事，就会极大地扰乱城市经济的发展模式以及挫伤投资者的信心，造成短时间内经济不景气的局面。

10.6　大数据金融促进城市经济发展的相关对策建议

10.6.1　打造具有本土特色的大数据金融平台

随着第三方支付的日益发展壮大，每天在大大小小的网络电商平台上完成的交易数量日益增多，但是这些支付结算大部分是通过第三方支付机构来完成，传统金融企业在此过程中拥有的机会少之又少。面对这一情况，一方面，传统金融机构可以尝试自主研发和搭建具有自有特色的大数据平台，在支付结算中把握主动权。另一方面，可以尝试通过与各大拥有丰富大数据资源的平台，例如移动、电信运营商等平台建立起合作关系，充分利用金融移动网络、社交网络等对数据实行实时共享，筛选和整合有利的数据来丰富自有的数据平台资源。通过借助成熟的大数据平台，充分结合自身的专业优势，在现行快速发展的金融市场中寻得一席之地。

因此，传统金融需要加快互联网化进程，并积极寻求传统金融与数据平台的合作的机会。通过加强与各数据平台合作开展大数据金融服务来实现自身的快速转型。此前，在宁波保税区内电商企业开展的试点工作中，宁波四方物流作为专业化的数据服务平台，通过收集了大量与之有合作关系的企业的有效交易数据并将这些资源上传平台与各电商服务实现资源共享，目的在于打造一个集各项金融服务于一体的专业化电商服务公司。

大数据金融的发展必须通过拥有专业金融信息服务公司来作为支撑主体，但是由于目前宁波还处于大数据金融的初步发展阶段，各方面基础设施还不够完善导致实力还不够强大。如果可以借助并尝试引进一些在此方面具有丰富经验并有成熟的金融体系的公司，将能在很大程度上提升宁波在发展大数据金融方面的综合竞争力。或者可以通过促进宁波本土金融机构与其他金融信息服务公司之间的合作机会，尽可能在短时间内吸收经验并建设打造极具本土特色的金融服务模式来更好地为宁波市城市经济发展服务。

10.6.2　建设宁波市移动金融公共服务平台

根据宁波移动金融公共服务平台（MTPS）试点方案，移动金融公共服务平台建设的主要任务包括：

（1）建设公共服务管理系统

向上主要与国家移动金融公共服务平台实现对接，向下主要与宁波市市民 IC 卡平台及宁波市市政府公共服务平台实现对接，努力为银行、中小型企业及宁波市龙头行业等提供能够进行跨机构交易和实现资源共享的公共服务管理系统。

（2）完善非接触式受理环境

大面积推广应用以 IC 卡和 SD 卡[①]是一种基于半导体快闪记忆器的新一代记忆设备为主要载体的安全移动终端。通过前期的试点工作，后期将逐步实现安全移动终端发卡数量达到约 20 万张左右，交易数量上达到 40 万笔左右。

（3）大力开展研发

基于安全移动终端的各项便民金融应用服务，为宁波市龙头企业和市民提供安全规范的线上支付、手机转账、个人信贷业务办理及查询等移动金融服务。

“环境更安全、资源更合理、使用更方便”将是移动金融的发展目标，这也将给宁波市市民带来一种不同于以往的金融服务式体验。根据试点图规划，宁波市将在 2020 年以前实现三个都市经济圈的建设，即城市中心区域建设。而开展移动金融服务平台主要对接于核心都市经济圈的市民 IC 卡一卡通的建设，实现市民 IC 卡在公交、地铁、公共自行车以及各项基于安全移动终端的公共应用服务，来实现为宁波市市民提供更便捷高效的移动金融服务体验。逐步形成移动金融平台建设的规模化效应（见图 10－3）。

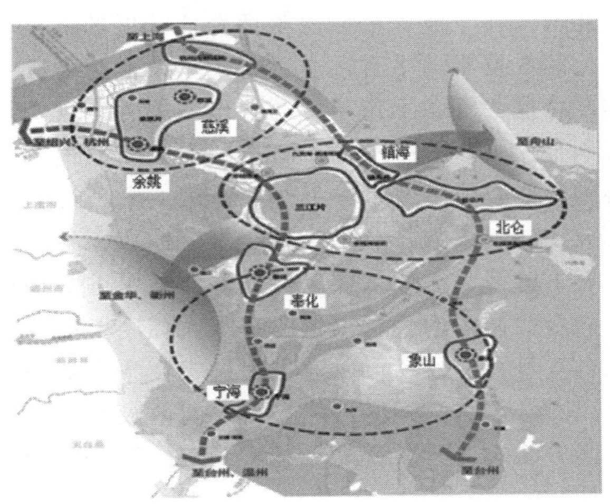

图 10－3　宁波市移动金融公共服务平台试点图（2006—2020 年）

资料来源：宁波市城市总体规划图（2006—2020 年）。

---

① 以智能卡（Subscriber Identification Module，简称 IC 卡，也称为用户身份识别卡）和超高速卡（Secure Digital Memory Card，简称 SD 卡）。

宁波移动金融可持续化发展的目标是：一是通过依靠专业化的大数据技术，实现银行服务在专业化的前提下，提高其服务的效率，让宁波市市民能更好地享受移动金融建设带来的专业服务。二是加快完善宁波市市民卡“移动一体化”发展。全面实现在宁波市交通工具上的一卡通服务。通过手机，能够为 IC 卡实现在线上空中快速充值，在线下实现快速支付交易的过程，全面实现宁波市市民 IC 一卡通。三是通过集聚不同产业的共同努力，推进整合和开发创新技术应用的步伐，推动宁波市移动金融向更健康、更规范的方向快速地发展。

10.6.3 积极推动宁波市大数据金融信息安全平台的建设

2015 年 10 月，江东区公安部“大数据”实验中心创建了宁波首个“金融安全大数据应用创新研究基地”。该基地通过利用金融机构拥有的平台数据和社会金融相关领域的信息资源数据，建立一个集风险控制与防范为一体的，大数据技术支撑的金融体系来实现对金融大数据进行一个全方位的监管与保护，或将成为打击 P2P 网贷平台跑路的标配。

根据调查结果发现，随着宁波市国际金融服务中心的发展与建设，宁波市逐渐成为各金融机构和非金融机构进行金融业务交易的热区。以江东区为例，截至 2014 年已有 500 家左右的金融机构及营业网点入驻宁波，不同的交易行为与交易模式共同组成了具有不同层次和不同文化的金融服务体系。在这一过程中，金融集聚效应通过不同的形式逐步显现，伴随着的金融规模效益也会得到显著地提升。

伴随着金融产业的快速发展，不同层次的金融犯罪现象也随之产生。贷款诈骗、非法集资和打着合法经营的幌子进行非法交易的金融行为等现象都在逐年攀升。这都将阻碍城市经济的快速发展。根据业内相关专家指出，宁波金融安全大数据研究基地的建立，将有助于宁波市打造一个安全的、便捷的金融环境，能更有效地制止违法金融行为的发生，确保大数据金融信息的安全性，从而来更好地服务金融产业。

10.6.4 加大宁波市大数据金融行业人才的培养

现代社会，人才在金融业核心竞争力中扮演着越来越重要的角色。在如今这个大数据金融时代和信息化金融交互发展的时代，金融机构要时刻保持忧患意识，需要不断为金融机构更新技术与知识兼得的综合性人才以适应时代的发展。不能因为以往取得过成功，认为所有的经营知识时刻都能适用。反之，如果没能及时地认识到配置专业性人才是顺应大数据时代发展金融的发展趋势之所在，就很可能会错失良机。所以这就要求金融机构要有先见的意识，能够重视现代金融在人才方面的培养，特别需要着重通过挖掘来培养一批兼具拥有扎实的业务知识又懂技术的复合型人才。

宁波市人民政府在关于促进互联网金融发展的实施意见中明确指出，宁波市需要大力培养互联网金融综合型人才，把培育互联网金融人才纳入宁波市经济发展大纲和宁波市金融人才政策范围，根据宁波市人才分类目录，对符合发展大数据金融环境下宁波市人才发展新政策，即互联网金融高端人才及创业团队给予相应的奖励和扶持。根据引进的宁波市人才划分，这样，不同层次享受不同的待遇，保障其在住房、医疗、公积金等方面享有优惠政策，最终实现为金融综合型人才打造一个和谐的工作环境。另外，通过以互联网金融核心企业为主的与各高校之间共同开设专门课程提早为金融机构储备专业人才，通过建立的长期合作机制，来为大数据金融发展输送源源不断的金融人才。

10.6.5 加强大数据监管的法律法规制定

大数据通过集聚效应能够在很大程度上缓解信息不完全对称带来的问题，为金融企业在风险管理方面提供合理的保障。但是如果不能合理对大数据进行利用，原本极具有商业价值的大数据也会因为安全问题而变得一文不值。关于金融机构如何确保大数据的安全，应该着重做到以下几点：

（1）通过引导和推动大数据产业链条中的金融机构及非金融机构的数据朝安全标准化的方向发展，加强对产业链条的引导和监管。

（2）加强与各大监管机构之间的合作交流意识，通过依靠监管部门的执法力量，提升自身乃至整个产业链中的大数据安全水平。

（3）及时地和客户在针对如何安全使用金融数据方面进行有效的沟通交流，加强客户在数据分析处理的安全防范意识，通过多方共同作用形成大数据风险管理的合理体系。

伴随着大数据快速发展，发展大数据金融带来的价值无可比拟，但是在发展的同时亦会出现个别问题。如何通过制定合理的法律法规来更好地促进城市经济的发展已然成为一个重要话题。在制定法律法规的同时，必须充分结合大数据金融以及在未来可能发展的方向，以支持和保护创新型发展为前提条件，制定并完善一系列不同层面的法律法规和专业化操作规程来更好地服务宁波市城市经济的发展。除此之外，就金融机构本身而言，需要通过不断完善和加强内部管理机制，规范金融在大数据应用方面的规范使用。就金融消费者而言，需要不断加强与自身相关的重要数据信息的保护措施，尤其是涉及个人财产和人身信息安全的金融数据。

综上所述，随着金融业在城市经济发展中的地位不断提高，金融机构与专业人才等因素会不断向中心区域靠拢，产生的金融产业集聚效应对城市经济发展具有促进作用。大数据金融通过利用强大的数据收集、数据分析进而数据预测能力把精力更集中于优质客户，大大提升了相关产业链的产业集聚速率。对于目前正在大力建设智慧城市的宁波而言，发展大数据金融不仅完美充当了促进金融集聚的媒介，更从根本上促进了宁波市城市经济的发展。本章通过研究主要得出以下结论：

第一，宁波市关于大数据金融的建设已出现雏形，但目前仍处于起步发展阶段。在宁波市城市经济发展的过程中，大数据金融利用金融集聚产生的外部规模经济、金融溢出、自我强化和网络倍增效应，通过搭建和丰富具有宁波本土特色的平台金融、供应链金融模式，在一定程度上缓解了中小企业融资难的问题，加速了宁波城市经济的发展。通过建设移动金融公共服务平台为宁波市市民带来高效便捷的生活，优化城市资源的合理配置，带动宁波市城市经济的发展。

第二，通过研究发现，大数据金融在作用宁波市城市经济发展的过程中也出现了一些问题。宁波发展大数据金融尚处于起步发展阶段，但在大数据建设方面的专业人才稀缺，大数据金融方面的相关法律法规还不够完善，这都在一定程度上了阻碍了宁波市城市经济发展的步伐。最重要的一点，大数据金融给宁波市传统金融的发展模式带来了一定程度的冲击。

第三，本章分析了加快大数据金融促进宁波市城市经济发展的对策，认为在发展城市经济的过程中需要不断处理与各大数据平台的竞争、合作关系，宁波市市政府应该加大建设具有宁波本土特色的大数据安全信息平台的力度、着重培养一批精通大数据业务和技能的复合型人才并通过加快相关法律法规的建立来确保宁波市城市经济在一个安全的环境下快速平稳地发展。

主要参考文献

[1] Sotiris Zygiaris. Smart city reference model: Assisting planners to conceptualize the building of smart city innovation ecosystems. *Journal of the Knowledge E-*

conomy, June 2013, 4 (2): 17 - 231.

[2] Ari - Veikko Anttiroiko, Pekka Valkama, Stephen J Bailey. Smart cities in the new service economy: building platforms for smart services. *AI & SOCIETY*, August 2014, 29 (3): 323 - 334.

[3] Edy Portmann. Smart cities: big data, Civic Hackers, and the quest for a new Utopia. *HMD Praxis der Wirtschaftsinformatik*, August 2015, 52 (4): 636 - 637.

[4] Muhammad Aamir, Muhammad Aslam Uqaili, Samreen Amir, B S Chowdhry, Faisal Rafique, Javier Poncela. Framework for analysis of power system operation in smart cities. *Wireless Personal Communications*, June 2014, 76 (3): 399 - 408.

[5] Nicos Komninos, MarcPallot, Hans Schaffers. Special issue on smart cities and the future internet in Europe. *Journal of the Knowledge Economy*, June 2013, 4 (2): 119 - 134.

[6] N Komninos, P Tsarchopoulos. Toward intelligent Thessaloniki: from an agglomeration of apps to smart districts. *Journal of the Knowledge Economy*, June 2013, 4 (2): 149 - 168.

[7] H Swaid. Intelligent urban forms (IUF) a new climate - concerned, urban planning strategy. *Theoretical and Applied Climatology*, June 1992, 46 (2): 179 - 191.

[8] Patrice Caire. Designing convivial digital cities: a social intelligence design approach. *AI & SOCIETY*, August 2009, 24 (1): 97 - 114.

[9] Claudia Pletscher, Thierry Golliard, Stefan Regli, Roman Cueni. Smart cities sindauch yellow cities: Der Beitrag der Schweizerischen Postzur Stadt der Zukunft. *HMD Praxis der Wirtschaftsinformatik*, August 2015, 52 (4): 531 - 561.

[10] Ari - Veikko Anttiroiko. U - cities reshaping our future: reflections on ubiquitous infrastructure as an enabler of smart urban development. *AI & SOCIETY*, December 2013, 28 (4): 491 - 507.

[11] Hussain Aziz Saleh. An artificial intelligent design for GPS surveying networks. *GPS Solutions*, August 2003, 7 (2): 101 - 108.

[12] Alexander Smirnov, Nikolay Shilov, Tatiana Levashov, Leonid Sheremetov, Miguel Contreras. Ontology - driven intelligent service for configuration support in networked organizations. *Knowledge and Information Systems*, July 2007,

12 (2): 229 - 253.

[13] M Batty, K W Axhausen, F Giannotti, A Pozdnoukhov, A Bazzani, M Wachowicz, G Ouzounis, Y Portugali. Smart cities of the future. *The European Physical Journal Special Topics*, November 2012, 214 (1): 481 - 518.

[14] Tuba Bakicc, Esteve Almirall, Jonathan Wareham. A smart city initiative: the case of Barcelona. *Journal of the Knowledge Economy*, June 2013, 4 (2): 135 - 148.

[15] Toru Ishida. Understanding digital cities. *Digital Cities*, 2000, pp. 7 - 17.

[16] Satoshi Oyama, Kaoru Hiramatsu, Toru Ishida. Cooperative information agents for digital cities. *International Journal of Cooperative Information Systems*, 2001, Issue 1.

[17] Coe A, Paquet G, Roy J. E - governance and smart communities: a social learning challenge. *Social Science Computer Review*, 2001, Issue1, pp. 80 - 93.

[18] Ari - Veikko Anttiroiko. Smart cities: building platforms for innovative local economic restructuring . Handbook on Data Centers , 17 March 2015, pp. 1047 - 1076.

[19] Zaheer Khan, Ashiq Anjum, Kamran Soomro, Muhammad Atifahir, Martin Strohbach, Holger Ziekow, Vangelis Gazis, Navot Akiva. Towards cloud based big data analytics for smart future cities. *Journal of Cloud Computing*, December 2015, 4: 2.

[20] Journal of the Knowledge Economy, Smart City Reference Model: Assisting Planners to Conceptualize the Building of Smart City Innovation Ecosystems. June 2013, 4 (2): 217 - 231.

[21] Jeaun Jung, Hyun So Kim. *Big data Governance for Smart Logistics: A value - added perspective.* 13August 2015, 9247 (4): 95 - 103.

[22] Simon X B Zhao, Jian Mingcai, Li Zhang. Asymmetric information as a key determinant for locational choice of MNC headquarters and the development of financial Centers: A Case for China. *China Economic Review*, 2005, 16 (3): 308 - 331.

[23] Cook G A S, Pandit N R, Beaverstock J V, Taylor P J, Pain K. The role of location in knowledge creation and diffusion: Evidence of centripetal and centrifugal forces in the city of London financial services agglomeration. *Environment*

and Planning, 2007, 39 (6): 1325 - 1345.

[24] Argimiro Arratia, Alejandra Cabana. Agraphical tool for describing the temporal evolution of clusters in financial stock markets. *Computational Economics*, February 2013, 41 (2): 213 - 231.

[25] Adegboyega Ojo, Galway. Designing next generation smart city initiatives: The SCID framework. July 2015, 8 (2): 43 - 67.

[26] Sofia Leung. Building understanding of smart city initiatives. *Electronic Government*, 2013, 7443 (10): 40 - 53.

[27] Dongya Li, Yi Lu, Mingqin Wu. Industrial agglomeration and firm size: Evidence from China. *Regional Science and Urban Economics*, 2012, 42 (2): 135 - 143.

[28] John V Winters. Why are smart cities growing? who moves and who stays. *Journal of Regional Science*, May 2011, 51 (2): 253 - 270.

[29] Mark Deakin, Sam Allwinkle. Urban regeneration and sustainable communities: The role of networks, innovation, and creativity in building successful partnerships. *Journal of Urban Technology*, 2007 , Issue 1.

[30] Rob Kitchin. The real - time city? Big data and smart urbanism. *Geo Journal*, February 2014, 79 (1): 1 - 14.

[31] Strambach S. Change in the innovation process: New knowledge production and competitive cities—The case of Stuttgart. *European Planning Studies*, 2002, 10 (2): 173 - 189.

[32] Rob Kitchin. The real - time city? Big data and smart urbanism. *Geo Journal*, February 2014, 79 (1): 1 - 14.

[33] Kloeckl K, Senn O, Ratti C. Enabling the real - time city: LIVE Singapore! . *Journal of Urban Technology*, 19 (2): 89 - 112.

[34] Helina Melkas, Vesa Harmaakorpi. Data, information and knowledge in regional innovation networks. *European Journal of Innovation Management*, 2008, 11 (1): 103 - 124.

[35] B T Asheim, Lars Coenen. Knowledge bases and regional innovation systems: comparing Nordic clusters. *Research Policy*, 2005, 34: 1173 - 1190.

[36] Rob Kitchin. The real - time city? Big data and smart urbanism. *Geo Journal February*, 2014, 79 (1): 1 - 14.

[37] 尹涛烽:“以新型城市监控报警体系构建智慧城市”,《甘肃科技纵横》2013 年第 6 期。

[38] 陈铭等："智慧城市评价指标体系研究——以'智慧南京'建设为例"，《城市发展研究》2011年第5期。

[39] 曹伟、李晓伟："从数字生态建筑走向智慧城市之路"，《城市发展研究》2012年 第7期。

[40] 辜胜阻、王敏："智慧城市建设的理论思考与战略选择"，《中国人口·资源与环境》2012年第5期。

[41] 李勇："智慧城市建设对城市信息安全的强化与冲击分析"，《图书情报工作》，2012年第6期。

[42] 尚春明、郑宝才、李浩："数字城市建设的保障体系研究"，《城市发展研究》2002年第4期。

[43] 张帆："安防行业如何融入智慧城市体系"，《中国公共安全》2012年第11期。

[44] 巫细波、杨再高："智慧城市理念与未来城市发展"，《城市发展研究》2010年第11期。

[45] 石晓冬："大数据时代的城乡规划与智慧城市"，《城市规划》2014年第3期。

[46] 赵晓斌、王坦、张晋熹："信息流和'不对称信息'是金融与服务中心发展的决定因素：中国案例"，《经济地理》2002年第4期。

[47] 连建辉、孙焕民、钟惠波："金融企业集群：经济性质、效率边界与竞争优势"，《金融研究》2009年第6期。

[48] 陈品先："金融地理与金融中心的研究进展——从专业社群运作来看"，《世界地理研究》2004年第12期。

[49] 张凤超："金融等别城市及其空间运动规律"，《东北师大学报自然科学版》2005年第1期。

[50] 李大垒、仲伟周："城市依附、社会嵌入与金融产业集聚——基于中国城市面板数据的实证研究"，《当代财经》2014年第3期。

[51] 丁国胜、宋彦："智慧城市与'智慧规划'——智慧城市视野下城乡规划展开研究的概念框架与关键领域探讨"，《城市发展研究》，2013年第8期。

[52] 安小米："面向智慧城市发展的信息资源管理协同创新策略口——以荷兰阿姆斯特丹智慧城市为例"，《情报资料工作》2014年第3期。

[53] 宋刚、邬伦："创新2.0视野下的智慧城市"，《城市发展研究》2012年第9期。

[54] 管志伟、吴凌飞："长三角制造业集聚态势及集聚效率实证研究"，

《学术评论》2009 年第 6 期。

［55］何宜庆、廖文强、白彩全、周德才："中部六省省会城市金融集聚与区域经济增长耦合发展研究"，《华东经济管理》2014 年第 7 期。

［56］赵晓霞："金融集聚视角下的中国大城市经济增长方式探究"，《管理世界》2014 年第 5 期。

［57］冯锋、张瑞青："公共事业项目融资及其路径选择——基于 BOT、TOT 和 PPP 模型之比较分析"，《软科学》2005 年第 6 期。

［58］茹乐峰、苗长虹、王海江："我国中心城市金融集聚水平与空间格局研究"，《经济地理》2012 年第 2 期。

［59］丁艺、李靖霞、李林："金融集聚与区域经济增长——基于省际数据的实证分析"，《保险研究》2010 年第 2 期。

［60］任英华、徐玲、游万海："金融集聚影响因素空间计量模型及其应用"，《数量经济技术经济研究》2010 年第 5 期。

［61］胡坚、杨素兰："国际金融中心评估指标体系的构建——兼及上海成为国际金融中心的可能性分析"，《北京大学学报：哲学社会科学版》2003 年第 5 期。

［62］殷兴山、贺绎奋、徐洪水等："长三角金融集聚态势与提升竞争力分析"，《上海金融》2003 年第 8 期。

［63］施卫东、高雅："金融服务业集聚发展对产业结构升级的影响——基于长三角 16 个中心城市面板数据的实证检验"，《经济与管理研究》2013 年第 3 期。

［64］黎平海、王雪："基于金融集聚视角的产业结构升级研究——以广东省为例"，《广东金融学院学报》2009 年第 6 期。

［65］同彦明："金融服务业集群的网络结构：上海案例的实证分析"，《上海经济研究》2009 年第 12 期。

［66］赵雯、李华、田新："我国金融产业集聚区域差异与影响因素分析——基于 68 个市级面板数据"，《金融经济》2014 年第 16 期。

［67］刘军、黄解宇、曹利军："金融集聚影响实体经济机制研究"，《管理世界》2007 年第 4 期。

［68］张志元、季伟杰："中国省域金融产业集聚影响因素的空间计量分析"，《广东金融学院学报》2009 年第 1 期。

［69］殷兴山、贺绎奋、徐洪水："长三角金融集聚态势与提升竞争力分析"，《上海金融》2003 年第 8 期。

［70］陈文锋、平瑛："上海金融产业集聚与经济增长的关系"，《统计与

决策》2008 年第 20 期。

[71] 傅进："江苏产业结构优化与升级的金融对策研究"，《经济与金融》2004 年第 3 期。

[72] 李德仁、邵振峰、杨小敏："从数字城市到智慧城市的理论与实践"，《地理空间信息》2011 年第 6 期。

[73] 杨清霞："怎样迈向智慧城市"，《决策》2009 年第 12 期。

[74] 高汝熹、杨勇："都市圈形成要素分析"，《当代经济管理》2006 年第 4 期。

[75] 李正辉、蒋赞："基于省域面板数据模型的金融集聚影响因素研究"，《财经理论与实践》2012 年第 4 期。

[76] 杨堂堂："从数字城市到智慧城市的建设思路与技术方法研究"，《地理信息世界》2013 年第 1 期。

[77] 保建云："大数据金融生态系统、社会超群博弈与中国大数据金融战略"，《江苏行政学院学报》2017 年第 6 期。

附件1　互联网金融重大事件

P2P小额信贷由2006年诺贝尔和平奖得主穆罕默德·尤努斯教授（孟加拉国）首创，2006年起源于英国，2007年传入中国。

2005年3月英国伦敦的Zopa公司，是世界第一个P2P。

2006年2月5日的Prosper是美国第一家P2P借贷平台。

2007年成立的美国Lending Club，是世界上最大的P2P。2014年12月12日在美国上市。

2007年6月拍拍贷（公司全称为“上海拍拍贷金融信息服务有限公司”）成立，注册资金：10000万元，总部位于国际金融中心的上海，是中国第一家p2p网络信用借贷平台。2017年11月10日晚，中国第一家网贷平台拍拍贷正式宣布在美国纽约证券交易所上市，股票代码为“PPDF”，总市值40亿美元。继信而富、宜人贷、趣店、和信贷之后，这已是第五家在美股上市的中国互联网金融公司。

2007年10月宜信P2P平台网站正式上线。2006年5月宜信在北京成立，面向教育培训机构提供个人信用咨询与管理服务，总部位于北京。2015年12月18日宜信宜人贷在美国纽约证券交易所上市，宜人贷市值达到24亿美元（2017年8月17日），成为中国互联网金融海外上市第一股。

2007年成立的翼龙贷，是国内P2P行业中第一批探索者，总部位于北京。北京同城翼龙网络科技有限公司作为联想控股战略投资企业，是国内首倡“同城O2O”模式的网络借贷平台。翼龙贷是中国互联网金融协会成员单位，中国支付清算协会互联网金融专业委员会成员单位以及互联网金融千人会发起单位。翼龙贷成立8年以来，通过“同城O2O”模式成功帮助几十万个“三农”家庭、个体工商户、小微企业主等得到资金支持，同时也帮助理财用户实现了财富增值、财务自由的梦想。

2007年11月，阿里巴巴在香港上市，融资116亿港元，创当时中国互联网公司融资规模之最。2012年6月20日，阿里从港交所退市。9月19日，阿里巴巴正式在纽交所挂牌交易，股票代码为BABA，成为美国历史上最大一笔

IPO（1999年，阿里巴巴在杭州创立，2003年5月淘宝网创立；2004年，支付宝推出；2010年8月，手机淘宝客户端推出；2014年10月，蚂蚁金服成立，淘宝旅行成为独立平台并更名为去啊）。

2009年3月正式上线运营的红岭创投，全称红岭创投电子商务股份有限公司，专注做互联网金融服务。2013年5月30日，前海股权交易平台开业暨首批企业挂牌（代码660544），红岭创投以“网络信贷服务”为龙头，以股权投资和基金管理为两翼，以全国百城加盟为支撑的战略布局，成为全国金融交易创新模式的引领者。

2010年成立的人人贷，全称人人贷商务顾问（北京）有限公司，民生银行资金存管，是国内少数真正完全资金存管平台之一，2015年和2016年入围中国互联网百强企业。

2011年5月18日，中国人民银行开始发放第三方支付牌照，标志着互联网与金融结合的开始。

2011年9月在上海注册成立的陆金所，全称上海陆家嘴国际金融资产交易市场股份有限公司，平安集团旗下成员，注册资本金8.37亿元，总部设在国际金融中心上海陆家嘴。陆金所旗下网络投融资平台2012年3月正式上线运营，是中国平安集团打造的平台，结合全球金融发展与互联网技术创新，在健全的风险管控体系基础上，为中小企业及个人客户提供专业、可信赖的投融资服务，帮助他们实现财富增值。截至2016年10月末，注册用户已逾2600万户。

2012年8月，阿里信贷宣布向江浙地区普通会员提供无担保抵押贷款，冲击传统信贷模式。

2012年10月，京东收购网银在线，间接或第三方支付牌照。

2012年11月，京东上线供应链金融服务“京保贝”。

2012年12月，苏宁电器成立苏宁小贷公司，进入供应链金融领域。

2012年电子银行多元发展，各大银行展开电子支付价格战，私人银行步入“网银”时代。中国建设银行“善融商务”（2012.6）、交通银行“交博汇”（2012.11）、中国银行“中银易商”（2013）、中国农业银行“e商管家”（2013.4）、中国工商银行“融e购”（2014.1）、招商银行“非常e购”、广发银行“广发商城”等。

2013年6月17日，支付宝联手天弘基金上线“余额宝”，上线3个月，规模达556.53亿元。

2013年6月14日，中国移动、中国银联共推手机钱包。

2013年6月17日，微信开通在线支付功能：转战电商平台。

2013 年 7 月 4 日，互联网金融千人会在北京正式宣告筹备成立。

2013 年 7 月 12 日，招商银行推全新概念首家“微信银行”。

2013 年 7 月 18 日，新浪发行“微银行”。

2013 年 8 月 1 日，国内第一家银行电商——民生电商成立。

2013 年 8 月 9 日，微信 5.0 上线，增加“微信支付”功能。多家银行陆续接入微信平台。

2013 年 8 月 8 日，网盛生意宝获首块互联网金融牌照“担保许可证”。

2013 年 8 月上线的积木盒子（北京乐融多源信息技术有限公司），平台上线于 2013 年 8 月，是一家国内领先的科技金融公司，定位为为中产阶层提供金融服务。公司旗下运营的全球化智能综合理财平台涵盖积木股票、积木基金、固定收益理财、零售信贷等产品。积木盒子旗下公司拥有中国监管部门颁发的基金代销牌照、企业征信牌照在内的多个准入资质。

2013 年 8 月 30 日，第三方支付国家队超级网银上线。2010 年 8 月 31 日连接各商业银行总行网银端口的第二代网银系统上线即超级网银，该系统具有开通实时跨行转账以及跨行账户查询等功能。14 家银行接受了央行的验收，第三方支付企业并未参与。

2013 年 9 月 11 日，民生银行首试直销银行，16 号与阿里巴巴合作，在淘宝开设直销银行网店。18 日，北京银行推出直销银行。招商银行上线 P2P 平台“小企业 e 家”，银行兑付凭证保兑付。

2013 年 9 月，京东和百度在上海嘉定设立小贷公司申请获批，注册资金分别为 2 亿元和 3 亿元。

2013 年 10 月 9 日，阿里以 11.8 亿元控股天弘基金。

2013 年 10 月 11 日，平安银行正式推出“贷贷平安商务卡”微信服务平台，成为国内第一家向小微企业客户推出微信金融服务平台的银行。兴业银行、中国民生银行、中信银行、浦发银行、中国平安银行等全国性股份制银行已“试水”或即将开设社区银行。12 月 11 日，中国银监会发文规范社区金融支行模式。

2013 年 10 月 21 日，百度金融宣布理财计划“百发”将上线，百度进入互联网金融领域。10 月 28 日，百度的首款理财产品“百发”上线，10 亿元额度 4 小时即告售罄；三天后上线的第二款产品“百赚”继续保持热销势头。

2013 年 10 月 23 日，招商银行公布进入 P2P，大小银行加快互联网金融领域探索的脚步。

2013 年 10 月 28 日，腾讯旗下财付通成立小额贷款有限公司，注册资金 3 亿元。

2013年11月1日，淘宝开卖基金，多家基金公司的淘宝店铺齐上线。

2013年11月6日，首家互联网保险公司——众安在线财产保险股份有限公司在上海开业。

2013年12月，P2P平台跑路频现，有64家网贷平台出现提现困难或倒闭、跑路情况。

2013年12月3日，中国支付清算协会成立互联网金融专业委员会，启动行业自律。

2013年12月4日，中国工商银行宣布与中国移动合作推出了首家基于4G网络的自助银行。

2013年12月10日，京东“京保贝”融资业务上线。

2013年12月18日，网易宣布正式推出在线理财平台“网易理财”。

2013年12月27日，银联电子支付获金融信息服务资质，中国银联联合7家银行启动NFC（近距离非接触技术）手机支付全国推广活动，中国电信上调NFC—SIM卡采购规模。

2013年12月31日，杭州数米基金因销售基金违规，互联网金融收到首张罚单。

2014年1月16日，微信理财通公开测试。

2014年1月21日，微信5.2上线，“抢红包”使腾讯阿里移动支付争夺战正式打响。

2014年2月，京东推出首个互联网金融信用支付产品：“京东白条”。5月在美国纳斯达克上市。9月发布消费金融战略，推出第二款“白条”产品“校园白条”。

2014年4月28日，百度宣布着手全面清理不良P2P网贷平台，目前被百度下线的P2P网贷平台已经超过800家。

2014年10月16日，蚂蚁金融服务集团正式成立。囊括支付宝、支付宝钱包、余额宝、招财宝、蚂蚁小贷及筹备中的浙江网商银行等品牌，主要有支付、理财、融资、保险这四大业务。

2014年7月25日，首批五家民营银行获批筹建（天津金城、上海华瑞、前海微众，浙江网商、温州民商）。2014年12月28日，前海微众银行成为首家上线的互联网银行。2015年1月4日，国务院总理李克强赴首家互联网银行视察，并见证了首笔业务。

2014年11月25日，由高搜易与其合作机构联合推出的理财产品“信托宝”上线，最低门槛仅为十元，宣告了信托进入“互联网化”时代。

2014年，银行、上市公司开始涉足小额借贷。中国民生银行推出“民生易贷”、国开金融的“开鑫贷”、包商银行的“小马 Bank”、招商银行“e+稳健融资项目”，广发证券子公司注资投哪网1亿元，熊猫烟花投资1亿成立银湖网。

2015年2月，中国民生银行携多家P2P平台，推出资金托管系统。

2015年3月20日，阿里芝麻信用进军P2P行业，银湖成首批合作单位。

2015年3月23日，中国工商银行发布“e-ICBC”，成为国内首家发布互联网金融品牌的商业银行。

2015年4月13日，蚂蚁金服向金融机构全民开放数据和技术。

2015年4月13日，腾讯开发人脸识别技术用于微信银行身份识别。

2015年4月16日，蚂蚁花呗正式上线。

2015年4月28日，PPmoney与阳光保险合作推出交易资金损失险。

2015年5月8日，小米推出小米金融app。

2015年5月28日，浙江网商银行被批准开业。

2015年5月29日，苏宁成立消费金融公司。

2015年6月4日，阿里入股第一财经。

2015年6月4日，点融网与芝麻信用合作，把信用纳入风控模式。

2015年6月7日，中国民生银行发布互联网金融服务“橙e创业易”。

2015年6月26日，京东投资美国大数据分析公司ZestFinance。

2015年8月10日，“中证360互联网+大数据100指数”上市。

2015年8月10日，阿里巴巴与苏宁达成全民战略合作。

2015年8月14日，微众银行上线手机应用。

2015年8月20日，陆金所19.538亿美元吞并平安普惠。

2015年8月21日，京东金融股票平台“股神”开始内测。

2015年8月27日，微信联合深圳国地税推出移动支付缴税服务。

2015年2015年9月8日，百度众筹平台上线。

2015年9月9日，小米投资老虎证券，进军互联网券商。

2015年10月28日，京东白条正式登陆深交所挂牌交易。

2015年10月29日，“互联网金融”首次写入“十三五”规划。

2015年11月16日，积木盒子布局海外提供美股产品。

2015年11月18日，中信百度合作成立百信银行。

2015年11月26日，百度联合高龄资本成立百安保险。

2015年11月30日，蚂蚁金服在韩参与设立互联网银行获批。

2015年12月3日，e租宝深圳分公司被突查。

2015年12月16日，清华五道口金融学院发布《全球互联网金融商业模式报告（2015）》。

2015 年 12 月 29 日，分期乐 ABS 获确认上海证券交易所首单互联网消费金融 ABS 将诞生。

2016 年 2 月 18 日，Apple Pay 在中国上线，首批合作银行为浦发银行、招商银行、北京银行、上海银行等。

2016 年 3 月 9 日晚，郑州市河南牧业经济学院的一名在校大学生因无力偿还大学生借贷平台的近百万元借款，在山东青岛跳楼自杀。

2016 年 3 月 25 日，中国互联网金融协会在上海黄浦区挂牌成立。

2016 年 3 月 29 日，快鹿集团网站因“系统升级”关闭，快鹿集团旗下的关联公司金鹿财行和当天财富相继曝出未能按期兑付。

2015 年 8 月 31 日，华为联合银联推出 Huawei Pay，小米推出小米支付（Mi Pay）。

2015 年 9 月 4 日，二十国集团领导人杭州峰会开幕，国家主席习近平致辞提“发展普惠金融”。

2015 年 10 月 27 日 ，小米小贷 ABS 在上交所挂牌。

2017 年 4 月 28 日，上海 P2P 平台信而富在美国纽交所挂牌上市，股票代码为“XRF”，IPO 发行价为 6 美元/股。信而富也成为继宜人贷之后，在海外上市的第二家中国 P2P 网贷平台。

2017 年 6 月 5 日，中国互联网金融协会正式上线了互联网金融登记披露服务平台，首批 10 家互联网金融企业作为试点单位正式接入信披系统。首批试点单位披露事项共计 47 项，其中强制性披露 32 项，鼓励性披露 15 项。其中，从逾期率指标来看，10 家平台的平均项目逾期率为 0.966%，平均金额逾期率为 0.511%，也有平台披露的逾期率为 0，与行业实际情况明显不符。从财务报告的披露情况来看，10 家平台中累计有 8 家平台披露了财务报告，盈利的平台和亏损的平台各占一半。

2017 年 6 月 30 日，网联平台宣布正式启动业务切量，即开始转接清算一般用户实际交易场景的网络支付业务。在网联平台正式上线的同时，官方也给出了第三方支付机构直连银行的模式将被立刻叫停的时间表：到 2018 年下半年，网联将完成与所有第三方机构和银行的对接。截至 2017 年第 3 季度末，已有中国银行、交通银行在内的 15 家全国性商业银行和包括支付宝和财付通在内的 9 家支付机构完成接入。

2017 年 10 月 18 日，趣店集团正式登陆纽约证券交易所。以每股 24 美元发售 3750 万股 ADS（美国存托股票），开盘之后即直线拉升，开盘价为 34.35 美元，大涨 43.13%，趣店的市值达到了惊人的 110 亿美元，一时间成为美国第四大规模的股票发行，也是迄今为止中国企业在美国的最大一单 IPO。

2017 年 11 月 3 日，北京 P2P 平台和信贷在美国纳斯达克挂牌上市，股票代码为“HX”，发行价为 10 美元/股，是第三家海外上市的中国 P2P 平台，成为国内互联网金融公司在美国纳斯达克上市第一股。

2017 年 11 月 10 日，中国首家 P2P 平台——拍拍贷（成立于 2007 年）在美国纽交所挂牌上市，股票代码为“PPDF”，IPO 发行价为 13 美元，成为第四家海外上市的中国 P2P 平台，同时也是当时全球市值最大的 P2P 平台。

附件 2　互联网金融的相关政策梳理

2010 年 6 月 14 日，中国人民银行发布的《非金融机构支付服务管理办法》（中国人民银行令〔2010〕第 2 号），于 2010 年 9 月 1 日起正式实施。已从事支付业务的非金融机构，应当在办法实施之日起 1 年内申请取得支付业务许可证，认可了非金融支付机构的行业地位，并将其纳入央行的监管范围。

2011 年 8 月 23 日，中国银监会下发《关于人人贷有关风险提示的通知》（银监办发〔2011〕254 号），P2P 首次获得广泛关注。

2013 年 3 月 15 号，中国证监会发布《证券投资基金销售机构通过第三方电子商务平台开展业务管理暂行规定》（中国证券监督管理委员会公告〔2013〕18 号），标志着基金销售机构电子商务技术应用进入一个新阶段，一方面明确了基金销售机构通过第三方电子商务平台开展基金销售业务的监管要求；另一方面对第三方电子商务平台的资质条件和业务边界也作出规定，有利于基金销售机构在第三方电子商务平台上的基金销售活动规范有序开展。

2013 年 8 月 12 日，国务院发布《关于金融支持小微企业发展的实施意见》（国办发〔2013〕87 号），提出“充分利用互联网等新技术·新工具，不断创新网络金融服务模式”。

2013 年 8 月 14 日，国务院发布《关于促进信息消费扩大内需的若干意见》（国发〔2013〕32 号），提出“推动互联网金融创新。规范互联网金融服务”。

2013 年 10 月，国家外汇管理局正式下发了《关于开展跨境电子商务外汇支付业务试点的批复》（汇综发〔2013〕5 号）简称 5 号文件，批准 17 家第三方支付机构开展跨境电子商务外汇支付业务试点。

2013 年 11 月 12 日，党的十八届三中全会通过《中共中央关于全面深化改革若干重大问题的决定》（2013 年 11 月 12 日中国共产党第十八届中央委员会第三次全体会议通过），正式提出“发展普惠金融”，释放支持互联网金融信号。

2013 年 12 月 3 日，中国人民银行、工业和信息化部、中国银行业监督管理委员会、中国证券监督管理委员会、中国保险监督管理委员会日前联合印发了《中国人民银行 工业和信息化部 中国银行业监督管理委员会 中国证券监督管理委员会 中国保险监督管理委员会关于防范比特币风险的通知》（银发〔2013〕289号），确定了比特币的性质，认为比特币不是由货币当局发行，不具有法偿性与强制性等货币属性，并不是真正意义的货币。从性质上看，比特币是一种特定的虚拟商品，不具有与货币等同的法律地位，不能且不应作为货币在市场上流通使用。但是，比特币交易作为一种互联网上的商品买卖行为，普通民众在自担风险的前提下拥有参与的自由。

2014年3月5日，“互联网金融”一词首次被写入政府工作报告（李克强）。

2014年3月，央行叫停虚拟信用卡、二维码支付业务。4月，中国银监会与央行联合下发《关于加强商业银行与第三方支付机构合作业务管理的通知》（中国银监会、中国人民银行文件银监发〔2014〕10号）。对10家第三方支付公司进行了处罚，包括汇付天下、易宝支付、随行付、富友、卡友、海科融通、盛付通、捷付瑞通在内的8家第三方支付公司收单业务，停止新增、发展新的商户。而银联商务和广东嘉联两家第三方支付机构则要求自查。2014年9月10日，央行下发了针对汇付天下、富友、易宝和随行付4家第三方支付公司的处罚意见，要求其退出部分省市的现有收单业务。

2014年4月29日，中国人民银行发布《中国金融稳定报告（2014）》，报告提出中国互联网金融监管应遵循五大原则。坚持金融服务实体经济的本质要求；服从宏观调控和金融稳定的总体要求；切实维护消费者的合法权益；维护公平竞争的市场秩序；处理好政府监管和自律管理的关系，充分发挥行业自律的作用。

2014年3月25日，最高人民法院、最高人民检察院、公安部联合印发了《关于办理非法集资刑事案件适用法律若干问题的意见》，中国银监会借此为P2P借贷平台划定四条红线（一是要明确这个平台的中介性质；二是要明确平台本身不得提供担保；三是不得将归集资金搞资金池；四是不得非法吸收公众资金）。

2014年12月18日，中国证券业协会发布《私募股权众筹融资管理办法（征求意见稿）》，首个互联网金融官方文件落地。明确“单位或个人投资单个融资项目的最低金额不得低于100万人民币”“金融资产不低于300万元人民币或最近三年年均收入不低于50万元人民币的个人”等要求。

2015年1月5日，中国人民银行发布《关于做好个人征信业务准备工作的通知》，要求芝麻信用管理有限公司、腾讯征信有限公司等8家机构做好个人征信业务的准备工作，准备时间为 6 个月。

2015 年 1 月 20 日，国家外汇管理局发布《国家外汇管理局关于开展支付机构跨境外汇支付业务试点的通知》（汇发〔2015〕7 号），在全国范围内开展支付机构跨境外汇支付业务试点。将跨境电商单笔限额由等值 1 万美元提升至 5 万美元。

2015 年 3 月 5 日，“互联网金融”再次被纳入政府工作报告。

2015 年 7 月 18 日，中国人民银行、工业和信息化部、公安部、财政部、国家工商总局、国务院法制办公室、中国银行业监督管理委员会、中国证券监督管理委员会、中国保险监督管理委员会、国家互联网信息办公室联合印发了《关于促进互联网金融健康发展的指导意见》（银发〔2015〕221 号），按照“鼓励创新、防范风险、趋利避害、健康发展”的总体要求，提出了一系列鼓励创新、支持互联网金融稳步发展的政策措施，积极鼓励互联网金融平台、产品和服务创新，鼓励从业机构相互合作，拓宽从业机构融资渠道，坚持简政放权和落实、完善财税政策，推动信用基础设施建设和配套服务体系建设。

2015 年 8 月 31 日，国务院关于印发《促进大数据发展行动纲要》的通知（国发〔2015〕50 号），提出推动大数据与云计算、物联网、移动互联网等新一代信息技术融合发展，探索大数据与传统产业协同发展的新业态、新模式，促进传统产业转型升级和新兴产业发展，培育新的经济增长点。

2015 年 12 月 25 日，中国人民银行发布《中国人民银行关于改进个人银行账户服务账户管理的通知》，明确银行为开户申请人开立个人银行账户，应核实身份证件的有效性、开户申请人与身份证件的一致性和开户申请人开户意愿；通过有效身份证件无法准确判断开户申请人身份的，银行应要求其出具辅助身份证明材料。银行可采取多种方式对开户申请人身份信息进行交叉验证。

2015 年 12 月 28 日，中国银行业监督管理委员会同工业和信息化部、公安部、国家互联网信息办公室令 2016 年第 1 号《网络信贷信息中介机构业务活动管理暂行办法》（银监会令〔2016〕1 号），许多网贷机构背离了信息中介的定性，承诺担保增信、错配资金池等，已由信息中介异化为信用中介，为此，将重点对此类行为进行规范，以净化市场环境，保护金融消费者权益，使网贷机构回归到信息中介的本质。

2016 年 1 月 7 日，“中央一号文件”《关于落实发展新理念加快农业现代化实现全面小康目标的若干意见》。这是改革开放以来第 18 份以“三农”为主题的“中央一号文件”，而“互联网金融”是第一次出现在“中央一号文件”中。

2017年2月23日，中国银行业监督管理委员会正式发布《网络借贷资金存管业务指引》（银监办发〔2017〕21号），指引对资金存管的定义以及对存管人和平台的资质、业务规范和职责进一步解释，明确存管行必须为商业银行，并进一步规范银行资金存管的基本模式和业务流程，让银行和平台有政策可依。

2016年4月14日，国务院组织14个部委召开电视会议，将在全国范围内启动有关互联网金融领域的专项整治，为期一年。

2016年4月24日，财政部会同海关总署、国家税务总局发布“关于跨境电子商务零售进口税收政策的通知”（财关税〔2016〕18号），自2016年4月8日起，跨境电子商务零售进口商品将不再按邮递物品征收行邮税，而是按货物征收关税和进口环节增值税、消费税，以推动跨境电商健康发展。

2016年7月1日，《非银行支付机构网络支付业务管理办法》（中国人民银行公告〔2015〕第43号）。该办法作为中国人民银行等十部门《关于促进互联网金融健康发展的指导意见》的配套制度，按照“鼓励创新、防范风险、趋利避害、健康发展”的互联网金融发展总体要求，对非银行支付机构网络支付业务进行了规范，旨在促进其健康发展。该办法依据互联网支付应始终坚持服务电子商务发展和为社会提供小额、快捷、便民小微支付服务的宗旨，充分考虑支付服务市场创新和发展需要，清晰界定支付机构网络支付业务的内涵和边界，明确了监管标准和规则，从业务和风险管理、系统和信息安全、信息披露和风险提示、客户权益保护和法律责任等方面作出系统性制度安排，对互联网金融跨市场风险建立了必要的隔离机制，统筹把握现阶段便捷和安全的合理均衡。

2016年9月30日，中国人民银行印发了《关于加强支付结算管理防范电信网络新型违法犯罪有关事项的通知》（银发〔2016〕261号），加强支付结算管理，以有效防范电信网络新型违法犯罪，切实保护人民群众财产安全和合法权益。该通知主要内容包括：一是加强账户实名制管理。全面推进个人账户分类管理。自2016年12月1日起，银行业金融机构为个人开立银行结算账户的，同一个人在同一家银行只能开立一个Ⅰ类户，已开立Ⅰ类户，再新开户的，应当开立Ⅱ类户或Ⅲ类户；自2016年12月1日起，非银行支付机构为个人开立支付账户的，同一个人在同一家支付机构只能开立一个Ⅲ类账户。暂停涉案账户开户人名下所有账户的业务。自2017年1月1日起，对于不法分子用于开展电信网络新型违法犯罪的作案银行账户和支付账户，银行和支付机构中止该账户所有业务。此外，该通知还要求，建立对买卖银行账户和支付账户、冒名开户的惩戒机制；建立单位开户审慎核实机制；加强对异常开户行为的审核；严格联系电话号码与身份证件号码的对应关系。

2016年8月14日，北京市人民检察院公告称将钰诚集团（e租宝全称为“金易融（北京）网络科技有限公司”，钰诚集团子公司）定性为涉嫌集资诈骗罪，丁宁、张敏等11人定性为涉嫌集资诈骗罪，谢洁、王之焕等15人定性为涉嫌非法吸收公众存款罪。“e租宝”事件是互联网金融行业发展的里程碑事件。而监管部门对此类机构的严厉打击，也为合法合规的互联网金融平台发展扫清了障碍。

2016年10月13日，国务院办公厅印发《互联网金融风险专项整治工作实施方案》（国办发〔2016〕21号），要求按照“打击非法、保护合法，积极稳妥、有序化解，明确分工、强化协作，远近结合、边整边改”的工作原则，区别对待、分类施策，集中力量对P2P网络借贷、股权众筹、互联网保险、第三方支付、通过互联网开展资产管理及跨界从事金融业务、互联网金融领域广告等重点领域进行整治。同时，及时总结经验，建立健全互联网金融监管长效机制。

2017年2月23日，中国银监会发布《网络借贷资金存管业务指引》，直接否定了第三方支付公司存管以及第三方支付与银行联合存管的模式，明确了存管机构必须是一家商业银行，不能多家银行同时存管。还将存管的范围明确扩大覆盖到发标、投标、流标、撤标、项目结束的网贷全业务流程，使得用户在网贷平台上的资金得到全流程的监管和与平台银行账户的隔离，杜绝网贷机构在整个业务过程中能触碰和支配用户资金的可能，从根上避免网贷机构“跑路”的可能。

2017年3月5日，十二届全国人民代表大会第五次会议正式召开，国务院总理李克强作政府工作报告。其中，“互联网金融”再次被提及，李克强表示，当前系统性风险总体可控，但对不良资产、债券违约、影子银行、互联网金融等累积风险要高度警惕。稳妥推进金融监管体制改革，有序化解处置突出风险点，整顿规范金融秩序，筑牢金融风险“防火墙”。这是“互联网金融”连续第四年被写进政府工作报告，其表述也从“促进”到“异军突起”再到“规范”，直至2017年的“高度警惕风险”。

2017年4月14日，P2P网络借贷风险专项整治工作领导小组办公室下发《关于开展“现金贷”业务活动清理整顿工作的通知》和《关于开展“现金贷”业务活动清理整顿工作的补充说明》两份函件，提出将“现金贷”纳入风险专项整治工作。

2017年4月18日，北京银监局、金融局下发“现金贷”排查方案，确定

70 余家北京地区从事现金贷业务的机构，其中 APP 端 50 多家，PC 端 10 多家。上海市互联网金融行业协会于同日下发“现金贷产品统计表”，以对旗下会员单位涉及现金贷业务的情况进行摸底排查。广州互联网金融协会也下发通知，要求已开展“现金贷”业务的单位需将自查自纠进展情况及时报送协会，协会将密切关注并督促已有“现金贷”业务的会员单位自查整改，并配合市互金整治办开展清理整顿工作。

2017 年 5 月，工业和信息化部直属事业单位中国电子技术标准化研究院发布了首个区块链标准《区块链参考架构》。标准内容分为范围、术语和缩略语、概述、参考架构、用户视图、功能视图、用户视图和功能视图的关系、附录 8 个部分。标准解决了区块链行业的四大问题：第一是共识，达成了对于区块链定义和术语的共识；第二是组件集成，即参考架构；第三是规范行业；第四，生态整合。

2017 年 6 月 28 日，中国银监会、教育部、人力资源和社会保障部发布《关于进一步加强校园贷规范管理工作的通知》。该通知要求暂停网贷机构开展在校大学生网贷业务，逐步消化存量业务，有序清退校园网贷业务待还余额；存量校园贷业务要制定整改计划，确定整改完成期限，明确退出时间表。在监管指引下，广东省公安厅开展“飓风 19 号”专案统一收网行动，集中对涉“校园贷”及其关联违法犯罪活动进行重拳打击，抓获嫌疑人 180 余名，破获案件 190 余宗，受害学生 350 余人。

2017 年 6 月 30 日，央行互联网金融风险专项整治工作领导小组办公室下发《关于对互联网平台与各类交易场所合作从事违法违规业务开展清理整顿的通知》（整治办函〔2017〕64 号），要求互联网平台 2017 年 7 月 15 日前，停止与各类交易场所合作开展涉嫌突破政策红线的违法违规业务的增量。自此，金融交易所业务被正式叫停。

2017 年 8 月 25 日，中国银监会正式印发实施了《网络借贷信息中介机构业务活动信息披露指引》（银监办发〔2017〕113 号）、《信息披露内容说明》，这标志着网贷行业“1 +3”制度框架基本搭建完成，初步形成了较为完善的制度政策体系。《信息披露指引》明确了信息披露的基本概念和原则，明确了在网贷业务活动中应当披露的信息内容，强调了相关披露主体责任及管理要求，明确了整改的过渡期限，配套的说明还重点对披露的口径、披露标准予以规范。

2017 年 9 月 4 日下午，央行联合中央互联网信息办公室、工业和信息化部、国家工商行政管理总局、中国银监会、中国证监会、中国保监会六部门联合发布《关于防范代币发行融资风险的公告》。该公告指出，代币发行融资是指融资主体通过代币的违规发售、流通，向投资者筹集比特币、以太币等所谓“虚拟货币”，本质上是一种未经批准非法公开融资的行为，涉嫌非法发售代币票券、非法发行证券以及非法集资、金融诈骗、传销等违法犯罪活动。

2017 年 9 月 14—15 日，上海及北京下达关停比特币交易平台的通知。国内首家比特币交易所比特币中国发布公告，于 9 月 30 日停止所有交易业务。火币网和 OKCoin 币行也在公告中称将停止所有虚拟货币交易业务。受此影响，比特币价格急速暴跌。

2017 年 11 月 8 日，国务院金融稳定发展委员会（简称金稳委）正式成立，意味着中国金融监管格局从原来的“一行三会”升级为“一委一行三会”。金稳委将作为国务院统筹协调金融稳定和改革发展重大问题的议事协调机构。中国人民银行行长周小川 10 月在华盛顿出席国际货币基金组织/世界银行年会期间，曾披露金稳委未来将重点关注、影子银行、资产管理行业、互联网金融和金融控股公司。

2017 年 11 月 21 日，互联网金融风险专项整治工作领导小组办公室下发《关于立即暂停批设网络小额贷款公司的通知》（整治办函〔2017〕138 号）规定，“自即日起，各级小额贷款公司监管部门一律不得新批设网络（互联网）小额贷款公司，禁止新增批小额贷款公司跨省（区、市）开展小额贷款业务。”

2017 年 11 月 27 日，中国人民银行办公厅发布《关于进一步加强无证经营支付业务整治工作的通知》（银发〔2017〕281 号），针对无证支付机构进行集中整治，同时颁发了持证支付机构自查内容和无证机构的筛查重点以及认定标准说明。

2017 年 12 月 1 日，互联网金融风险专项整治、P2P 网贷风险专项整治工作领导小组办公室正式下发《关于规范整顿“现金贷”业务的通知》，开展对网络小额贷款清理整顿工作。该通知要求小额贷款公司监管部门暂停新批设网络（互联网）小额贷款公司；已经批准筹建的，暂停批准开业。该通知并称，暂停发放无特定场景依托、无指定用途的网络小额贷款，逐步压缩存量业务，限期完成整改。未依法取得经营放贷业务资质，任何组织和个人不得经营放贷业务。

2017 年 12 月 7 日，中国互联网金融行业协会下发《互联网金融个体网络借贷资金存管业务规范》和《互联网金融个体网络借贷资金存管系统规范》。“业务规范”明确了参与网络借贷资金存管业务活动主体的权利义务，规定了存管人、业务管理、和业务运营等要求。“系统规范”明确了标的限额监控方式。其中，在单笔监控中，借款人为自然人的，单个标的借款金额不超过 20

万元。借款人为法人或其他组织的，单个标的借款金额不超过 100 万元。

2017 年 12 月 8 日，P2P 网络借贷风险专项整治工作领导小组办公室印发《小额贷款公司网络小额贷款业务风险专项整治实施方案》，要求 2018 年 1 月底前完成摸底排查。该整治方案要求打击无网络小额贷款经营资质甚至无放贷资质却经营网络小额贷款的机构；重新审查网络小额贷款经营资质。排查的重点包括，是否存在从贷款本金中先行扣除利息、手续费、管理费、保证金或设定高额逾期利息、带纳金、罚息等行为。此外，对于催收环节，将排查是否自行或委托第三方通过暴力、恐吓、侮辱、诽谤和骚扰等方式催收贷款。

2017 年 12 月 8 日，P2P 网络借贷风险专项整治工作领导小组办公室印发《关于印发小额贷款公司网络小额贷款业务风险专项整治实施方案的通知》（网贷整治办函〔2017〕56 号），重点排查和整治网络小贷公司，涉及审批管理、经营资质、股权管理、融资端及资产端等 11 个方面，并要求在 2018 年 1 月底前完成摸底排查。

2017 年 12 月 13 日，P2P 网贷风险专项整治工作领导小组办公室于近日向各地 P2P 整治联合工作办公室下发《关于做好 P2P 网络借贷风险专项整治整改验收工作的通知》（网贷整治办函〔2017〕57 号），政策不但对下一步的整改验收工作作出了详细的计划，明确了验收标准和具体的整改和备案时间表，而且还要求各地在 2018 年 4 月底前、最迟 6 月末之前全部完成辖内主要网贷机构的备案登记工作。

2017 年 12 月 21 日，中国人民银行发布《关于规范支付创新业务的通知》（银发〔2017〕281 号），对银行业务金融机构、非银支付机构的业务创新、竞争秩序、收单管理等业务进行规范管理。其中，对小微商户收单业务管理进行了规定：“以同一个身份证件在同一家收单机构办理的全部小微商户受理信用卡的收款金额上限为日累计 1000 元、月累计 1 万元。”

2017 年 12 月 27 日，中国人民银行印发《条码支付业务规范（试行）》（银发〔2017〕296 号），对个人客户的条码支付业务进行限额管理：风险防范能力达到 B 级，同一客户单个银行账户或所有支付账户单日累计交易金额应不超过 5000 元，C 级不超过 1000 元，D 级不超过 500 元，自 2018 年 4 月 1 日起实施。此外，该通知中还明确了条码支付业务资质和清算管理要求，比如需持牌经营；规范支付收单业务管理，业务涉及跨行交易时，要通过人民银行跨行清算系统或者具备合法资质的清算机构处理。同时，也强调银行、支付机构从事条码支付业务要发挥行业自律作用，应接受中国支付清算协会行业自律管理。

后 记

本书是我们多年来在互联网金融、电商金融等相关课题研究和资料积累的基础上、经过近四年来的修改整理完善才得以完成的。在完成该著作的过程中得到了宁波市政府有关部门、宁波市人民政府金融工作办公室、中国人民银行宁波市中心支行等单位和机构的帮助，并提供了相应的资料，对提高本书的质量起到了很重要的作用，在此表示感谢！

金融学专业 2012 级柯志鸿同学参与本书完成并进行了资料搜集和整理工作，在此表示感谢！

写作过程中得到了单位领导和同事的帮助以及很好的建议；也感谢家人对我们的支持和理解、使此著作得以完成。

田剑英　三剑潇

2018 年 2 月 27 日